Fr. Imhoof-Blumer, Otto Keller

Tier- und Pflanzenbilder auf Münzen und Gemmen des klassischen Altertums

Fr. Imhoof-Blumer, Otto Keller

Tier- und Pflanzenbilder auf Münzen und Gemmen des klassischen Altertums

ISBN/EAN: 9783743306158

Hergestellt in Europa, USA, Kanada, Australien, Japan

Cover: Foto ©Andreas Hilbeck / pixelio.de

Manufactured and distributed by brebook publishing software
(www.brebook.com)

Fr. Imhoof-Blumer, Otto Keller

Tier- und Pflanzenbilder auf Münzen und Gemmen des klassischen Altertums

TIER- UND PFLANZENBILDER

AUF

MÜNZEN UND GEMMEN

DES

KLASSISCHEN ALTERTUMS

VON

IMHOOF-BLUMER UND OTTO KELLER.

XXVI PHOTOTYPISCHE TAFELN MIT 1362 ABBILDUNGEN.

LEIPZIG,
DRUCK UND VERLAG VON B. G. TEUBNER.
1889.

HERRN STEPHEN SALISBURY,

PRÄSIDENTEN DES AMERIKANISCHEN ALTERTUMSVEREINS ZU WORCESTER MASS

UND

HERRN DR. GEORGE M. LANE,

ORDENTLICHEM PROFESSOR DER LATEINISCHEN SPRACHE UND LITTERATUR
AN DER HARVARD-UNIVERSITÄT ZU CAMBRIDGE MASS.

IN FREUNDSCHAFTLICHER VEREHRUNG

GEWIDMET.

Vorwort.

Da die Anregung zu unserem gemeinsamen Buche vom Unterzeichneten ausgegangen ist und dasselbe in gewissem Sinne als Ergänzung zu seinem Buche über Tiere des klassischen Altertums angesehen werden kann, so ist ihm auch die Aufgabe zugefallen, ein paar einleitende Worte zu sagen. Der ganze Plan hat seinen Ursprung genommen von der Überzeugung, welcher ich auch in meinem erwähnten Buche wiederholt Ausdruck geliehen habe, daß die antiken Münztypen zu den allerwichtigsten Denkmälern für die kulturhistorische Bedeutung der Tierwelt im Altertum gehören. Von diesem Gedanken erfüllt, bemerkte ich bei einem gelegentlichen Besuche in Winterthur, daß mein verehrter Freund und jetziger Mitarbeiter bereits seit Jahren als Grundlage für einen eventuell herauszugebenden Typenatlas eine umfangreiche Sammlung vortrefflicher Gypsabgüsse angelegt hatte, worunter auch eine ansehnliche Reihe mit Tier- und Pflanzenbildern sich befanden. Ich machte ihm daher den Vorschlag, diese Münzbilder gemeinsam herauszugeben und zur Ergänzung eine Anzahl besonders interessanter Gemmen mit Tier- und Pflanzendarstellungen beizufügen.

Dieser ursprüngliche Plan ist nun aber durch Umstände, welche hier zu erörtern keinen Wert hat, sehr stark verändert worden. Kurz man teilte sich schließlich in der Weise, daß Imhoof im wesentlichen die Redaktion der 13 Tafeln für die Münzen übernahm, während mir 13 Tafeln für die Gemmen zufielen. Außerdem wurde beschlossen, im Interesse der specifisch archäologischen Leser auch den rein mythologischen Tieren und Mischwesen einige besondere Tafeln in jeder Abteilung einzuräumen.

Um nun zunächst von der ersten Abteilung, den Münzen, zu reden, so hätte eine vollständige Übersicht aller vorhandenen Darstellungen eines Tier- oder Pflanzentypus auf antiken Münzen nur dann gewonnen werden können, wenn nicht nur die ausführlichen Sachregister des IX. Supplementbandes des Mionnetschen Werkes, der Kataloge des britischen Museums, der Berliner Museen, in Imhoofs Monnaies grecques, unsere privatim angelegten Excerpte aus Eckhels doctrina numorum u. s. w., sondern noch die gesamte Fachlitteratur und die Sammlungen selbst mit ihren Inedita nachgesehen und benutzt worden wären. Allein die Absicht, einen beschreibenden Katalog aller Varianten eines Typus zu geben, lag unserem Plane fern, wir wollten nur die bis jetzt auf Münzen bekannt gewordenen Tiere und Pflanzen gruppieren und in ihren gelungensten und

interessantesten Darstellungen vorführen und erklären. Um aber doch einen
Begriff von dem gesamten Material zu geben, hat der Hauptbearbeiter dieses
Teiles jeweils als Nachtrag zu den gegebenen Bildern und Beschreibungen eines
Typus auch noch die wichtigeren Varietäten kurz erwähnt, namentlich mit Be-
rücksichtigung mythologischer Darstellungen. Bei den seltenen Typen sind alle
bis jetzt bekannten Beispiele aufgezählt.

Für die Abbildungen sind vornehmlich autonome griechische Münzen ge-
wählt worden; griechische Münzen der Römerzeit und römische Gepräge mit
ihren weniger künstlerisch ausgeführten Typen wurden in der Regel blofs dann
beigezogen, wenn ihre Darstellungen auf älteren Münzen ungenügend oder gar
nicht vertreten waren. Wo einzelne Typen zahlreicher, als man erwarten sollte,
abgedruckt erscheinen, wie z. B. Tafel VII und VIII, da hatte diefs seinen Grund
in dem Bestreben, womöglich den Schlufs einer Tiergattung und den Schlufs
einer Tafel zusammenfallen zu lassen.

Was nun die im wesentlichen dem Unterzeichneten überlassene Gemmen-
abteilung betrifft, so war das Sammeln des Materials mit vielen Kosten, Mühen
und Geduldsproben verknüpft. Die Zeit war durch ein Zusammentreffen mehrerer
mifslicher Umstände sehr beschränkt und die ganze Anordnung der Bilder konnte
bis in die allerletzte Zeit nicht abgeschlossen werden, weil die grofse Masse der
besten Abgüsse, nemlich die Londoner, erst in der letzten Stunde eintrafen, als
bereits mit dem Einpacken des übrigen Materials für den Photographen hatte
begonnen werden müssen. Daher kommt es auch, dafs manche Typen in zwei
und drei Variationen auftreten, ohne dafs diefs von Anfang an so beabsichtigt
gewesen war. Da jedoch die meisten der in unseren Tafeln mitgeteilten Gemmen
noch nirgends in zuverlässigen Abbildungen vorliegen, sehr viele auch vollständige
Inedita sind, so ist es vielleicht besser, wir haben etwas zu viel als zu wenig
gegeben. Vieles, sehr vieles, was wir bei längeren direkten Vorarbeiten hätten
liefern können, mufste ohnedem zu unserem lebhaften Bedauern wegbleiben, aber
wir trösteten uns mit dem Spruche: „Das Bessere ist der Feind des Guten"; und
vielleicht kann noch gar manches in einigen Ergänzungstafeln einmal nach-
geholt werden.

Das vorliegende Material ist von verschiedener Qualität. Genommen
wurden principiell nur vertieft geschnittene Steine, blofs aus der Lippertschen
Daktyliothek wurden schliefslich noch 3—4 Kameen aufgenommen; Lipperts
Sammlung z. B. gab auch Anlafs, die berühmte Gigantomachie-Kamee aufzunehmen, doch benutzten wir einen weniger stumpfen Abdruck als der Lippertsche
war. Am wenigsten brauchbar erwiesen sich neben den Lippertschen die Abgüsse
aus St. Petersburg, wo kein tauglicher Abgiefser aufzutreiben gewesen war;
dennoch haben wir es nicht unterlassen mögen, eine Reihe Gemmen nach solchen
Abgüssen zu geben, weil eben für den betreffenden an sich interessanten Gegenstand nichts Besseres zu Gebote stand. Weitaus am gelungensten sind die
Londoner Abgüsse ausgefallen. Über Erwarten gut ist uns auch schliefslich
selber — post multa discrimina rerum — das Abgiefsen der von Lannaschen
Pasten gelungen, und obgleich im allgemeinen die Glaspasten nie so scharf und
schön werden als die geschnittenen Steine, so haben wir doch gerade von den
Lannaschen Stücken viele aufgenommen, einmal weil sie sicher echt, dann weil

sie völlig unbekannt sind, und drittens weil sie für uns die Hauptvertreter Italiens bildeten, dessen Hauptgemmensammlungen in Florenz und Neapel uns leider für dieses Buch unerreichbar geblieben sind.

Aufser den Lanna-Bartholdyschen Pasten sind sicher echt die St. Petersburger südrussischen Gemmen, die Gemme von Carnuntum und die nicht im Tölkenschen Katalog stehenden Berliner Stücke, für welch letztere Furtwängler garantieren zu können glaubt; weiterhin dürften die athenischen und kretischen Stücke unbedingt echt sein. Damit will ich gegen die Hauptmasse der übrigen, namentlich gegen die Londoner, Pariser, Münchener, Wiener, Kopenhagener und Kasseler Stücke keinen Zweifel aussprechen, aber unter den Lippertschen Gemmen und auch unter den Stoschischen (Berlin — Tölken) sind vielleicht einige von nicht-antikem Ursprung. Hierüber Klarheit zu schaffen, gelingt hoffentlich der fortschreitenden Gemmenforschung, welche aber eben erst durch umfassende photo-typische Publikationen allmählich möglich werden wird.

Auch hinsichtlich der Natur der Steine müssen wir um die Nachsicht des Lesers bitten. Wir haben sie so genannt, wie unsere Gewährsmänner sie eben bezeichneten: eine Garantie für die absolute Richtigkeit dieser Angaben können wir nicht übernehmen. Die Gemmen aus Griechenland und Kreta wurden aus in Bausch und Bogen als „Jaspis verschiedener Farbe" bezeichnet, obgleich wohl bei näherer Untersuchung das eine oder andere Stück aus Steatit oder einem anderen Stoffe bestehen dürfte. Dafs der Tafel XXIII 43 abgebildete Stein Rubin ist, mufs bei der aufserordentlichen Seltenheit antiker Rubin-Intaglios (s. King, Precious stones and metals S. 234) billig bezweifelt werden: allein die Arbeit wäre endlos geworden, wenn alle diese doch für unsern Hauptzweck nicht besonders wichtigen Punkte bis zum Grunde hätten bereinigt werden sollen. Auch mufsten wir schon mit Rücksicht auf die ohnedem bedeutenden Kosten, welche uns ja nicht etwa durch eine Akademie erleichtert wurden, ein gewisses Mafs einhalten und konnten uns nicht auf lange und weite Studienreisen einlassen. Diesen Gesichtspunkt bitte ich auch hinsichtlich der beigezogenen litterarischen Hilfsmittel zu beachten. Manches Wichtige wie Chabouillets und Tölkens Kataloge, C. W. Kings verschiedene Bücher, Lipperts Daktyliothek, Stephanis Compte rendu, Köhlers Beiträge zur Gemmenkunde u. a. standen ja wohl zu Gebote, aber anderes wie namentlich die Cadesche grofse Abdrucksammlung ist mir unerreichbar geblieben; anderes ist erst veröffentlicht worden, als der Druck des vorliegenden Werkes längst begonnen hatte, so Furtwänglers schöne Abhandlungen in den Jahrbüchern des deutschen archäologischen Instituts über Gemmen mit Künstlerinschriften und der Murray-Smithsche Katalog der Gemmensammlung des britischen Museums. Von diesen letztgenannten Publikationen konnte somit nur noch ein subsidiärer Gebrauch gemacht werden und ich bitte bei den eingestreuten Notizen über Londoner Gemmen zu beachten, dafs die eigentliche Abfassung des Katalogs nicht sowohl von Murray als von Smith herrührt. Trotz dieser wenig günstigen Umstände, zu denen noch der Mangel jedes brauchbaren Abgiefsers in Prag sich gesellt hat, hoffe ich der Wissenschaft durch diese unter manchen Opfern durchgesetzte Arbeit einen Dienst geleistet und viel bisher ganz unbekanntes Material zu weiteren Forschungen ans allgemeine Tageslicht gezogen zu haben.

Als Mafsstab ist bei Münzen und Gemmen durchgängig die natürliche Gröfse gelassen worden, nur die einzige Gemmentafel XXIV macht eine Ausnahme, indem hier alle Stücke gerade anderthalbfach vergröfsert wurden. Es geschah diefs namentlich wegen des Stückes Nr. 35, welches von demjenigen gelehrten Zoologen, welchen ich zuerst um Rat gefragt hatte, als ein parasitischer Krebs des Thunfisches, Bracchiella Thynni, erklärt worden war. Überhaupt hängt die teilweise unvollkommene Ordnung, in welcher die Tiere aufeinander folgen, eben mit dem Umstande zusammen, dafs wir in Betreff manches Stückes erst in der letzten Stunde eine festere Überzeugung gewinnen konnten.

Um die oft sehr schwierige Bestimmung der Tiere auf den Münzen und Gemmen haben sich die Herren Universitätsprofessoren E. von Martens in Berlin, Anton Fritsch (Frič) und Gustav C. Laube in Prag, um die der Pflanzen Herr Staatsrat Willkomm in Prag grofse Verdienste erworben; namentlich hat der erstgenannte Herr mit Zuziehung der Herren Dr. Hilgendorf und Dr. Karsch aufserordentlich viel Mühe auf die Bestimmung der besonders schwierigen Gemmen verwendet. Wir sprechen allen diesen Mitforschern hiermit unsern verbindlichsten Dank aus.

Nicht minder fühlen wir uns zu Dank verpflichtet folgenden Herren Vorständen und Assistenten von öffentlichen Gemmensammlungen und Besitzern von Privatsammlungen, welche uns zum Teil mit grofser Liberalität die Benutzung ihrer Schätze ermöglicht haben:

Herrn Professor Dr. H. von Brunn in München, Vorstand der dortigen königl. Gemmensammlung,

Herrn Dr. von Kenner, Direktor des k. k. Antikenkabinetts in Wien,

Herrn Professor Dr. A. Furtwängler in Berlin,

Herrn M. Chabouillet, Conservateur du Cabinet des Médailles et Antiques de la Bibliothèque nationale in Paris,

Herrn Dr. G. von Kieseritzky, Direktor des Altertümermuseums der kais. Ermitage zu St. Petersburg,

Herrn Dr. L. Müller, Direktor des königl. Museums der klassischen Altertümer in Kopenhagen,

Herrn S. A. Murray am britischen Museum,

Herrn Dr. Pinder, Direktor des königl. Museums in Kassel,

Herrn Adalbert Ritter von Lanna in Prag,

Herrn Rev. S. S. Lewis am Corpus Christi College in Cambridge,

Herrn Dr. Robert von Schneider, Custos des k. k. Antikenkabinetts in Wien,

Herrn Dr. Paul Herrmann, Volontär an der königl. Gemmensammlung in Berlin,

Herrn Dr. Maurice Prou in Paris,

Herrn Anton Freiherrn von Ludwigstorff in Deutschaltenburg,

Herrn Dr. Riggauer in München.

Endlich verdient auch Herr Bronner in Winterthur unsern und wohl auch des Lesers Dank für die mit vieler Aufopferung und unermüdlicher Sorgfalt hergestellten Phototypien. Die Mifsstände, welche die weite Entfernung von Prag und Winterthur, dem Sitze des phototypischen Instituts, für die richtige Auswahl,

Anordnung und passende Färbung der Gemmen mit sich bringen mußte, sind glücklicherweise bis auf wenige Kleinigkeiten behoben worden durch die Energie und Umsicht meines erfahrenen Mitarbeiters. Die Anfertigung des V. Registers verdanken wir der Gefälligkeit eines Schülers des Winterthurer Gymnasiums, Herrn Ernst Wipf.

Schließlich möchte ich die beiden verehrten Freunde in Amerika, deren Namen wir unserem Buche vorgesetzt haben, bitten, die Widmung freundlich aufzunehmen. Mein lieber Specialkollege an der ältesten amerikanischen Universität, dem Harvard-College zu Cambridge Mass., Herr Professor Dr. George M. Lane, mit welchem mich seit mehr als einem Decennium gleiche Studien und persönliche gegenseitige Zuneigung verbinden, möge darin einen Dank für seine treu freundschaftliche Gesinnung und namentlich auch für die wiederholten Besuche erblicken, mit welchen er uns bisher zu erfreuen pflegte. Herrn Präsident Stephen Salisbury aber und die übrigen hochverehrten Trustees der jüngst erstandenen Clark-Universität zu Worcester Mass. bitte ich, die Widmung des Buches als ein schwaches äußeres Zeichen innigster Dankbarkeit dafür ansehen zu wollen, daß sie mir die hohe Ehre einer Berufung an die von ihnen gegründete Universität zugedacht haben. Möge die Clark-Universität, die unter so vielversprechenden Auspicien gegründet wurde, in jeder Beziehung eine segensreiche Zukunft haben!

K.

Übersicht der Abbildungen.

ERKLÄRUNG DER MÜNZTAFELN.

Tafel I.

1. **M. AYPHΛIOC ANTШNINOC CЄB.** Brustbild des Marcus Aurelius rechtshin.
   R Δ (4ᵗᵉ Jahr). Orpheus, r. sitzend und die Lyra spielend, von zahlreichen
   Tieren umgeben. Über der Figur ein **Ichneumon**; rechts vor ihr **Ibis,**
   Affe, Schakal, Widder, Ziege und zwei kleine **Vögel**; hinter ihr **Löwe,**
   Schwein, Stier, Pferd, Antilope und **Rabe.**
   Br. 34 Mill., von Alexandreia in Ägypten. — Paris.
   Mionnet VI, 298, 2045, mit Abb. im Suppl. IX. Ähnlich, mit nur neun
   Tieren und dem Br. des Antoninus Pius, in Berlin (k. Münzkabinett (2)
   Nr. 869).
   Der Affe unsrer Münze ist ein Pavian, ebenso der auf Münzen von Hermo-
   polis in Ägypten. Keller, Tiere des klass. Altert. 8 f.

2. **Löwenkopf** von vorn.
   R **RECINOS.** Der bärtige Demos l. auf einem Stuhle sitzend, die Rechte
   auf einen Stab, die Linke an die Hüfte gestützt. Im Felde l. Weintraube.
   Das Ganze von einem Blätterkranz umgeben.
   Tetradrachmon von Region. — Sammlung Imhoof.

3. **Löwenkopf** von vorn.
   R **PHΓINON.** Apollonkopf r.; hinten zwei Blätter an einem Stiel.
   Drachme von Region. — Sammlung Imhoof.

4. Apollonkopf rechtshin.
   R **LEONTINOΣ** und vier **Gerstenkörner** um einen **Löwenkopf** herum.
   Tetradrachmon von Leontion in Sicilien. — Sammlung Imhoof.
   Ähnlich Tafel IX Nr. 27; andere Löwenköpfe: Tafel VI Nr. 43 und X Nr. 11.

5. **K — NI.** Kopf der Demokratia l.; hinter ihm Schiffsprora.
   R **KΛEOΣΘENH⟨Σ⟩** unter dem Vorderteil eines **Löwen** l. Vertieftes Viereck.
   Tetradrachmon von Knidos in Karien. — Sammlung Waddington.

6. Das Fell eines **Löwenkopfes** von vorn; darunter **ΣA**.
   R **ΣYN** ⟨μαχία⟩ Herakles als Kind r. knieend und die Schlangen würgend.
   Silberstater von Samos. — Museum Berlin Nr. 225.

7. Kopf der Athena r. zwischen **A — Φ.**
   R Rechtshin schreitender **Löwe**; darüber **Delphin** zwischen **I — Φ**; im Ab-
   schnitt **YEΛHTΩN.**
   Nomos von Velia in Lukanien. — Sammlung Imhoof.

1*

8. Frauenkopf l., mit einer der phrygischen ähnlichen Mütze bedeckt.
R Linkshin schreitender **Löwe** vor einer **Dattelpalme**; im Abschnitt punische Aufschrift 'sammachanat', vgl. Taf. II Nr. 13.
Tetradrachmon der Punier in Sicilien. — Museum in Neapel Nr. 4821.

9. Kopf der Athena l; hinter ihm Θ.
R **Löwe**, einen Widderkopf zerfleischend, r.; darüber **Heuschrecke** zwischen Φ − I; im Abschnitt ΥΕΛΗΤΩΝ.
Nomos von Velia in Lukanien. — Sammlung Imhoof.

10. Kopf der Athena l.; hinter ihm)Ε.
R **Löwe** l., einen Stierkopf benagend; unter dem Löwen Φ; im Abschnitt ΥΕΛΗΤΩΝ.
Nomos von Velia in Lukanien. — Sammlung Imhoof.

11. Zeus l. thronend; vor ihm Λ.
R ΛΥ über einem l. schreitenden **Löwen**.
Tetradrachmon von Tarsos (Imhoof, Monnaies grecques 375, 80). — Sammlung Imhoof.

12. Apollonkopf linkshin.
R Linkshin schreitender **Löwe**, nach einem Stern zurückblickend; vor ihm Μ; im Abschnitt ΛΗΝΑΙΟΣ.
Tetradrachmon von Miletos in Ionien. — Sammlung Imhoof.
Vielleicht soll der Stern die Sonne andeuten. Der Löwe ist dann als bekanntes Sonnensymbol Attribut des Sonnengottes Apollon.

13. Rechtshin liegender brüllender **Löwe**; darüber r. fliegender **Adler**.
R Vorderteil eines brüllenden Löwen r.
Silberstater von Kypros. — K. Bibl. Turin.

14. **Löwe** r., einen **Stier** niederwerfend; im Abschnitt **Fisch** l.
R ΑΚΑΝΘΙΟΝ um ein viergeteiltes Quadrat herum; das Ganze in einem vertieften Quadrat.
Tetradrachmon (eub. Gew.) von Akanthos in Makedonien. — Sammlung de Luynes.
Ein ähnliches, aber älteres anepigraphisches Stück (Kat. des Brit. Museums Macedon S. 30, 1) zeigt das Fell des Löwen mit Flecken gezeichnet; dafs hier an keinen Leopard oder Panther zu denken ist, beweist die Mähne des Raubtieres. Über gepardelte Löwen s. Keller, Tiere des klass. Altert. 154.

15. **Löwe** r., einen **Stier** anfallend, welcher den Kopf etwas rückwärts wendet; im Abschnitt ΟΝΟΜΑΣΤΟ.
R Aufschrift und Quadrate den vorigen ähnlich.
Tetradrachmon (asiat. Gew.) von Akanthos. — Sammlung Imhoof.
Die Gruppe des Löwen mit dem Stier ist auch der Typus zahlreicher Münzen der lykischen und kilikischen Dynasten, der Könige von Byblos, der taurischen Chersonesos, und Beizeichen eines Tetradr. von Syrakus (Kat. des Brit. Mus. 178, 214 Abb.).

16. **Löwe** l., einen r. zu Boden liegenden Eber anfallend.
R Vierfach geteiltes vertieftes Quadrat.
Tetradrachmon von Akanthos. — Paris.
Die Existenz von Löwen in Makedonien zur Zeit des Xerxes bezeugt Herodot ausdrücklich.

17. Jugendlicher Kopf mit Lorbeerkranz, r.
R **Löwe** über einem **Eber**, beide r. liegend; darüber ꓕ. Vertieftes Quadrat.
Unbestimmte phönicische Drachme. — Sammlung de Luynes.

18. Kopf der Athena l.; hinter ihm Φ.
R ΥΕΛΗΤΩΝ **Löwe** r., einen **Hirsch** niederwerfend.
Nomos von Velia in Lukanien. — Sammlung Imhoof.
Die nemliche Gruppe findet sich auf Münzen der Dynasten von Kilikien und Kition auf Kypros, s. Tafel II Nr. 34; ähnlich auf Silber von Pantikapaion.

19. Kopf der Athena r.
R Zwei sich gegenüber sitzende **Löwen** oder **Panther**, je eine der Vordertatzen erhebend. Zwischen beiden Duoquetra, und im Felde ΤΛ.
Hemidrachme von Tlos? in Lykien. — Sammlung Imhoof.
Obgleich wir beide sicher männliche Tiere ohne Mähne dargestellt sehen, so sind damit doch wohl Löwen gemeint. Keller, Tiere des klass. Altert. 385.

Andere **Löwentypen**:

springend: Tafel IX Nr. 36, Lysimachos, Lykkeios, Kyzikos u. a.
sich duckend: Velia.
sitzend: Lysimachia, Kition auf Kypros, Pessinus u. a.
sitzend, mit Speer im Rachen: Venusia u. a.
stehend, einen Speer serbeissend: Kampanien, Amyntas III, Perdikkas III, Kardia, Pantikapaion, Sardeis u. a.
Protomen und **Köpfe** des Löwen, sehr zahlreich.
Doppelkopf von Löwe und Widder: Kyzikos.
Hinterteil eines stehenden Löwen: Rev. Num. 1883, 302, 7 bis.
Löwenkopf mit **Speerspitze** im Rachen: Herakleia Trachinia.
Löwenkopf, Wasser spelend: Terina, Himera, Pherai in Thessalien. Korinth u. a.
sitzender Löwe als Brunnenfigur: Korinth, Troizen.
Löwe, mit Adler auf dem Rücken: Kilikien, Kypros.
Löwe, von Herakles erwürgt: Taras, Herakleia in Lukanien, Syrakus, Lykkeios, Mallos, Tarsos u. a.
Herakles auf dem erlegten Löwen sitzend: Taras.
Herakles auf einem schreitenden Löwen ruhend: Nikaia, Germe.
aufrechtstehender Löwe, im Kampfe mit dem Perserkönig: Phönicien.
Eros, dem Löwen einen Dorn ausziehend: Serdike.
Eros, auf dem Löwen reitend: Thrake und Makedonien.
Kybele, auf dem Löwen reitend: Hadrianopolis in Thrake, Kyzikos, Germe, Hieropolis in Syrien u. a.

Kybele zwischen zwei Löwen, sehr häufig.

Löwe mit Tympanon: Smyrna, Pessinus u. a.

stehende weibliche Gottheit auf liegendem Löwen: Philadelphia in Lydien.

stehende Gottheit auf den Rücken von drei schreitenden Löwen: Askalon (N. Z. 1884, V, 21).

Löwengespanne zu zwei, drei und vier Löwen, für Kybele, Demeter, Helios u. a.: vornehmlich auf lydischen und phrygischen Münzen der Kaiserzeit.

Tierfechter mit Löwe und anderen Tieren in der Arena: Synnada, Fam. Livineia.

Löwe im Zodiacus: Perinthos, Amastris, Nikaia, Aigeai, Sidon, Alexandreia.

Löwe als Schildverzierung auf der Innenseite des Schildes: Opus.

Löwenfell als Attribut des Herakles, sehr häufig, am Arm, um den Hals geknüpft, über den Kopf oder Rücken, auf dem Sitze (Tafel IX Nr. 19) u. s. w.

Löwin: asiat. Silberstater, Vorderseite zu Tafel XII Nr. 10; Kyzikos.

Löwin auf einem liegenden Widder stehend (Laïsdenkmal): Korinth.

20. **Panther** l. auf einem **Thunfisch**.
    R Vertieftes, vierfach geteiltes Quadrat.
    Elektronstater von Kyzikos. — Sammlung Dr. H. Weber in London.

21. Jugendlicher Kopf mit Petasos, r.
    R In einem Linienquadrat **Panther** r., das Fell mit Flecken gezeichnet.
    Elektronmünze (Hekte) von Kleinasien. — Sammlung Imhoof.

22. Jugendlicher Herakleskopf, mit dem Löwenfell bedeckt, l.
    R ΒΑΣΙΛΕΩΣ im Abschnitt. Jugendlicher Dionysos, mit dem Thyrsosstab in der Rechten, in einem Zweigespann von **Panthern**, l. Im Felde Blitz.
    Drachme, unbestimmt; s. Imhoof, Monnaies grecques 469,1. — Museum Neapel.

23. AVT. K. M. IOV. ΦΙΛΙΠΠΟC. Brustbild des Philippus Arabs r.
    R ΦΛ. ΦΙΛΑΔΕΛΦΕΩΝ ΝΕΩΚΟΡΩΝ. Weiblicher **Panther** r., im Begriffe einen **Hasen** zu fressen.
    Bronzemünze von Philadelphia in Lydien. — Museum Kopenhagen.

Andere **Panthertypen**:

schreitend: Kentoripai, Andros, Aphrodisias, Pantaleon, König in Indien, Gallienus u. a.

den **Kopf zurückwendend**: Nesos, Alexandreia.

mit **Palmsweig im Rachen**: Antiochos VI.

mit **Thyrsos**: Kampanien, Fam. Carisia.

Raub verschrend: Agyrion.

vor einem **Weinstock**: Agathokles, König in Indien.

vor dem **Weinstock**? ein **Kind säugend**: Ankyra in Galatien.

mit **Dionysos auf dem Rücken**:
    springend: Korkyra, Sybrita.
    schreitend: Kallatis, Teion, Kyzikos, Methymna, Silandos u. a.
    liegend: Anazarbos.

zu **Füßen des Dionysos**: bei fast allen Darstellungen des stehenden oder sitzenden Gottes.

als **Zweigsespann** für Dionysos: Katana, Kyzikos, Tralleis, Ankyra in Galatien, Alexandreia u. a.

als **Zweigsespann** für Dionysos und Ariadne: Maionia.

neben einer Ziege vor dem Dionysoswagen: Laodikeia in Phrygien.

neben einer Ziege vor dem Wagen mit Apollon neben Dionysos: Eumeneia, Tralleis.

an einem Altar aufstehend: Fam. Vibia.

von Pan mit Füßen getreten: Hadrianopolis in Thrake, Nikaia.

Pan begleitend: Teion.

Pantherfell, als Lager des Dionysos: Kyzikos.

24. Weiblicher Kopf mit Sphendone r.

R **Hund** l.; darüber und darunter je eine Kugel (zwei Unzenzeichen); im Abschnitt **Wiesel** r.

Bronzemünze von Segesta in Sicilien. — Brit. Museum.

Einzig bekanntes Beispiel.

25. Kopf des Kaisers Hadrian r.

R ΠΑΝΟ. L. IA (Jahr 11). **Ichneumon** r.

Bronzemünze von Panopolis in Ägypten. — Sammlung di Demetrio in Athen, Nr. 3513.

26. Tafel VI Nr. 49.

R Der Demos l. auf einem Stuhle sitzend, einer aufspringenden **Katze**, wenn nicht vielmehr einem jungen **Panther** eine Spindel zum Spielen hinhaltend, in der gesenkten Linken Knäuel.

Nomos von Taras in Kalabrien. — Sammlung Imhoof.

S. Kat. des Brit. Museums 171, *1, wo der Katze oder dem jungen Panther ein **Vogel** hingehalten wird; auf anderen Nomen sieht man das Tier hinter dem Stuhle heranschleichen, und auf einem Tetradrachmon von Region unter dem Stuhle des Demos mit einem Ball spielen. F. Lenormant, Grande Grèce I S. 100 erkennt in dem Tiere eine Katze.

Alle Münzen mit dieser scheinbaren Katze gehören Taras und Region an und dem Ende des 5. Jahrhunderts v. Chr. Die Annahme erscheint daher berechtigt, dafs um diese Zeit in Unteritalien der erste Versuch gemacht wurde, die in Nordafrika vorhandene gezähmte Katze auch in Europa einzubürgern, oder dafs sie doch, wie Affen und Kamele, bisweilen übers Meer gebracht wurde. Man erinnere sich, dafs im Anfauge des 4. Jahrhunderts v. Chr. Agesilaos einmal den Versuch machte, das Kamel im europäischen Griechenland einzubürgern. Über diese Thatsache haben wir nur eine einzige beiläufige Nachricht in Xenophons griechischer Geschichte.

27. Kopf der Hera mit Stephanos, r.

R ΑΡΓΕΙΩΝ. **Wolf** r. zwischen zwei **Delphinen.**

Didrachmon von Argos in Argolis. — Sammlung Imhoof.

In ähnlicher Stellung auf Bronzen von Region.

28. Vorderteil eines **Wolfes** r.

℞ Adler r. auf einem Blitz stehend, unter einem grofsen **A**; im Felde
IEPΩNOΣ. Vertieftes Quadrat.

Hemidrachme von Argos. — Sammlung Imhoof.

29. Korakopf r.

℞ KYΣIKHNΩN. **Wölfin** r., ein Junges im Maule wegschleppend.

Bronzemünze von Kyzikos in Mysien. — Sammlung Imhoof.

30. Kopf der Roma r.; hinten XXXXVIIII.

℞ Linkshin schreitende **Wölfin**; darüber ROMA; im Abschnitt P. SATRIE
— NVS.

Denar der Fam. Satriena. — Sammlung Imhoof.

Andere **Wolfstypen**:

Vorderteil des Wolfes, an einem Knochen nagend, oder blofser Wolfskopf:
Archelaos I.

Wölfin, Romulus und Remus **saugend**: häufig auf römischen Prägungen
und Münzen der Kolonien.

sitzender Wolf, als Personification des Flusses Lykos: Laodikeia.

springend, mit **weiblicher** Gottheit auf dem **Rücken**: Aigai in Aiolis.

Apollon, an jeder Hand einen Wolf an den Vorderfüfsen haltend: Tarsos.

31. Weiblicher Kopf mit Stephane r.

℞ AΠEI—PΩTAN. Rechtshin liegender **Molosserhund**.

Bronzemünze der Epeiroten. — Paris.

Liegende Hunde: Syrakus, Argos Amphilochikon, Epidauros.

32. APΓEI vor dem Athenakopfe L; hinter diesem Helm mit Schweif l.

℞ Linkshin fliegender Pegasos; darunter der Kopf eines **Molosserhundes** l.

Silberstater von Argos Amphilochikon. (S. Imhoof, die Münzen Akar-
naniens, S. 83 ff.; 91 ff.) — Sammlung Imhoof.

Diese Münzen sind von höchstem Interesse als authentische Abbildungen des
echten antiken Molossers, der demnach keineswegs ein grofser Windhund
war, wie Fitzinger meint, sondern vielmehr eine Dogge, namentlich Nr. 32
ist ausschlaggebend.

33. Jugendlicher Kopf l.

℞ APΓEIΩN. Rechtshin stehender **Hund**, im Felde E und Kylix.

Bronzemünze von Argos Amphilochikon. — Münzkabinett Wien.

Das ist offenbar nicht mehr reine molossische Rasse.

34. Apollonkopf mit Lorbeerkranz l.

℞ ΣAMAI—HΩ. **Hund** r.

Drachme von Same auf Kephallenia. — Brit. Museum.

35. Vorderteil eines **Hundes** l., den Kopf zurückwendend; hinter ihm **Thunfisch**.

℞ Vertieftes vierfach geteiltes Quadrat.

Elektronmünze (Hekte) von Kyzikos. — Sammlung Imhoof.

Vorderteile: Segesta, Tarsos.

36. Stofsender Stier l.; darüber Helm.
    ℞ ΜΑΔΥ. Sitzender Hund r.; dahinter Ähre.
    Bronzemünze von Madytos in der thrak. Chersonesos. — Samml. Imhoof.
    Ähnlich als Typus: Kydonia, Alexandreia u. a.; als Beizeichen: Metapontion, Korinth.
37. Weiblicher Kopf mit Binde, l.
    ℞ ΓΑΝΟΡΜΟΣ. Rechtshin stehender Hund.
    Didrachmon von Panormos in Sicilien. — Sammlung Imhoof.
    Ähnlich: Segesta (Tafel VIII Nr. 27 und 41), Eryx (Tafel VIII Nr. 31). Motya.
    Dieses und die folgenden Stücke geben schöne Bilder des grofsen starken sicilischen Windhundes; seine Benutzung zur Hirschjagd zeigt Nr. 39.
38. ΣΕΚΕΣΤΑ ΖΙΒ. Weiblicher Kopf r., mit Binde, Ohrring und Halsband mit einem Löwenkopf als Schlufs.
    ℞ Hund mit Halsband r. am Boden schnüffelnd.
    Didrachmon von Segesta in Sicilien. — Sammlung Imhoof.
    Schnüffelnde Hunde: Nuceria, Same, Phaistos u. a.; vor einer Muschel: Tyros (Tafel VIII Nr. 33.)
39. Weiblicher Kopf mit Binde, r.; hinten Epheublatt.
    ℞ Hund r. einen Hirschkopf benagend; darüber kleiner weiblicher Kopf r.
    Didrachmon von Motya in Sicilien. — Sammlung Imhoof.
40. Hund, den Kopf zurückwendend, l. auf einem erlegten Hasen stehend.
    ℞ ΕΡΥΚΙΝΟΝ. Linkshin sitzende Aphrodite, einen nackten Jüngling an sich ziehend.
    Silbermünze von Eryx in Sicilien (Imhoof, Monnaies grecques S. 17, 19).
    — Sammlung Imhoof.
41. Weiblicher Kopf, mit Weinlaub und Trauben bekränzt, r.
    ℞ ΚΥΔΩΝ. Kydon(?) nackt, l. stehend und den Bogen spannend; vor ihm ein Hund, seinen Herrn freudig anbellend.
    Didrachmon von Kydonia auf Kreta. — Museum Neapel Nr. 7020.
42. Kopf des jugendlichen Dionysos, l.
    ℞ ΚΥΔΩΝ im Abschnitt. Hündin l., ein Kind (Kydon oder Zeus?) säugend.
    Didrachmon von Kydonia auf Kreta. — Sammlung de Luynes.
    Authentisches Bild des berühmten kretischen Hundes in ganz vorzüglicher naturgetreuer Darstellung.
43. Brustbild des Mercur r., mit geflügeltem Hut, Gewand und Stab über der Schulter; dahinter l.
    ℞ C. ΜΑΜΙL. LIMETAN. Der Hund Argos, Odysseus wieder erkennend.
    Denar der Fam. Mamilia. — Sammlung Imhoof.
44. Brustbild der Tyche r.
    ℞ ΦΩΚΑΕΩΝ. Hund einen Delphin packend, r.
    Bronzemünze von Phokaia in Ionien. — Sammlung Imhoof.
45. Jugendlicher Kopf r., mit dem Fell eines Löwenkopfes(?) bedeckt.
    ℞ Linkshin springender Spitz; darunter Μ.
    Bronzemünze aus Etrurien. — Sammlung Imhoof.

46. **C. ÆSTI** hinter dem behelmten Kopfe der Roma; vorn **X**.
      R ROMA. Die Dioskuren rechtshin galoppierend; unter den Pferden ein
      mitspringender **Hund** (Spitz).
      Denar der Fam. Antestia. — Sammlung Imhoof.
  Beide Münzen, Nr. 45 und Nr. 46, zeigen deutlich, dafs die Römer unsern
  Spitz besafsen. Einen griechisch-thrakischen Spitz aus viel älterer Zeit
  s. Tafel II Nr. 29.

Andere **Hundetypen**:
    als **Begleiter von Reiter oder Pferd** kommen Hunde, vornehmlich der Spitz,
    auf Münzen öfters vor: Alexandros I und Archelaos von Makedonien,
    Mende (Tafel II Nr. 29), Sermyle, Maroneia u. a. (Z. f. Num. III 55;
    VI 235; Pellerin, Rec. Tafel 35, 29).
    drei Hunde, das **Artemisgespann** begleitend: Fam. Axia.
    als **Begleiter des Jägers** (Pans): Mesma, Pandosia, Segesta.
    als **Begleiter des Talos**: Phaistos.
    als **Begleiter der Artemis** sehr häufig.
    als **Begleiter des Apollon** z. B. Tafel IX Nr. 18.
    als **Begleiter des Asklepios**: Magneten, Epidauros.
    heulend: Syrakus (Imhoof, Monnaies grecques Tafel B, 21).
    den **Straufs anbellend**: Byzantion (Tafel V 52).
    schlafend: Aes grave von Tuder und Hatria (Garrucci, Tafel 55, 56, 60, 61;
    Brit. Museum Kat. S. 32).
    einen **Eber jagend**: Tafel IV 15.
    eine **Hindin packend**: Piakos in Sicilien, Tafel II Nr. 41.
    an einer **Muschel schnüffelnd**: Tyros (Tafel VIII Nr. 33).
    Vorderteil, **von Strahlen umgeben** (Seirios): Insel Keos; ohne Strahlen:
    Segesta.
    springend, mit **Isis** auf dem Rücken: Alexandreia, **Faustina** iunior.

Tafel II.

1. Jugendlicher Dionysoskopf mit Epheu bekränzt, r.
    R ΑΛΩ. Kantharos zwischen Weintraube und r. schreitendem **Fuchs**.
    Bronzemünze von Alopekonnesos in der thrakischen Chersonesos. —
    Museum Klagenfurt.
  Als Typus kommt der Fuchs auf einer einzigen bekannten kleinen Bronzemünze der nemlichen Stadt vor, im Katalog des Athener Museums I
  Nr. 1660 abgebildet. Ein Abdruck dieses Stückes war wegen der Schliefsung
  des Kabinetts, infolge des bekannten Diebstahls, leider nicht erhältlich.

2. **Ginsterkatze** über einer **Silphiumfrucht** liegend oder schlafend.
    R Negerkopf r. in vertieftem Quadrat.
    Hemidrachmon von Kyrene. — Sammlung Imhoof.
  L. Müller, Num. de l'Afrique, Suppl. S. 3 läfst die Wahl zwischen Fuchs,
  Schakal und Frettchen und verweist für letzteres auf Herodot IV 192 (γαλαῖ).
  Wahrscheinlich aber ist es die in der Berberei gewöhnliche 'blasse Ginster-
  katze'.

3. Linkshin schreitender **Bär**.
   ℞ Delphin diagonal r. zwischen M—A. Vertieftes Quadrat.
   Hemidrachmon von Mantineia. — Paris und Sammlung Imhoof.
   Eine kleinere Münze von Mantineia hat als Typus einen **Bärenkopf**.

4. AVT. K. M. AVP. CEV. AΛEΞANΔPOC. Kopf des Sev. Alexander mit
   Lorbeerkranz r.
   ℞ EΠ. ΦPON. BVZANTIΩN. Rechtshin schreitender **Bär**.
   Bronzemünze von Byzantion. — Wien.

5. Apollonkopf r.
   ℞ KYPA. ΣΩ. **Silphium**; r. daneben fressende **Springmaus**.
   Silbermünze von Kyrene. — Sammlung Imhoof.
   Auch auf anderen Münzen der Kyrenaïke kommt die Springmaus in der Regel
   nur als Beizeichen vor, s. Tafel VI Nr. 35.

6. Kopf des jugendlichen Herakles, mit dem Löwenfell, r.
   ℞ AΛEΞANΔPoY. Zeus Actophoros l. thronend; vor ihm eine **Maus** und
   ein Monogramm aus EY.
   Alexanderdrachme. — Sammlung Imhoof.

7. Demeterkopf mit leichtem Schleier r.; vor ihm AΓ.
   ℞ META. **Ähre** mit Blatt; auf letzterem **Maus** l.; darüber Φ.
   Nomos von Metapontion. — Sammlung Imhoof.

8. Brustbild des bärtigen Herakles l., mit Keule und Löwenfell über der Schulter.
   ℞ TI. Q. Reiter mit zwei Pferden l. im Galopp; am Boden **Maus**; im Felde
   L; im Abschnitt D. S. S.
   Denar der Fam. Quinctia. — Sammlung Imhoof.

   Mäuse:
   als **Beizeichen**: Lampsakos, Nesos.
   als **Attribut des Apollon** Smintheus: Alexandreia Troas.
   als **Attribut der Aphrodite**: Nagidos.
   als **Contremarque**: Alexandreia Troas.

9. Weiblicher Kopf rechtshin.
   ℞ IAMVΧ. **Wasserspitamaus** r. über einer **Muschel**.
   Nomos von Kyme in Kampanien. — Brit. Museum.

10. AWAƷƷM. Maultierbiga mit Messana als Wagenlenkerin, r.; im Abschnitt
    zwei einander zugekehrte Delphine.
    ℞ WOIWAƷƷM. Rechtshin springender **Hase**; darunter **Delphin** l.
    Tetradrachmon von Messana. — Sammlung Imhoof.

11. Derselbe Typus l., mit den Delphinen im Abschnitt.
    ℞ MEΣΣANION im Abschnitt. Linkshin springender **Hase**; über ihm l.
    fliegender **Adler**; unter dem Hasen **Ähre** mit zwei Blättern.
    Tetradrachmon von Messana. — Sammlung Imhoof.

    Andere **Hasentypen**:
    s. Tafel VII Nr. 36 und 39; Tafel VIII Nr. 35.
    aufspringend: Populonia (?).

2 *

springend: Region, Kroton.

an Pan aufspringend: Messana.

von einem Hunde erlegt: Eryx (Tafel I Nr. 40).

von Adlern zerfleischt: Akragas (Tafel IV Nr. 29), Elis.

von Eros an den Hinterbeinen emporgehalten: Kyzikos.

Hasenkopf: Messana.

Kaninchen:

    als **Attribut** der personificierten **Hispania**: röm. Münzen des Hadrian, z. B. Tafel IX Nr. 44.

12. Behelmter bärtiger Kopf des Ares l.; dahinter Eichenzweig.

    ℞ Gezäumter Pferdekopf r.; am Halsabschnitt ROMANO auf einem Streifen; dahinter Ähre.

    Römisch-kampanischer Nomos. — Sammlung Imhoof.

    Das Pferd ist wohl ein Repräsentant der Pferde, wie sie im ersten punischen Kriege in der römischen Armee gebräuchlich waren.

13. Kopf der Demeter oder Kora l. zwischen vier Delphinen.

    ℞ **Pferdekopf** l.; dahinter **Dattelpalme**; unten punische Aufschrift 'am machanat' d. h. Volk des Lagers.

    Siculo-punisches Tetradrachmon. — Sammlung Imhoof.

14. ΤΑΡΑΣ. Taras auf dem Delphin reitend, r.; darunter A.

    ℞ Rechtshin stehendes aufgezäumtes **Pferd**, welches von seinem Reiter bekränzt wird; vor ihm ein aufgepflanzter Hermesstab.

    Nomos von Taras. — Sammlung Imhoof.

    Unteritalisch-sicilische Rasse um 400 v. Chr.

15. Rechtshin stehendes **Pferd**, von einem jugendlichen Reiter den Siegeskranz empfangend. Unter dem Leibe des Tieres kniet ein nackter Knabe und reinigt den Huf des aufgehobenen l. Vorderfufses; vorn Φ.

    ℞ ΤΑΡΑΣ r. Taras, mit Dreizack und Schild bewaffnet, seitwärts auf einem Delphin l. sitzend: darunter Γ und Wellen.

    Nomos von Taras. — Sammlung Imhoof.

16. Zeuskopf rechtshin.

    ℞ ΦΙΛΙΠΠΟΥ. Jugendlicher **Reiter** mit Palmzweig, rechtshin; darunter Stern.

    Tetradrachmon Philipps II von Makedonien. — Sammlung Imhoof.

    Die makedonische, speciell die päonische Reiterei war berühmt. Nach unserer Münze zu schliefsen hatte sie Rosse von schwerem Schlag.

17. Gezäumter **Pferdekopf** mit Stierhörnern, r.

    ℞ Tafel IV Nr. 6.

    Tetradrachmon des Seleukos Nikator. — Sammlung de Luynes.

    Wahrscheinlich der Bukephalos Alexanders d. Gr., wie er sich in der Legende gebildet hatte. Übrigens zeigen die Münzen des Seleukos I und Antiochos I auch gehörnte Elefanten, wie überhaupt bei den ersten syrischen Königen und auch bei Demetrios Poliorketes das bekannte syrische Symbol des Hornes (= Kraft) sich häufig findet.

18. Nackter Reiter, mit der Geißel in der Rechten, seitwärts auf dem rechtshin
galoppierenden Pferd sitzend.
℞ ΚΕΛ. Γ. Ziegenbock l., sich vom Boden erhebend und den Kopf zurückwendend, s. Tafel III Nr. 12.
Silberstater von Kelenderis in Kilikien. — Sammlung Imhoof.

19. Kopf der Larisa von vorn, etwas l. geneigt.
℞ ΛΑΡΙΣΑΙ. Rechtshin schreitendes Pferd mit zurückgewandtem Kopf und
zum Boden hangender Leine.
Drachme von Larisa in Thessalien. — Sammlung Imhoof.

20. Ähnlicher Kopf.
℞ ⟨ΛΑΡΙΣ⟩ΑΙΩΝ. Weidendes Pferd rechtshin, den l. Vorderfuß erhoben.
Drachme von Larisa. — Sammlung Imhoof.
Auf einer andern Drachme sieht man die Leine des weidenden Tieres an ein
Bäumchen gebunden.
Ein weidendes Pferd auch auf Münzen der Cosetani, von Gyrton, Phar-
kadon, Skotussa (Protome), Pheneos, Alexandreia Troas, Neandreia, An-
tiochos III u. a.

21. Weiblicher Kopf linkshin.
℞ ΑΤΡΑΓΙΟΝ. Rechtshin stehendes Pferd.
Hemidrachmon von Atrax in Thessalien. — Paris.
Die thessalische Reiterei war zur Blütezeit des Hellenentums die beste in
Griechenland.

22. Pferd r., den Kopf zurück und abwärts gebogen und den erhobenen rechten
Hinterfuß leckend.
℞ ΚΟΓΡΑΛΕ. Triquetra l. Perlquadrat und vertieftes Quadrat.
Lykischer Silberstater. — Brit. Museum.
Vgl. die Variante Tafel VII Nr. 34.

23. Kopf der Larisa, mit Ähren bekränzt, von vorn.
℞ ΛΑΡΙΣΑΙΩΝ. Stute mit Füllen r. stehend.
Drachme von Larisa. — Sammlung Imhoof.

24. ΣΥΡΑΚΟΣΙΩΝ. Kopf der Kora l., mit Getreideblättern bekränzt und von
vier Delphinen umgeben.
℞ Linkshin eilendes Viergespann, dessen Lenker von Nike bekränzt wird.
Im Abschnitt Panoplie mit der Unterschrift ΑΘΛΑ.
Dekadrachmon von Syrakus. — Sammlung Imhoof.

Andere Pferdetypen:
s. Tafel VI Nr. 5 und VIII Nr. 30.
Stehende, schreitende, springende Pferde und Protomen mit und ohne Reiter,
Zwei-, Drei- und Viergespanne und Pferdeköpfe gehören zu den ver-
breitetsten Münztypen des Altertums. In besonderer Mannigfaltigkeit
erscheinen sie auf den Prägungen von Taras, Sicilien und Karthago,
Maroneia, Thessalien, der makedonischen Könige u. s. w., in all diesen
Fällen auf blühende Pferdezucht weisend.

Besonders hervorzuheben sind etwa folgende Darstellungen:

Protome eines springenden Pferdes mit **breitem Gurt**: Kolophon.

Protome eines Pferdes, **aus einem Fels hervorspringend**: thessalische Städte.

zwei Pferdeprotomen, Rücken gegen Rücken: Olbia. Perinthos, Phönicien.

Hintertell eines stehenden Pferdes: anepigraphische Münzen euboischen Systems.

Pferdefufs: Alexandros von Pherni.

Stute ihr Füllen säugend: Antiochos III.

Pferd mit **Hirte**: Alexandreia Troas.

weidende Postpferde: gr. Bronzen des Nerva.

gesatteltes Pferd: Fam. Atia (Labienus).

Pferde der **Dioskuren, am Brunnen getränkt**: Fam. Postumia.

Pferde **des Diomedes**: Hadrianopolis und Perinthos in Thrake, Herakleia in Bithynien, Alexandreia u. a.

Pferd mit **Poseidon**: Potidaia, Raukos.

Pferd mit **Dreizack**: Krannon in Thessalien.

Pferd mit **Schlangenschweif** und **Asklepiosstab**: Nikaia.

Quadriga als Helmzierrat: Metapontion, Athen, Ainianen u. a.

25. Schreiender brünstiger **Esel** r.; vor ihm ein Pflanzenornament.

     R Ähnlich dem von Nr. 26, ohne Ring in der Mitte.

     Tetrobolon von Mende. — Sammlung Imhoof.

     Der Eseltypus steht in Beziehung zu dem ausgelassenen Dionysoskultus dieser weinreichen Gegend.

26. △WIM. Schreiender brünstiger **Esel** l.; auf seinem Rücken eine **Krähe** r., unter den Schwanz des Esels hackend.

     R Vier vertiefte dreieckige Einschläge.

     Tetradrachmon von Mende in Makedonien. — Sammlung Imhoof.

27. MIN. Ähnlicher Typus r. Im Hintergrund **Weinstock** mit Traube.

     R Um einen Ring herum vier vertiefte Einschläge in Windmühlenflügelform.

     Tetradrachmon von Mende in Makedonien. Vgl. Tafel V Nr. 24. — Sammlung Imhoof.

28. Störrischer **Esel** r., von dem ihm zur Seite stehenden Seilenos an den Ohren rückwärts gezogen.

     R Tafel V Nr. 23.

     Tetrobolon von Mende. — Museum Thorwaldsen.

29. Bärtiger Dionysos l. auf dem Rücken eines r. stehenden **Esels** ruhend, in der Rechten den Kantharos haltend. Unter dem Esel ein r. stehender **Spitz**; vor ihm **Krähe** oder **Rabe** r. auf einem Weinstock.

     R MENΔAON. Weinstock mit fünf Trauben. Vertieftes Quadrat.

     Tetradrachmon von Mende in der Chalkidike. — Britisches Museum.

Andere **Eselstypen**:

Protome oder **Kopf** allein: Mende.

Kopf (als Beizeichen): Metapontion.

stehend (auf Thunfisch): Kyzikos.

mit dem **reitenden Dionysos**: Nakone in Sicilien.

mit dem zur Seite schreitenden **Seilenos**: Silandos in Lydien.

30. **Maultierbiga** von Nike bekränzt, r.; im Abschnitt **Ölblätter** mit zwei Oliven.
B **ΜΕΣΣΑΝΙΟΝ**. Rechtshin springender Hase; darunter Delphin r.
Tetradrachmon von Messana. — Sammlung Imhoof.
Ähnliche Tetradrachmen von Region.

31. **A. PLAVTIVS AED. CVR. S. C.** Kopf der Kybele r.
R **BACCHIVS IVDAEVS**. Bacchius r. knieend, mit der Linken ein **Kamel**
am Zügel haltend, in der Rechten einen Ölzweig.
Denar der Fam. Plautia. — Sammlung Imhoof.
Keller, Tiere des klass. Altert. 34.
Die anderen Typen des **arabischen Kamels** sind ebenfalls aus später Zeit:
allein stehend: Kyrenaïke unter Lollius, Bostra.
neben der personificierten Arabia: römische und asiatische Münzen des
Kaisers Traian.

32. **ΑΥΤΟΚΡ. ΚΑΙC. ΝΕΡ. ΤΡΑΙΑΝW ΑΡΙCΤW CΕΒ. ΓΕΡΜ. ΔΑΚ.** Brust-
bild des Kaisers mit Lorbeerkranz und Gewand r.
B **ΔΗΜΑΡΧ. ΕΞ. ΥΠΑΤΟ.** ς. Baktrisches **Kamel** l. schreitend.
Drachme einer unbestimmten arabischen Stadt. — Brit. Museum und
Sammlung Imhoof.
Das zweihöckrige Kamel (Camelus bactrianus) findet sich noch auf einigen
baktro-indischen Königsmünzen. Vgl. Keller, Tiere des klass. Altert. 35.

33. Weidender **Damhirsch** r.; darüber **ΦΑΙΝΟΣ ΕΜ ΣΒΜΑ** rückläufig.
R Drei vertiefte Vierecke, von denen das mittlere länglich, die seitlichen
quadrat.
Elektronstater von Ephesos oder Halikarnassos?· — Brit. Museum.
Keller, Tiere des klass. Altert. 79. 351 Anmerk. 37.

34. **Baaltars** d. h. der Baal von Tarsos l. sitzend, in der Rechten Ähre und Weintraube haltend, die Linke auf das Scepter stützend. Dahinter בבלתרז;
unter dem Sitze Henkelkreuz.
R **Löwe** l. einem **Damhirsch** ins Genick fallend; darüber מרז; r. unten ט.
Silberstater des Satrapen Mazaïos in Tarsos. — Sammlung Imhoof.
Ähnlich auf Münzen der Könige von Kition auf Kypros. Keller, Tiere des
klass. Altert. 76. Die Gruppe bedeutet den Sieg des Lichts über die
Finsternis, des Guten über das Böse. Der Löwe ist das Tier der Sonne,
der gefleckte Damhirsch bedeutet den nächtlichen Sternenhimmel.

35. Biene zwischen **Ε — Φ**.
B **Damhirsch** l., sich vom Boden erhebend mit zurückgewandtem Kopfe.
Bronzemünze von Ephesos. — Sammlung Imhoof.
Der Damhirsch ist das stehende Attribut der ephesischen Artemis. Keller,
Tiere des klass. Altert. 75. 76.

36. Biene zwischen **Ε — Φ**. (Tafel VII Nr. 21.)
R Vorderteil eines **Damhirsches** r., mit zurückgewandtem Kopfe. Dahinter
Palme; vor ihm **ΑΝΤΙΑΛΚΙΔΑΣ**.
Tetradrachmon von Ephesos. — Sammlung Imhoof.
Keller a. a. O. 76.

37. **ANTONINVS AVG. PIVS P. P. TR. P.** Brustbild des Antoninus Pius,
mit Gewand, r.
R **COS. III.** Diana l. stehend, mit der Rechten das Geweih eines ihr zur
Seite stehenden **Damhirsches** erfassend.
Bronzemedaillon des Antoninus Pius. — Paris.

38. Nackte männliche Figur r. stehend, in der erhobenen Rechten einen Zweig
haltend, den l. Arm vorstreckend; zu beiden Seiten je ein Delphin.
R **ΚΑΥΛΩ·**
   ΣΑΤΑΙΝ **Edelhirsch** r. stehend; darunter **A**.
Nomos von Kaulonia. — Sammlung Imhoof.
Ähnlich Tafel VI Nr. 6 und VII Nr. 33. Keller, Tiere des klass. Altert. 83.

39. Tafel VI Nr. 6.
R **ΚΑVΛΟΝΙΑ**. Rechtshin springender **Edelhirsch.**
Nomos von Kaulonia. — Sammlung Imhoof.
Keller, Tiere des klass. Altert. 83.

40. Brustbild der Artemis von vorn, mit Turmkrone, Gewand und Köcher über
der r. Schulter.
R **ΑΒY**. **Hirschkuh** r., den Kopf zurück und abwärts biegend. Das Ganze
von einem Blätterkranz umgeben.
Bronzemünze von Abydos. — Sammlung Imhoof.
Es wird eine Damhindin gemeint sein.

41. Kopf eines jugendlichen gehörnten Flufsgottes mit Lorbeerkranz l. Vor ihm
sechs Kugeln (Unzenzeichen) zwischen den Buchstaben der Aufschrift
ΠΙΑΚΙΝ.
R Hund r., eine **Hirschkuh** niederwerfend und in die Gurgel beifsend.
Rechts im Felde Blatt.
Bronzemünze von Piakos in Sicilien. — Brit. Museum.

Andere **Hirschtypen:**

stehend, sehr häufig: Psophis, Chersonesos Taurike, Gorgippia, Abdera,
Zeleia, Bargylia, Taba, Lykien, Amyntas von Galatien u. s. w.
stehend neben einer Palme: Ephesos, Arados.
weidend: Mithradates Eupator, Ephesos.
liegend: Priapos, Prokonnesos, Selge u. s. w.
Protomen: sehr häufig.
Hirschkopf: Laos, Psophis, Demetrios I von Syrien, Arsakiden; s. Tafel 1
Nr. 39; IV Nr. 32.
Hirschkuh **als Akrostolion:** Elaius.
Hirschkuh am **Ryton:** Ainos (Tafel III Nr. 8) u. a.
Hirschjagd am Haimos, Argaios: Nikopolis, Kaisareia.
von einem Löwen niedergeworfen: Velia, s. Tafel I Nr. 18.
als **Attribut der Artemis**, einzeln oder zu zweien, sehr häufig, besonders
schön auf Münzen von Abdera, Eukarpeia u. s. w.
von Artemis gejagt: häufig.
von ihr am **Geweih erfafst:** Abydos, Kolossai, Denar der Fam. Hostilia.

von **Artemis an den Vorderfüßen erfaßt**: Alexandreia (Hadrian).
von ihr **niedergeworfen**: Chersonesos Taur., Ephesos, Stratonikeia, Hieropolis u. s. w.
mit **Artemis als Reiterin**: Mytilene, Ephesos, Medaillon der Faustina iun.
als **Gespann der Artemis**: Mytilene, Ephesos, röm. Denare.
von **Herakles niedergeworfen**: Hadrianopolis Thrak., Perinthos, Nikaia, Germe, Pergamon.
Hirschkuh, Vorderteil: Psophis.
Hirschkuh, ein Kind säugend: Kapya, Tegea, Damaskos.
Hirschkuh, neben Herakles und Telephos: Germe, Pergamon, Tarsos u. s. w.
Hirschkalb, von Pan an den Vorderfüßen gehalten: Krateia in Mysien.
das **Fell** (Nebris), Attribut des Dionysos, Pan u. s. w., häufig.

Tafel III.

1. IAΧϨAϴ vor dem bekränzten Kopf des Zeus Ammon r.
   ℞ ΝΟΙ . . . . . . Gazelle l. vor einem Silphium liegend.
   Silberstater von Barke. — Museum in Parma.

2. Silphium: l. daneben eine Frucht der Pflanze.
   ℞ Gazelle l. vor einem Silphium stehend; über dem Tiere eine Silphiumfrucht; darunter K.
   Tetradrachmon von Kyrene. — Paris.

3. Silphium.
   ℞ ⟨E?⟩—V. Gazellenfuß und Delphin in einem vertieften Quadrat.
   Drachme von Euesperis. — Sammlung L. de Hirsch.

4. EΣΠEPI . . . Jugendlicher gehörnter Kopf des Flußgottes Lathon mit Tänie, r.
   ℞ ΤΙΜΑΓΩΡΑ. Gazelle r. vor einem Silphium stehend; zwischen den Füßen des Tieres eine kleinere Silphiumpflanze.
   Didrachmon von Euesperis. — Sammlung de Luynes.

5. KVP—ANA. Kopf des Zeus Ammon mit Binde, von vorn.
   ℞ APIΣTOMHΔEOΣ. Gazelle, an einem Silphium aufstehend und dessen oberste Sprossen abfressend.
   Silberstater von Kyrene. — Karlsruhe.

6. Widderkopf linkshin; darunter Delphin l.
   ℞ ΔAΛ. Ziegenkopf von vorn zwischen zwei Delphinen; im Felde l. Dreifuß.
   Trihemiobolion von Delphoi. — Sammlung Imhoof.

7. Ziegenbock r., sich mit zurückgewandtem Kopfe vom Boden erhebend; über ihm ⊙.
   ℞ Vertieftes Quadrat, in vier Teile geteilt.
   Silberstater von Aigai in Makedonien. — Sammlung Imhoof.

8. Hermeskopf mit Petasos von vorn.
   ℞ AINION. Ziegenbock r. stehend; vor ihm ein Ryton. Vertieftes Quadrat.
   Tetradrachmon von Ainos in Thrake. — Sammlung Imhoof.

9. ΜΙΕΡΑΙΟΝ. Nackter Jüngling mit Heroldstab und **Trompetenmuschel**, l. auf einem springenden **Ziegenbocke**.
B Linkshin fliegende Nike, in der Rechten ein Aphlaston haltend.
Triobolon von Himera in Sicilien. — Sammlung Imhoof.

10. Weiblicher Kopf r., das Haar mit einer sich mehrfach kreuzenden Binde umwunden.
B ΑΝΑΞΙΚ. ΠΑΡΙ. **Ziegenbock** r.
Didrachmon von Paros. — Brit. Museum.

11. **Zeuskopf** linkshin.
B ΦΑΡΙΩΝ. **Ziegenbock** l. vor einer r. emporgerichteten **Schlange**.
Bronzemünze der dalmatischen Insel Pharos. — Sammlung Imhoof.

12. Tafel II Nr. 18.
R ΚΕΛ. Γ. **Ziegenbock** l., sich mit zurückgewandtem Kopfe vom Boden erhebend.
Silberstater von Kelenderis in Kilikien. — Sammlung Imhoof.
Die Ziegenzucht in Kilikien war bedeutend.

13. Εὐ. Fa. γό. ρω in kyprischer Schrift. Bärtiger Kopf des Herakles r., mit dem Löwenfell bedeckt.
R Ba. σι. λέ. Fω. ς. Εu. Rechtshin liegender **Steinbock** oder zahmer Ziegenbock; darüber Getreidekorn.
Silberstater des Königs Euagoras I. — Museum Florenz.
Über Steinböcke in Kypros s. Keller, Tiere des klass. Altert. 337, Anm. 62.

14. AV. KAI. M. AVP. KOMMOΔOC. Brustbild des Commodus mit Lorbeerkranz und Gewandung, r.
B KVZIKHNΩN NEOK⟨OPΩN⟩. Rechtshin sitzender Hirte, eine sich umschauende **Ziege** melkend; zwischen den Hinterbeinen derselben das Milchgefäfs. Im Hintergrunde Baum.
Bronzemünze von Kyzikos. — Sammlung Löhbecke.

15. Kopf der Artemis r.
B ΑΜΦΙΓΟ—ΛΙΤΩΝ. Zwei aufrecht stehende, sich mit den Hörnern stofsende **Ziegen**. Im Felde zwei Monogramme.
Bronzemünze von Amphipolis. — Sammlung Imhoof.
Dieselbe Darstellung auch auf Bronzemünzen von Thessalonike, Sagalassos und Ankyra (Phrygien).

16. ΕΛΥ—ΡΙoΝ. Kopf einer **kretischen Ziege** (Paseng) r.
B Tafel VII Nr. 16.
Drachme von Elyros. — Sammlung Imhoof.
Ähnlich auf Münzen von Hyrtakina und Lisia; auf solchen von Praisos und Priansiou der Vorderteil einer kretischen Ziege, und auf Didrachmen von Tylisos der Ziegenkopf als Attribut des Apollon.
Naschend, vor einem Bäumchen, Tafel X Nr. 38.
Keller, Tiere des klass. Altert. 38. 39.

17. **YPTAKINIΩN.** Derselbe Typus r.; dahinter Pfeilspitze.
R Biene.

Drachme von Hyrtakina. — Museum Hunter.

18. **CN. PLANCIVS AED. CVR. S. C.** Kopf der Diana Planciana mit Petasos r.,
R **Kretische Ziege** (Paseng) r.; dahinter Bogen und Köcher.
Denar der Fam. Plancia. — Sammlung Imhoof.

19. Phönicische Galeere mit Mast und Segeln l. über Wellen.
R Der Perserkönig als Bogenschütze r. stehend und schiefsend, vor ihm Kopf
eines **Paseng** r. (vertieft geprägt); hinter ihm bärtiger Kopf l. (ebenfalls
vertieft).
Hemistater (Silber) von Sidon. — Sammlung Imhoof.
Vgl. Keller, Tiere des klass. Altert. 47. S. auch die Doppelstater von Sidon
mit dem liegenden Wildziegenbock oder dessen Kopf, vertieft geprägt.
z. B. Head, Coinage of Lydia and Persia 1877, pl. II 1—6, und eine kleine
Silbermünze von Byblos bei Imhoof, Monn. grecques S. 440, 9.

20. Persischer Bogenschütze r.
R Name des Ariarathes? in aramäischer Schrift. **Paseng** r. stehend.
Bronzemünze des Ariarathes I? von Kappadokien. — Sammlung Imhoof.

Andere **Ziegentypen:**

Aufser der stehenden und der sich vom Boden erhebenden, meist rückwärts
blickenden Ziege sind **Protomen** und **Köpfe** ungemein verbreitete Typen;
ferner:
stehend, mit Gurt um den Leib: Thessalonike.
liegend: Thermai in Sicilien, Aigeai in Kilikien.
zwei, nebeneinander liegend: Bottiaiis, Edessa und Philippos V von Makedonien.
liegend, auf Postament: Pylos.
von einem Bäumchen die Schosse abfressend (Paseng): Elyros (Tafel X
Nr. 38), Antandros (Tafel IX Nr. 17).
von einem Geier niedergeworfen (Wildziege?): Byblos (Tafel V Nr. 14)
als Opfertier: röm. Br. des Domitianus.
neben dem amykläeischen Apollon (Wildziege?): Lakedaimon.
neben Zeus, Amalthea: Kreta (Paseng), Aigeai, Laodikeia, Syunada,
Sidon u. a.
ein Götterkind säugend: Aigion, Epidauros (Tafel IX Nr. 2).
mit Aphrodite Pandemos: Elis.
mit Atys oder Genius als Reiter: Fam. Cornelia, Fonteia.
von Pan an den Hörnern gepackt: Akrasos.
Ziegengespann der Iuno Caprotina: Fam. Renia.
neben Panther, als Dionysosgespann, s. Panther.
Ziegenfell als Kopfbedeckung der Iuno: Rom, Nikomedeia.
Steinbock im Zodiacus s. Löwe.

21. **Widder** r., sich umschauend und vom Boden erhebend.
R Vorderteil eines aufgezäumten und gegürteten Pferdes r. in einem ver-
tieften Quadrat.
Unbestimmte makedonische Hemidrachme. — Sammlung Imhoof.

22. Zeuskopf rechtshin.

R ΓΟΝΝΕ — ΩΝ. Rechtshin stehender Widder.

Bronzemünze von Gonnos in Thessalien. — München.

23. Widderkopf r.; darunter Hahn mit langer Schwanzfeder l.

B Löwenkopf l., vertieft geprägt.

Elektronhekte aus Kleinasien. — Sammlung Imhoof.

24. ΔΑΛΦΙΚΟΝ. Zwei Widderköpfe; darüber zwei einander zugekehrte Delphine.

R Vierfach geteiltes vertieftes Quadrat mit je einem Delphin in jeder Abteilung.

Tetradrachmon von Delphoi. — Berlin.

25. Εὐ. Φά(ν). θε. ο. ς in kyprischer Schrift. Linkshin liegender Widder.

R Βα. σι λο. in kyprischer Schrift. Widderkopf linkshin; dahinter l.

Silberstater des Euanthes, Königs von Salamis. — Wien.

26. K. Widderkopf mit Hals, r.

R KPA. Widderfuß r.

Obolos der Kranier auf Kephallenia. — Sammlung Imhoof.

Andere Widdertypen:

liegend und den Kopf zurückwendend: Kyzikos, Klazomenai.

Protomen: Samothrake, Kranioi, Pheneos, Kyzikos, Klazomenai u. a.

als Opfertier: Gela, Syrakus (neben Leukaspis), Kyzikos, Abydos, röm.
Br. des Domitianus u. a.

neben Zeus: Kyrene.

neben Apollon: Alabanda.

neben Hermes: Mamertinoi, Korinth, Patrai, Pergamon u. a.

von Hermes getragen: Tanagra, Aigina.

mit Hermes als Reiter: Kallatis, Philippopolis.

mit Phrixos: Halos in Thessalien, Lampsakos (Gold und Bronze).

unter der Löwin des Laïsdenkmals: Korinth.

im Zodiacus s. Löwe.

Lamm, von einem Adler zerrissen: Akragas, Elis (Tafel IV Nr. 36 u. 37).

Widderkopf, von einem Löwen benagt: Velia (Tafel I Nr. 9).

Widderkopf vor einer Krähe: Laos (Tafel V Nr. 25).

27. OPPH3KIOV. Nackter bärtiger Mann mit Hut und zwei Speeren, r. zwischen
zwei Stieren.

R Vierfach geteiltes vertieftes Quadrat.

Oktadrachmon der Orreskioi in Makedonien. — Brit. Museum.

Die Stiere sind ohne Zweifel Auerrinder; der Mann ist durch seine zwei
Speere als Jäger gekennzeichnet. Über das Vorkommen des Wisent in
Makedonien s. Keller, Tiere des klass. Altert. 53 ff.

28. VM im Abschnitt. Linkshin stehender Stier, den Kopf zurückwendend.

R Derselbe Typus r., vertieft.

Tetrobolon von Sybaris. — Sammlung Imhoof.

Ähnlich auf Münzen von Siris, Thurioi, Aineia, Gortyna u. s. w.

29. Kopf der Athena r.; Ölkranz am Helm. Rechts oben Y.
   R ΘΟΥΡΙΩ⟨Ν⟩. Stier, mit leicht gesenktem Kopfe, l. schreitend; am Hinterteil
   der Buchstabe A. Im Abschnitt Fisch l.
   Nomos von Thurioi. — Sammlung Imhoof.
   Buchstaben, Monogramme und Symbole kommen in älterer Zeit ziemlich häufig
   auf dem Kreuz von Rindern und Pferden vor; s. Imhoof, Monn. grecques S. 7.

30. Kopf der Athena r.; der Helm mit der Skylla geschmückt.
   R ΘΟΥΡΙΩΝ. Stofsender Stier r.; im Abschnitt Fisch r.
   Nomos von Thurioi. — Sammlung Imhoof.

31. ΓΟΣΕΙ. Poseidon nackt r. stehend und den Dreizack schwingend; vor ihm
   Thymiaterion.
   R ΓΟΣΕΙΔΑ. Stier, gesenkten Kopfes, l. stehend.
   Diobolon von Poseidonia. — Sammlung Imhoof.

32. Bärtiger Herakles mit Keule und Bogen, r. stehend; im Felde l. das Löwenfell,
   r. ein Getreidekorn.
   R ΜΟΧΙΤΜΙΑϽ. Stier, mit gebundenen Füfsen, l. weidend.
   Didrachmon von Phaistos auf Kreta. — Sammlung Imhoof.
   Auf anderen Exemplaren hat der Stier nicht nur gefesselte Füfse, sondern
   er ist noch durch einen an der Nase befestigten Strick an einen Baum
   (dessen Stelle der Kranz der Einfassung vertritt) gebunden.

33. Linkshin stehender Stier; darüber die Sonnenscheibe mit Flügeln und Feder-
   schwanz; vorn ein Henkelkreuz und im Abschnitt Palmette.
   R Tafel V Nr. 13.
   Silberstater des Stasandros, Königs von Paphos. — Sammlung L. de Hirsch.

34. Löwenkopffell von vorn.
   R ΣΑ. ΗΓΗΣΙΑΝΑΞ und Monogramm. Vorderteil eines Stieres mit Hals-
   band r.; dahinter Ölzweig.
   Tetradrachmon von Samos. — Sammlung Imhoof.

35. Vorderteil eines liegenden Stieres l., mit zurückgewandtem Kopfe; darüber ΓΕ.
   R Vierfach geteiltes vertieftes Quadrat.
   Tetrobolon von Akanthos in Makedonien. — Sammlung Imhoof.

36. Nackter Thessalier, mit fliegendem Petasos und Chlamys, l. im Sprunge
   einen Stier an den Hörnern packend, um das Tier zu Boden zu drücken.
   R ΛΑΡΙΣΑΙΑ. Gezäumtes Pferd r. springend. Vertieftes Quadrat.
   Drachme von Larisa. — Sammlung Imhoof.
   Die Darstellung geht auf die Ταυροκαθάψια, vgl. Keller, Tiere des klass.
   Altert. 69.

37. Kuh r., ihr Kalb säugend; darüber Stern.
   R K—O—P und Lanzenspitze um ein verziertes Quadrat herum.
   Silberstater von Korkyra. — Sammlung Imhoof.
   Ebenso auf Münzen von Apollonia und Dyrrachion; ähnlich auf einem Elektron-
   stater, Münzen von Karystos und unbestimmten von Makedonien und Klein-
   asien (Imhoof, Monnaies grecques S. 102—104), lykischen, kilikischen u. s. w.

38. **Kuh** r., ihren erhobenen r. Hinterfufs beleckend; darunter ᛖ.
R Tafel VIII Nr. 20.
Didrachmon von Eretria auf Euboia. — Sammlung Weber in Hamburg.
Vergl. Tafel V Nr. 27.
Ebenso auf Münzen von Dikaia in der Chalkidike.

39. Bärtiger Herakleskopf r., mit dem Löwenfell bedeckt.
B **KAPY**. Linkshin liegende **Kuh**; darunter Keule.
Halber Goldstater von Karystos auf Euboia. — Sammlung Imhoof.
Ähnlich auf Münzen von Eretria. Euboia hatte von seiner blühenden Rind-
viehzucht den Namen, daher auch als Wappentier besonders das Rind
beliebt war.

40. Aufspringender Greif l.
R **ΗΑƎΛΧ**. **Stierkopf** l. Vertieftes Quadrat.
Hemidrachme von Abdera. — Sammlung Imhoof.

41. Weiblicher Kopf r.
R **EY**. **Stierkopf** mit Tänien r.
Drachme von Euboia (Eretria). — Brit. Museum.

42. **Stierkopf** von vorn; ein Horn abwärts gebogen.
R **ΛΑ**.
Bronzemünze von Lappa auf Kreta. — Sammlung Imhoof.
Mit der gleichen Hörnergestaltung erscheint der Stier vor Europa auf
Didrachmen von Phaistos.

43. **OEIᏞE**. **Stier-** oder **Kuhkopf** mit Hals r.
B Hippokamp r. (Tafel XI Nr. 32).
Silbermünze einer unbestimmten Stadt Etruriens. — Brit. Museum.

44. **DIVI IVLI F.** Kopf des Octavianus r.
R Q. **VOCONIVS VITVLVS**. Linkshin stehendes **Kalb**.
Aureus der Fam. Voconia. — Sammlung Imhoof.

45. Löwenkopf von vorn.
R **ΜΕSSΕΛΙΟΛΙ**. **Kalbskopf** l.
Tetradrachmon von Messana. — Sammlung Imhoof.
Ähnlich auf Münzen von Region.

46. Bewaffneter Reiter im Galopp r.; darunter Monogramm.
R **MAΓN. KΛΕΑΡΧΟΣ**. Stofsender **Zebu** r.; dahinter Ähre. Das Ganze
von einem Mäanderkreise umgeben.
Halbstater von Magnesia in Ionien. — Sammlung Imhoof.
Keller, Tiere des klass. Altert. 69.

47. Bewaffneter Reiter im Schritt r.
R **MAΓN. AKPIΣIOΣ**. Rechtshin stehender **Zebu**.
Bronzemünze von Magnesia. — Sammlung Imhoof.

48. Tafel IV Nr. 7.
R 'Maharag'asa Apaladatasa tradatasa' in indischer Schrift. Rechtshin
stehender **Zebu**.
Viereckige Drachme des Apollodotos, Königs in Indien. — Samml. Imhoof.

Andere Rindertypen:

Wie der stehende und der stofsende Stier gehören auch **Stierköpfe** und **Protomen** zu den häufigen Darstellungen auf Münzen:

stehend, s. auch die röm. Kupferbarren, z. B. Garrucci, Tafel XX.

springend: Selinus, Larisa.

trabend: Thurioi.

liegend: Gortyna u. a.; liegender **Zebu:** Antiocheia in Karien u. a.

sich vom Boden erhebend: Orreskioi und andere thrako-makedonische Völker, Lykien.

schwimmend: Babba in Mauretanien.

mit dem Hinterfufs **sich am Kopf kratzend:** Gortyna.

sich einer Stechfliege erwehrend: Gortyna (Tafel VII Nr. 31).

vor **Asklepios:** Parion.

liegend, mit **stehender Artemis** auf dem Rücken: Kreta.

springend, mit **reitender Artemis:** Hadrianopolis in Thrake, Amphipolis, Makedonia prote.

mit **Europa:** Byzantion, Knosos. Gortyna, Phaistos, Kyzikos, Sidon; Denar der Fam. Valeria? und Volteia.

Stiergespann am Pfluge: verschied. Kolonien, Alexandreia in Ägypten; in Kremna, Mallos u. a. **Zebugespanne.**

Stiergespann an einem **Wagen mit Treiber:** thrako-makedon. Völker.

Stiergespann mit **Artemis** oder **Bendis,** hier meist **Zebugespanne:** Nikaia, Teion, Olba, Tarsos, Mastaura u. s. w.

zwei stehende oder liegende Stiere zu beiden Seiten einer **Gottheit:** Skepsis, Tarsos, Thyateira, Antiochos XII, Rosos, Hieropolis, Dion, Neapolis in Samaria.

als **Opfertier:** Syrakus, Pergamon, Nysa, Eumeneia u. s. w.; röm. Bronzen des Caligula, Domitian, Med. v. Antoninus Pius u. s. w.; s. Tafel IV Nr. 25.

als **Opfertier, aufgehängt an einen Baum,** vor der Athena Ilias: Ilion.

auf einem Postament: Selinus.

von **Herakles** bekämpft: Selinus, Solus, Deultum, Hadrianopolis, Perinthos, Sauromates, Sagalassos, Sardeis (**Zebu**), Amorion u. s. w.

von **einem Löwen niedergeworfen:** Akanthos (Tafel I Nr. 14 u. 15).

mit den **Hörnern die Wölfin durchbohrend:** Bundesgenossenkrieg.

der **Farnesische Stier:** Thyateira, Akrasos, Contorniaten.

Stier im **Zodiacus** s. Löwe im Zodiacus.

Stierfufs als Schildzeichen: Larisa in Thessalien.

Kuhhuf: Eretria.

Kalb: Kyzikos.

Kalbskopf: Mytilene, Pergamon.

zwei einander zugekehrte Kalbsköpfe: Lesbos, Pergamon.

Tafel IV.

1. Bärtiger Herakleskopf mit Lorbeerkranz l.; über der r. Schulter Keule.
R Rechtshin schreitender afrikanischer Elefant; auf seinem Rücken Kornak mit Mantel und Treibstachel.
Hispano-karthagische Silbermünze. — Paris.

2. Bartloser männlicher Kopf mit Lorbeerkranz l.
R Rechtshin schreitender afrikanischer Elefant; im Abschnitt ℵ.
Hispano-karthagische Silbermünze. — Sammlung Imhoof.

3. Negerkopf rechtshin.
R Afrikanischer Elefant r., mit einer Glocke am Halse; zwischen den Beinen Mondsichel.
Etrurische Kupfermünze. — Sammlung Imhoof.

4. Jugendlicher Kopf mit Petasos l.
R Afrikanischer Elefant r. mit umgürteter Decke und Turm; im Abschnitt ··
Italische Silbermünze s. Imhoof, Monnaies grecques S. 459 und 460. —
Sammlung Imhoof.

5. DIVO AVGVSTO S. P. Q. R. Augustus auf einem Wagen sitzend, welcher von vier afrikanischen Elefanten mit ihren Führern gezogen wird.
R TI. CAESAR DIVI AVG. F. AVGVST. P. M. TR. POT. XXXIIX und im Felde S. C.
Gr. Br. des Tiberius vom Jahre 36 n. Chr. — Sammlung Imhoof.

6. Tafel II Nr. 17.
R ΒΑΣΙΛΕΩΣ ΣΕΛΕΥΚΟΥ. Indischer Elefant r.; im Felde Stern und Anker.
Tetradrachmon des Seleukos Nikator. — Sammlung de Luynes.

7. ΒΑΣΙΛΕΩΣ ΑΠοΛΛοΔοΤοΥ ΣΩΤΗΡοΣ. Indischer Elefant mit Gurt r.; darunter ΚΡ in Ligatur.
R Tafel III Nr. 48.
Drachme des Apollodotos, Königs in Indien. — Sammlung Imhoof.

Andere Typen afrikanischer und indischer Elefanten:
schreitend oder stehend, afrikanische: Aes grave (Barren), Atella, Kapya, Paestum, Alexandreia, mauretanische Könige, römische Republik und Kaiser (Caesar, Vespasian, Titus, Philippus) u. s. w.; indische mit und ohne Kornak: Seleukiden, Arsakiden, Baktro-Indier, Pyrros, Apameia in Syrien, Nikaia, Tarsos u. s. w.
mit Fackel im Rüssel: Antiochos VI.
Quadriga und Biga: Ptolemaios Soter, Alexandreia, römische Republik u.s.w.
Quadriga mit gehörnten Elefanten: Seleukos I und Antiochos I.
Protome: baktro-indische Könige.
Kopf: Seleukiden, baktro-indische Könige, Gortyna, Knosos, römische Republik.
Elefantenfell als Kopfbedeckung Alexanders, der Afrika, Libya u. s. w.;
Ptolemaier, Seleukiden, baktro-indische Könige, Agathokles von Syrakus, Alexandreia, römische Republik.

8. Afrikanisches **Nashorn** l.
 ℞ IMP. DOMIT. AVG. GERM. Im Felde S. C.
   Bronzemünze des Domitianus. — Sammlung Imhoof.
   Ähnlich auf alexandrinischen Münzen desselben Kaisers.
9. Kopf des Aitolos mit Petasos r.
 ℞ ΑΙΤΩΛΩΝ. **Eber** r.; darunter Φ und im Abschnitt Lanzenspitze und
   AP in Monogramm.
   Drachme der Aitoler. — Sammlung Imhoof.
10. ΜΑ⊗ΥΜΝΑΙ... **Eber** r., mit dem rechten Vorderfuſs den Rüssel reibend.
 ℞ ΜΑ⊗ΥΜΝΑΙ—ΟΣ. Kopf der Athena r. Perlenquadrat und vertieftes
   Viereck.
   Didrachmon von Methymna auf Lesbos. — Wien.
   Ähnlich auf lykischen Silberstateren.
11. Φ—Ο. Stierkopf von vorn.
 ℞ Vorderteil eines **Ebers** r. in einem vertieften Quadrat.
   Obolos der Phoker. — Sammlung Imhoof.
12. Vorderteil eines **Ebers** r.
 ℞ Vertieftes Quadrat.
   Lykischer Silberstater. — Sammlung Imhoof.
13. Reiter im Galopp r., in der erhobenen Rechten den Speer schwingend.
 ℞ ΕΣΤΓΕΔΙΙΥΣ. Linkshin stehender **Eber**; darunter Epheublatt. In vier-
   eckiger Einstempelung ein Rind.
   Hemistater von Aspendos in Pamphylien. — Wien.
14. Apollonkopf rechtshin.
 ℞ ΑΙΤΩ—ΛΩΝ. Lanzenspitze und **Unterkiefer eines Ebers**. Im Felde
   Weintraube und ZH.
   Bronzemünze der Aitoler. — Sammlung Imhoof.
   Der nemliche Typus auf Münzen des Mononios, von Apollonia, Thronion,
   Amphissa, der Oitnier, von Panormos, Antiochos I u. s. w.
15. GETA III VIR. Kopf der Artemis r.
 ℞ C. HOSIDI. C. F. **Eber** r., von einem Pfeile durchschossen und einem
   Hunde angegriffen.
   Denar der Fam. Hosidia. — Sammlung Imhoof.
16. Linkshin fliegender Adler.
 ℞ ΛΥΤΤΙ—ΟΝ. **Eberkopf** l. in einem Perlenquadrat und vertieftem Viereck.
   Didrachmon von Lyttos auf Kreta. — Bibl. in Gotha.
17. Rechtshin schreitender **Eber**.
 ℞ glatt.
   Etrurisches Tetradrachmon. — Vatikan.
18. Triptolemos l. auf dem Drachenwagen sitzend und Ähren in der r. Hand
   haltend.
 ℞ ⟨Ε⟩ΛΕΥΣ. **Hausschwein** r. auf einem Zweigbündel stehend; im Abschnitt
   Schweinskopf r. und Epheublatt.
   Bronzemünze von Eleusis s. Imhoof. Monnaies grecques S. 153 und 154.
   — Brit. Museum.
 Mit den gleichen Typen gibt es Münzen von Athen.

19. **Weibliches Hausschwein** l. auf einem **Thunfisch** stehend.
R Vierfach geteiltes vertieftes Quadrat.
Elektronstater von Kyzikos. — München.

20. **ANTONINVS AVG. PIVS. P. P. TR. P. COS. III.** Kopf des Antoninus Pius
mit Lorbeerkranz, r.
R **IMPERATOR II. S. C.** Unter einem **Baume** ein sitzendes weibliches
Schwein, vier Junge säugend; vor ihm zwei andere Junge.
Bronzemünze des Antoninus Pius. — Sammlung Imhoof.

Andere Typen

α) des **Ebers**:

stehend, springend, Protomen und Köpfe, häufig.
Protome, von einer **Stechfliege** umschwirrt: Patraos (Tafel VII Nr. 30).
Doppeleber: Lykien.
zwei einander zugekehrte Köpfe: Kyme in Kampanien, Pergamon,
Lesbos.
von einem Löwen niedergeworfen s. Tafel I Nr. 16 und 17.
angeschossen: Ephesos.
bekämpft von Androklos: Ephesos.
bekämpft von Ankaios: Samos.
bekämpft von Artemis: Tegea.
bekämpft von Meleagor?: Parion.
bekämpft von röm. Kaisern: Hadrian u. s. w.
neben Apollon: Mallos.
erlegt und **getragen von Herakles**: Kallatis, Hadrianopolis und Perinthos
in Thrake, Sebastopolis in Pontos, Nikaia, Herakleia in Bithynien,
Germe, Alexandreia in Ägypten, Kaiser Maximianus u. s. w.
gehörnt: Nikomedeia.
sitzend, als Personification des Flusses **Kapros**: Laodikeia in Phrygien.
Eberfell, von Androklos getragen: Ephesos.
Schiffsprora in Form einer Eberprotome: Samos, Phaselis.

β) des **Schweines**:

zwei Schweine: Athen.
vor Ceres schreitend: Fam. Titia, Vibia.
Schwur auf ein Schwein: romano-kampanische Münzen, Samniten, Fam.
Veturia.
als Opfertier: Fam. Antestia.
von Artemis an den Hinterfüßen **emporgehalten**: Elaius (Imhoof, Monnaies
greeques S. 46).
mit Herakles als Reiter: Zakynthos? (Müller, Kat. Thorwaldsen Tafel IV
Nr. 99).

γ) der **Sau**:

stehend: Aes grave (Barren), Vespasianus u. s. w.
mit einem oder **mehreren Jungen**: Tuder, Abakainon in Sicilien.

21. **NEPΩ. KΛAY. KAIC. CEB. ΓEPM.** Kopf des Nero mit Lorbeerkranz, r.
R **L. ENA. Nilpferd** r.; im Abschnitt Stern.
Potinmünze (Mischung von Silber, Kupfer, Zinn und Blei) von Alexandreia.
— Brit. Museum.
Keller, Tiere des klass. Altert. 202 ff.
Das Nilpferd kommt aufser auf anderen ägyptischen Geprägen der Kaiserzeit
noch auf römischen Münzen mit den Bildnissen des Kaisers Philippus,
seiner Frau und ihres Sohnes vor.
Der Flufsgott **Neilos** auf dem **Hippopotamus** reitend: Alexandreia.
Kinder auf einem Hippopotamus: röm. Münzen (Hadrian).

22. **Φ. Seehund.**
R Zwei kleine vertiefte Quadrate.
Elektronstater von Phokaia. — München.
Keller, Tiere des klass. Altert. 196 ff.

23 und 24. **Seehund** r.
R Vierfach geteiltes vertieftes Quadrat.
Silbermünzen von Phokaia. — Sammlung Imhoof u. Museum in Modena.
Der Seehund als Beizeichen: Phokaia und Teos.

25. **Delphin.** Herakopf mit Stephanos r.
R **APΓEION.** Stierschädel mit Tänien zwischen zwei **Delphinen.** (Ähnlich
Tafel I Nr. 27.)
Didrachmon von Argos. — Paris.

26. **DANKLE. Delphin** l., von einer Sichel und einem Perlkreis umgeben.
R Kammmuschel in der Mitte eines mehrfach geteilten Quadrats.
Drachme von Zankle in Sicilien. — Wien.

27. Nackter Reiter im Galopp r.
R **TA** und **T.** Taras r. auf dem **Delphin** reitend; um diesen herum Wellen.
Merkwürdige Darstellung der Meereswogen.
Nomos von Taras. — Brit. Museum.
S. Tafel VI Nr. 49 und VIII Nr. 15, 29. Keller, Tiere des klass. Altert. 218 f.

Der **Delphin**
als Typus und Beizeichen in der Einzahl und Mehrzahl, sowie als Attribut
des **Poseidon** und der **Aphrodite** ungemein häufig; s. Tafel I Nr. 7;
II Nr. 10; III Nr. 3, 6, 24; V Nr. 12, 26; VII Nr. 11; VIII Nr. 32, 44;
XI Nr. 35. Keller, Tiere des klass. Altert. 218—225.
mit **Eros als Reiter:** Kartaia, Tarus, Paestum, Perinthos, Deultum, Ambrakia,
Nikaia, Nikomedeia, Lampsakos, Berytos, Fam. Cordia, Lucretia u. s. w.
Keller, Tiere des klass. Altert. 222 f.
mit **Aphrodite:** Apameia in Bithynien. Keller a. a. O. 222—225.
mit **Taras:** Tarus, Brundisium, Bytoutines, Kyzikos. Keller a. a. O. 218 f.
mit **Melikertes:** Korinth (Tafel IX Nr. 21). Keller a. a. O. 218—230.
mit **Arion:** Methymna. Keller a. a. O. 227 ff.
mit **Hermias:** Iasos. Keller u. a. O. 417.
von einem **Hunde angegriffen:** Phokaia (Tafel I Nr. 44).
als **Helmzierat:** Velia.

4*

Vögel.

28. **AKRAC ZOTMA'** **Adler** l. stehend.
B Taschenkrebs und darunter Blume in runder Vertiefung (Tafel VIII Nr. 2).
Tetradrachmon von Akragas. — Sammlung Imhoof.

29. **Zwei Adler** l. einen **Hasen** zerreifsend; im Felde r. **Heuschrecke.**
R **AKPAΓAΣ.** Quadriga im Galopp l., von einem Jüngling geleitet; darüber
l. emporfliegender Adler; unten eine Krabbe. Prachtvolles Stück.
Dekadrachmon von Akragas. — München.
Keller, Tiere des klass. Altert. 247.

30. **ΣTPΑτων. AKPAΓΑΝΤΙ—ΝΟΝ. Adler** l. auf eine **Schlange** zufliegend.
R Tafel VII Nr. 2.
Didrachmon von Akragas. — Sammlung Imhoof.
Keller a. a. O. 247.

31. **AKPAΓA—ΝTIΝΟΝ. Adler** l. auf einem **Fische** (Mugil).
R Krabbe, einen Aal(?) in der r. Scheere haltend; darunter Polyp und Trom-
petenmuschel; im Felde sechs Unzenzeichen.
Bronzemünze von Akragas. — Sammlung Imhoof.
Da der Adler auf einem Fische, Mugil, steht und auch die Rückseite See-
tiere bietet, ist ohne Zweifel der Seeadler, Haliaetos albicilla, gemeint.

32. **Adler** l. auf einem **Edelhirschkopf** stehend und den Kopf zurückwendend.
B Tafel X Nr. 27.
Nomos von Kroton. — Sammlung Imhoof.

33. **Adler** l. auf einem **Lorbeerzweig** stehend und die Flügel schlagend.
R KPOTΩNIATAN. Dreifufs; im Felde r. B.
Nomos von Kroton. — Sammlung Imhoof.

34. **Adlerkopf** rechtshin.
R Geflügelter Blitz zwischen F—A in einem Blätterkranz.
Hemidrachme von Elis. — Brit. Museum.

35. **Adlerkopf** linkshin; darunter ΔA oder AΛ auf einem Blatte.
R wie der vorhergehende.
Didrachmon von Elis. — Sammlung Imhoof.
Ähnlich auf dem Obolos Tafel X Nr. 32. Nr. 34 und 35 sind Köpfe des
Steinadlers, Aquila fulva, oder des Kaiseradlers, Aquila imperialis.

36. Auf rundem Schilde **Adler** l. ein **Schaf** zerreifsend.
R Geflügelter Blitz zwischen F—A.
Didrachmon von Elis. — Brit. Museum.

37. **Adler** l. ein **Schaf** zerreifsend.
R Geflügelter Blitz zwischen A—Ⅎ.
Didrachmon von Elis. — Museum Neapel.

38. **Adler**, mit erhobenen Fittichen l. vor einem auf dem Rücken liegenden kleinen toten **Vogel**, wahrscheinlich einem Singvogel, stehend.
R ΑΛΕΙΟΝ. Nike r. auf einem Postamente sitzend, das Haupt auf die l. Hand gestützt, in der Rechten Lorbeerzweige haltend. Vertieftes Quadrat.
Didrachmon von Elis. — Sammlung de Luynes.

39. **F — A.** Herakopf r. mit der Inschrift ΓΑΛΕΙΩΝ auf der Stephane.
R In einem Kranze **Adler** l. die Flügel schlagend und den Kopf zurückwendend. Er scheint auf einem Berggipfel zu stehen.
Didrachmon von Elis. — Sammlung Imhoof.

40. **F — A.** Kopf der Hera rechtshin, mit Stephane und Blätterkranz.
R In einem Kranze rechtshin stehender **Adler**, mit zurückgewandtem Kopfe.
Didrachmon von Elis. — Brit. Museum.

Tafel V.

1. Rechtshin fliegender **Adler**.
R WORTTVA. Eberkopf r. Perlenquadrat und vertieftes Viereck.
Drachme von Lyttos auf Kreta. — München.

2. Kopf der Athena linkshin.
R ITANIΩN. Rechtshin stehender **Adler** mit zurückgewandtem Kopfe.
Vertieftes Quadrat.
Didrachmon von Itanos auf Kreta. — Sammlung Imhoof.

3. Europa(?) auf der Platane r. sitzend, die Rechte auf den mit ausgebreiteten Flügeln an ihrem Schoofse liegenden **Adler** legend.
R Rechtshin stehender Stier, den Kopf zurückwendend.
Didrachmon von Gortyna. — Sammlung Imhoof.
Keller, Tiere des klass. Altert. 250.

4. Weiblicher Kopf rechtshin.
R ΧΑΛΚΙ. ΜΕΝΕΔΗ. **Adler** r., die Flügel gegen eine emporgerichtete **Schlange** schlagend.
Silbermünze von Chalkis auf Euboia. — Sammlung Imhoof.

5. Weiblicher Kopf rechtshin.
R ΛΑΧ. **Adler** im Fluge rechtshin, eine **Schlange** in den Klauen haltend; darunter ein Kranz.
Drachme von Chalkis auf Euboia. — Sammlung Imhoof.

6. Linkshin stehender **Adler**.
R A — B. Gorgoneion. Vertieftes Quadrat.
Silbermünze von Abydos in Troas. — Sammlung Imhoof.

7. Vorderteil eines springenden Pferdes r.; darüber einhenkeliges Gefäfs.
R KY. Rechtshin stehender **Adler**, den Kopf zurückwendend.
Hemidrachme von Kyme in Aiolis. — Sammlung Imhoof.

8. Kopf des Ptolemaios Soter mit Diadem und Aegis r.
   R ΒΑΣΙΛΕΩΣ ΠΤΟΛΕΜΑΙΟΥ. **Adler** l. auf einem Blitze stehend; vor
   ihm Monogramm und Schild.
   Goldpentadrachmon von Ägypten. — Sammlung Imhoof.
   Keller, Tiere des klass. Altert. 240.

9. Tafel X Nr. 11.
   R **Geierkopf** r., eine **Schlange** im Schnabel; rechts oben Blumenzierat.
   Perlenquadrat und vertieftes Viereck.
   Tetradrachmon von Kyrene. — Brit. Museum.
   Weil Hals und Kopf unbefiedert scheinen, dürfte es eher ein Geier- als ein
   Adlerkopf sein.

10. Protome eines geflügelten Ebers l.
    R ΙΑΛΥΣΙΟΝ. **Adlerkopf** von Aquila imperialis l.; darüber Blumenzierat.
    Gleiche Quadrate.
    Tetradrachmon von Ialysos auf Rodos. — Sammlung Imhoof.

11. Kopf eines **Seeadlers** l.; darunter Delphin l.
    R Zwei vertiefte Quadrate mit • in dem einen und • Θ im andern.
    Drachme (aigin.) von Sinope. — Sammlung Imhoof.

12. Kopf der Sinope, mit Sphendone l.
    R ΣΙΝΩ. ΦΑΓΕΤ. **Seeadler** l. einen **Delphin** packend.
    Hemistater von Sinope. — Sammlung Imhoof.

13. Tafel III Nr. 33.
    R Βασι Στασα in kyprischer Schrift. **Adler** l. stehend; vor ihm einhenkeliges
    Gefäfs. Perlenquadrat und vertieftes Viereck.
    Silberstater des Stasandros, Königs von Paphos. — Sammlung de Hirsch.
    Der Kopf des Adlers hat nicht die natürliche Haltung.

Andere **Adlertypen:**

Aufser der hier gegebenen Auswahl gibt es noch manche andere mehr
und weniger abweichende Darstellungen. Auch die **Symbole,** auf denen
der Vogel steht, sind sehr mannigfaltig (s. z. B. Imhoof, Monnaies
grecques, Register S. 442).

als **Attribut des Zeus** erscheint der Adler auf der Hand des Gottes
sitzend Tafel VII Nr. 23, X Nr. 31, zu- oder wegfliegend; oder zu
dessen Füfsen vor oder hinter dem Gotte, oder auch diesen auf dem
Rücken tragend (Alexandreia). Ferner auf dem **Gipfel einer Föhre**
(Aitnai, Tafel IX Nr. 19), auf Altären und als Ornament auf den beiden
Säulen des Zensthrones (Alexandertetradrachmen), oder in Tempel-
giebeln u. s. w.

mit **Vergötterten gen Himmel fahrend:** röm. Kaisermünzen.

zwei Adler auf dem **Omphalos** sich gegenüberstehend: Kyzikos.

in einem **Tempel:** Philadelphia in Ketis (Kilikien).

von vorn stehend, mit ausgebreiteten Flügeln: Hipponion, Akragas, Aphytis,
Thessalonike, Sinope u. s. w.

mit einem **Siegesgespann fliegend:** Akragas, Gela.

über einem Löwen fliegend: Kypros (Tafel I Nr. 13).

über einem Hasen fliegend: Messana (Tafel II Nr. 11).

über der das Zeuskind säugenden Ziege: Aigion in Achaia.

zu Füfsen der Amaltheia(?): Kreta.

über dem am Boden sitzenden oder schlafenden Zeuskind: Sardeis, Tralleis.

zwischen den lärmenden Korybanten: Laodikeia in Phrygien.

im Schoofse der Europa(?) oder neben ihr: Gortyna.

den Ganymedes fassend: Chalkis auf Euboia, Dardanos, Ilion.

neben Ganymedes: Hadrianopolis in Thrake, Iliou.

14. Galeere, in einen Pferdekopf endigend, l., mit drei Hopliten bemannt. Darunter Hippokamp l.

R Geier l. auf einer liegenden vielleicht wilden Ziege, welche vertieft geprägt ist.

Drachme von Byblos in Phönicien. — Im Handel.

Auf Denkmälern, die aus Griechenland oder Italien stammen, scheint der Geier kaum vorzukommen. Hier ist er vorzüglich naturgetreu gemacht: solche Bilder sind äufserst selten.

15. ΑΥΤ. ΚΑΙ. ΤΡΑΙ. ΑΔΡΙΑ. ϹΕΒ. Kopf des Hadrianus r. mit Lorbeerkranz.

R L. IA. Sperber l.

Bronzemünze von Alexandreia. — Sammlung Löbbecke.

Der Typus des Sperbers ist ägyptisch. In diesem Lande war er dem Sonnengotte geweiht und daher unverletzlich.

16. Kopf des Tharragoras, mit korinthischem Helm, r.; hinten ΣΑ.

R ΜΕΤΑ. Ähre; auf deren Blatt Eule r. mit Heuschrecke davor. Im Felde ΑΘΑ.

Nomos von Metapontion. — Sammlung Imhoof.

17. Kopf der Athena mit glattem Helm, r.

R Steinkauz, Surnia noctua, zwischen Ölzweig und ΑΘΕ in einem vertieften Quadrat.

Tetradrachmon von Athen. — Sammlung Imhoof.

Authentische Darstellung der γλαῦξ 'Αττική. Sie ist das Tier der Athena in ihrer urältesten Eigenschaft als Mond- und Nachtgöttin.

18. Ähnlich dem vorigen; der Helm der Athena mit Ölblättern verziert.

Tetradrachmon von Athen. — Sammlung Imhoof.

19. Kopf der Athena r.

R ΟΛΥΜΠΙΣ und ΑΚ als Monogramm. Eule (Steinkauz) r. auf einem Ölzweig.

Drachme von Taras. — Sammlung Imhoof

20. Kopf der Athena r.

R ΤΑΡΑΝΤΙΝΩΝ. ΣΩ. Eule (Steinkauz) mit ausgebreiteten Flügeln, r. auf einer Schlange.

Drachme von Taras. — Sammlung Imhoof.

Die Eule, welche eine Schlange überwindet, gilt als glückverkündendes Vorzeichen.

21. Kopf der Artemis(?) mit Lorbeerkranz und Ohrgehäng.
 R **Uhu** (Strix bubo); rechts daneben, durch einen Strich getreunt, etrurische
 Aufschrift.
 Drachme einer etrurischen Stadt. — Schottenstift in Wien.

22. Tafel XI Nr. 35.
 R **Ohreneule**, Strix otus, mit einem Flegel(?) quer über den Flügeln.
 Silbermünze von Tyros(?). — Kopenhagen.
 Andere Eulentypen:
 s. Tafel VI Nr. 35.
 von vorn, mit **ausgebreiteten Flügeln**: Etrurien, Velia, Athen, Amisos u. s. w.
 fliegend: Velia, Maroneia, Kleitor.
 eine **Eidechse packend**: Kamarina (Tafel VI Nr. 32).
 auf dem Ölbaum sitzend: Athen (Tafel IX Nr. 43) u. s. w.
 auf dem Schiffe des Themistokles: Athen.
 als **Attribut der Athena**: auf der Hand oder zu den Füßen der Göttin,
 oder neben ihr auf einem Cippus; auch als Helmschmuck.
 als **Symbole**, auf welchen Eulen stehen, sind noch anzuführen: Amphora,
 Blitz, Schiffsprora, Anker, Keule, Säulenkapitäl, Stierschädel, Lanzenspitze, Palmzweig, Ähre, Getreidekorn, Monogramm u. s. w.
 zwei sich gegenüber stehende Eulen: Athen u. s. w.
 ebenso, aber die Köpfe in **einen** vereinigt: Agathopolis, Athen, Adramytion,
 Miletopolis, Sigeion, Antiocheia in Karien.
 vier Eulen: Athen (Tessera).
 Eule mit Athenakopf: Athen.
 Ebenso, mit **Schild und zwei Speeren** (nicht Flöten): Fam. Valeria.

23. Seilenos r. neben einem Esel stehend und denselben an den Ohren fassend.
 R MEN.ᴧAION. **Rabe** r. Vertieftes Quadrat.
 Tetrobolon von Mende. — Sammlung Imhoof.

24. MIᴧ.ᴧAOᴧ. **Krähe** r. auf dem Rücken eines r. stehenden **Esels**. (Der
 Punkt unter dem Schnabel rührt von einer Beschädigung im Stempel her.)
 R Vier vertiefte Dreiecke, wie Windmühlenflügel angeordnet.
 Tetradrachmon von Mende. — Paris.
 Vgl. Tafel II Nr. 27 und 29.

25. Weiblicher Kopf r., dahinter ⟨EY⟩OYMOY.
 R ᴧAINΩN ᛊΓEᴧ. **Raubvogel** r.; vor ihr **Widderkopf**.
 Bronzemünze von Laos in Lukanien. — Sammlung J. P. Six.

26. A. VITELLIVS GERM. IMP. AVG. TR. P. Kopf des Vitellins mit Lorbeer-
 kranz, r.
 R XV. VIR. SACR. FAC. **Rabe** unter einem Dreifuß; darüber Delphin.
 Römischer Denar. — Sammlung Imhoof.
 Die Krähe ist das Tier Apollons, des Gottes der Sommerhitze: denn sie ver-
 tilgt die Hauptplage des südlichen Sommers, die Heuschrecken. Das geben
 die Alten selbst als Grund ihrer Heilighaltung an. Zwischen Krähen und
 Raben wurde in sakraler Beziehung, wie es scheint, nicht unterschieden.

Andere **Krähen-** und **Rabentypen:**

auf einem **Lorbeerzweige:** Delphoi.

zwei Krähen, vor einander kreuzweise vorüberschreitend: Laos.

Rabe auf Dreifufs (Beizeichen): Aitoler.

Rabe auf Altar: Kreta, Delphoi.

Raben auf den Rädern eines Wagens: Krannon in Thessalien. — Am pagasäischen Meerbusen in Thessalien galten sie für heilig. schol. Aristoph. Wolken 133.

mit Blume im Schnabel: romano-kamp. Münzen.

als Attribut des Apollon: Alexandreia-Troas, Patara, Side u. s. w.

als Attribut der Juno Sospita: Fam. Cosconia.

als Beizeichen: Dyrrachion, Rodos u. s. w.

27. Rechtshin stehende **Kuh,** den vorgestreckten r. Hinterfufs beleckend; unter diesem **E.** Auf dem Rücken der Kuh eine **Schwalbe?** r.
    R Tafel VIII Nr. 21.
    Tetradrachmon von Eretria auf Euboia. — Brit. Museum.

28. **ΑΠΕΙ—ΡΩΤΑΝ.** Adler r. auf einem Felsen stehend.
    R **Eiche,** an deren Ästen Eicheln sichtbar; auf dem Gipfel sitzt eine **Taube,** und am Fufse des Stammes stehen sich **zwei andere** gegenüber.
    Bronzemünze der Epeiroten. — Stift St. Florian.
    S. Jos. Arneth, Über das Taubenorakel von Dodona, Wien 1840.
    Die Tauben nisteten in der heiligen Zeus-Eiche und wurden dadurch selber dem Zeus heilig.

29. **Σ—Ι.** Linkshin fliegende **Taube.**
    R Linkshin fliegende Taube und **E** dahinter in einem Kranze.
    Drachme von Sikyon. — Sammlung Imhoof.

30. Chimaira l. schreitend; darunter **ΣE.**
    R In einem Ölkranze eine l. fliegende **Taube,** mit Olive im Schnabel.
    Didrachmon von Sikyon. — Sammlung Imhoof.

31. Kopf der Aphrodite mit Stephanos linkshin.
    R **ΓΑΦΙ.** **Taube** rechtshin; darüber Astragalos
    Silberstater von Paphos. — Brit. Museum.
    Unsere Haustaube kam durch den Aphroditekultus über Kypros in das Abendland. In Griechenland war Sikyon, in Sicilien Eryx eine Hauptstätte der Taubenzucht im Zusammenhang mit dem Aphroditekultus.

32. Nackte jugendliche Figur r. stehend, mit beiden über den Kopf erhobenen Händen eine über dem Rücken hängende Tänie schwingend; vor ihm eine wegfliegende **Taube.**
    R **ΣΙ** in der Mitte eines Kranzes.
    Bronzemünze von Sikyon (Num. Ztschr. 1884 S. 244 und 245). — Samml. Imhoof.
    Auf sikyonischem Gold, Silber und Bronze sind hin und wieder auch fliegende Tauben mit einer herabhängenden **Tänie im Schnabel** dargestellt.

33. Fressende **Taube** r.
   R Dreifuſs in einem Lorbeerkranz.
     Bronzemünze von Sikyon. — Sammlung Imhoof.
34. **Taube** r. mit zurückgewandtem Kopfe.
   R Rechtshin fliegeude Taube; r. im Felde **E** und **H**. Vertieftes Quadrat.
     Hemioboliou von Sikyou. — Sammlung Imhoof.
35. Rechtshin stehende **Taube**, den vorgestreckten l. Fuſs mit dem Schnabel
   putzend.
   R **EH**. Linkshin fliegende Taube.
     Hemiobolion von Sikyon. — Sammlung Imhoof.
36. **Taube** l., mit dem Schnabel die Halsfedern glättend.
   R **EH**. Linkshin fliegende Taube. Vertieftes Quadrat.
     Hemiobolion von Sikyou. — Sammlung Imhoof.
37. Brustbild der Persephone r; dahinter Ähre.
   R **KENTοPIΠINΩN**. Pflug mit **Taube** r. auf dessen Eisen; l. im Felde . .
     Kupferhexas von Kentoripai in Sicilien. — Sammlung Imhoof.
   Andere **Taubentypen**:
     fliegend, mit **Kranz** in den Klauen: Kythera.
     zwei einander gegenüberstehende **Tauben**: Skione in Makedonien.
     Taubenkopf: Sikyon.
     flatternd, unter einem Sessel: Taras, Terina.
     auf einem Brunnenbecken, die Flügel schlagend: Kaulonia.
   . **auf einem Stierschädel**: Kyzikos.
     auf dem Tempel zu Paphos: Kypros.
     vor dem Kopf der Aphrodite: Neapolis in Makedonien.
     neben der Aphrodite Stratonikis: Smyrna.
     neben Astarte: Askalon.
     auf der Hand der Aphrodite: Laodikeia in Phrygien.
     auf der Hand der Terina Nike: Terina.
     vor Phthia: Aigion in Achaia.
     über der Arche des Noah: Apameia in Phrygien.
38. **Hahnenkopf** rechtshin.
   R Vierfach geteiltes vertieftes Quadrat.
     Drachme von Dardanos(?). — Paris.
39. Löwenkopf rechtshin.
   R **Hahnenkopf** l., vertieft geprägt.
     Elektronhekte aus Kleinasien vom Ende des 5. Jahrhunderts v. Chr. —
     Sammlung Imhoof.
40 u. 41. **Hahn** l. stehend; darüber LV.
   R **VV** über einer r. stehenden **Henne** in vertieftem Quadrat.
     Drachme von Himera. — Museum Klagenfurt.
42. **HIMERA**. **Hahn** l. stehend.
   R Krabbe in konkavem Felde.
     Didrachmon von Himera. — München.

43. Rechtshin stehender **Hahn**, darüber Blumenzierat.
   R Vierfach geteiltes vertieftes Quadrat.
   Elektronstater von Dardanos. — Sammlung Waddington.
44. Behelmter Alexanderkopf r.
   R **ΣΩΦΥΤΟΥ**. **Hahn** r.; darüber Hermesstab.
   Drachme des Königs Sophytes in Indien. — Brit. Museum.
45. Kuh r. ihr Kalb säugend.
   B **ΚΑΡΥΣΤΙΩΝ**. **Hahn** r.
   Didrachmon von Karystos auf Euboia. — Sammlung Imhoof.
46. Kopf der Athena r.; dahinter Λ und **Hahn** r. in Kampfstellung.
   R Rechtshin fliegender Pegasos; darunter Λ.
   Silberstater von Leukas. — Sammlung Imhoof.
   Ähnlich auf Silberstateren von Korinth und Bronzemünzen von Dardanos.
   Zu den ältesten Hahnentypen auf Münzen gehören Nr. 40 und 41 (erstes
   Viertel des 5. Jahrh. v. Chr.) und Nr. 42 und 43 (vor der Mitte des
   5. Jahrh. v. Chr.): es sind authentische Bilder des Hahns zur Zeit seiner
   Einführung ins Abendland. J. P. Six erkennt wohl mit Recht eine große
   Übereinstimmung zwischen diesen ältesten Hühnern am Mittelmeer und
   dem Gallus Sonnerati in Nordindien. Namentlich die beiden Hühner Nr. 40
   und Nr. 42 von Himera in Sicilien und von Dardanos an den Dardanellen
   Nr. 43 erinnern in der eigentümlichen Schwanzbildung an das Sonneratische
   Huhn, und der Name Alektryon, wenn er — Bernsteinvogel aufgefaßt
   wird, paßt am besten auf diese Rasse, wegen der ganz eigentümlichen
   glänzendgelben hornartigen Gebilde an den Federn des Halses, welche wie
   Bernsteinschmuck sich ausnehmen.
   Andere **Hahnentypen**:
   a. Tafel III Nr. 23.
   stehend und **krähend**, häufig als Typus und Beizeichen.
   stehend, mit **zurückgewandtem Kopfe**: Dardanos.
   an einer am Boden liegenden **Ähre fressend**: Dardanos.
   Hahnenprotome: Kyzikos.
   zwei sich gegenüberstehende Hähne: Dardanos.
   Hahnenkampf: römische Kupferbarren.
   mit **Palmzweig** über den Flügeln: Ephesos.
   neben einem **Altar**: Selinus.
   Eros auf Hahn: unbestimmte Br.
   als **Attribut des Men**: häufig.
   auf **Aphlaston, am Gewande des Apollon Amyklaios**: Lakedaimon.
   Triquetra, mit Hahnenköpfen an den Spitzen: Lykia.
   Attribut des Mondgottes Men oder Lunus ist der Hahn, weil auch er zur
   Zeitbestimmung dienen kann.
   Die **Henne** als Typus nur aus Himera, als Beizeichen aus Abdera bekannt.
47. Apollonkopf rechtshin.
   R **Frankolinhuhn** (ἀτταγήν) oder **Wachtel** r. in einem Linienquadrate.
   Elektronhekte aus Kleinasien. — Sammlung Six.
   In Kleinasien, besonders in Ionien, war das Frankolin häufig und sehr geschätzt.

48. **Frankolin** oder **Wachtel** auf einer kleinen anepigraphischen Silbermünze, mit Löwenprotome l. auf der Hauptseite.
     Sammlung Imhoof.

49. CAMIΩN. **Pfau** r. auf einem Hermesstab schreitend, ein Scepter quer über den Hals.
     ℞ ANKAIOC. Ankaios l. stehend.
     Bronzemünze von Samos. — Sammlung Imhoof.
     Der Tempel der Hera zu Samos war der erste Platz des Mittelmeergebiets, wo der Pfau gehalten wurde. In den Augen seines Schweifes sah man ein Sinnbild des gestirnten Himmels. Diese Münze stammt aus der Zeit des Augustus.

50. ΔOMITIA AVG. IMP. DOMITIAN. AVG. GERM. Brustbild der Domitia r.
     ℞ CONCORDIA AVGVST. **Pfau** r.
     Aureus der Kaiserin Domitia. — Sammlung Imhoof.

51. DIVA PAVLINA. Brustbild der Paulina r.
     ℞ CONSECRATIO. **Pfau** von vorn.
     Denar der Kaiserin Paulina. — Sammlung Imhoof.

Andere **Pfauentypen**:
     zwei sich **gegenüberstehende Pfauen**: Samos.
     Pfau und **Adler** oder **Rabe** antipodisch gestellt mit punischer Beischrift: Leptis magna.
     als Attribut der **Hera**:
     neben der Göttin: Pantalia in Thrake, Samos, Halikarnassos u. s. w.
     auf dem Schoofse der Hera: Bizya.
     zwischen Hera und Hebe: Argos.
     Hera auf einem von Pfauen gezogenen Wagen: Kos.
     vergötterte Kaiserinnen gen Himmel tragend: röm. Consecrationsmünzen.
     unter einem Throne: Faustina m.
     Als kleines Beizeichen erscheint der Pfau über der samischen Schiffsprora und unter dem samischen Stier auf kleinen Silbermünzen des 2. Jahrhunderts v. Chr.

52. Kopf des jugendlichen Dionysos r.
     ℞ ЕΠ. ΦΡΟΝΤΩΝΟC ΒΥΖΑΝΤΙΩΝ. Linkshin schreitender **Strauſs**; daneben ein l. jagender **Hund** mit Halsband, welcher vorn an dem Vogel aufspringt und nach dessen r. Flügel schnappt.
     Bronzemünse von Byzantion. — Sammlung Imhoof.
     Ähnlich, ohne Hund: Anchialos in Thrake.
     Auf römischen Münzen des Trajan soll der Strauſs neben der personificierten Arabia erscheinen. Das fragliche Tier scheint aber vielmehr der Vorderteil eines Kamels zu sein.

Tafel VI.

1. Kopf des Hadrian mit Lorbeerkranz, r.
   R L. ΔE. Ibis r. schreitend.
   Bronzemünze von Alexandreia. — Sammlung Löbbecke.
   Ibis im Kampf mit einer geflügelten Sohlange auf Münzen Jubas II und der
   Kleopatra von Mauretanien.

2. AYT. K. T. AIΛ. AΔP. ANTWNINOC CEB. EYC. Kopf des Antoninus
   Pius mit Lorbeerkranz rechtshin.
   R L. TET⟨APTOY⟩. Hermes mit Börse und Stab l. stehend; zu seinen
   Füſsen l. schreitender Ibis und Nilschlüssel.
   Bronzemünze von Alexandreia. — München.
   Ähnliche Darstellung: Tyros.
   Als Attribut der Personification Ägyptens und der Stadt Alexandreia erscheint
   der Ibis auch auf römischen Münzen.

3. TEPINAION hinter dem Kopfe der Nymphe Terina r.
   R Terina Nike l. sitzend, einen Zweig in der R. haltend; vor ihr ein r.
   stehender Kranich.
   Nomos von Terina. — Sammlung Imhoof.
   Ähnliche Darstellung auf einer Bronzemünze von Phalanna in Thessalien.

4. ΓΕΛΑΣ. Vorderteil des Fluſsgottes Gelas; darunter r. ein stehender Vogel,
   nach Fritsch ein Triel (Oedicnemus), nach von Martens ein Sultanshuhn
   (Porphyrio). Die unterste Fuſspartie, welche den Ausschlag geben sollte,
   ist leider nicht zu erkennen.
   R Quadriga im Schritt l.; darüber Kranz.
   Tetradrachmon von Gela. — Sammlung Imhoof.

5. ΓΕΛΑΣ. Vorderteil des Gelas r.
   R Quadriga im Schritt r., von Nike bekränzt. Im Abschnitt: Reiher r.,
   Nahrung suohend.
   Tetradrachmon von Gela. — Sammlung Imhoof.

6. Nackte männliche Figur r. mit einem Zweig in der erhobenen Rechten und
   einer kleinen Figur auf der vorgestreckten Linken; vor ihr Edelhirsch r.;
   l. im Felde ein wegfliegender Kranich.
   R Tafel II Nr. 36.
   Nomos von Kaulonia. — Sammlung Imhoof.

7. Kranich l. vor einer Oinochoë, an die er das r. Bein legt und in deren
   Öffnung er den Schnabel steckt.
   R Vierfach geteiltes vertieftes Quadrat.
   Silbermünze von Terone in Makedonien (Imhoof, Monnaies grecques
   S. 93, 121). — Athen. S. Phaedr. Fab. l 26.

8. ΝΟΙΤ ΝΟΜΙΛΞΞ. Herakles r., einen wilden Stier bekämpfend.
   B ΥΥΑΣ. Der Hypsas l. an einem Altar opfernd, um den sich eine Schlange
   windet; dahinter Eppichblatt und ein davon eilender Reiher.
   Didrachmon von Selinus. — Sammlung Löbbecke.
   Ähnlich auf Didrachmen von Solus.

9. Athenakopf r. zwischen A und **Beiher.**
   R Rechtshin fliegender Pegasos.
   Silberstater von Ambrakia. — Sammlung Imhoof.
   Ähnlich auf Silber und Bronze von Korinth; als Symbol auch auf einem
   alten Tetradrachmon von Katana.

10. Dreifuß zwischen ϘΡΟ und l. stehendem **Flamingo.**
    R Vertieft geprägter Dreifuß zwischen ϘΡΟ – ΜΟΤ.
    Nomos von Kroton. — Sammlung Imhoof.
    Für den Flamingo spricht der außerordentlich lange Hals und die ganze
    äußerst schlanke Gestalt. Da aber der eigentümliche stumpfe Winkel des
    Flamingoschnabels nicht zu erkennen ist, bleibt die Annahme, daß hier
    der in Italien gewiß auch im Altertum äußerst seltene Flamingo gemeint
    sei, etwas bedenklich. Eine ganz sichere Abbildung des Flamingo auf
    Münzen oder Gemmen des klassischen Altertums ist uns nicht bekannt;
    dagegen finden sich auf einem römisch-ägyptischen Altarrelief im Britischen
    Museum, Greco-Roman Basement Room nr. 7H, zwei absolut deutliche
    Flamingo. Außerdem sind undeutliche Flamingo auf einer kyrenäischen
    Vase des Britischen Museums und auf einem Palmenlandschaftsbilde in
    Pompei.
    Ähnliche **Wasserstelzvögel** finden sich auch sonst noch:
    als Typus: Kyzikos.
    als Beizeichen: Neapolis, Metapontion, Teos.
    unter einer **Quadriga:** Syrakus.
    unter einer **Biga** (Vogel 'buteo'): Fam. Fabia.
    unter dem **Stier mit Menschengesicht:** Kampaner.
    als **Attribut der Pietas** erscheint der **Storch** vor ihrem Kopfe: Fam. Caecilia;
       zu ihren Füßen: M. Antonius, Hadrian u. s. w.;
       auf ihrem Füllhorn: M. Antonius;
    hinter dem **Kopfe der Prokris:** Paleis.

11. In einem Wellenkreis gehörnter Kopf des Hipparis von vorn zwischen zwei
    Fischen; am Halse der Künstlername EYAI(νετος).
    R KAMAPINA. Die Nymphe Kamarina l. auf einem schwimmenden **Schwane**
    sitzend; darunter Wellen und hinten ein aufspringender **Fisch.**
    Didrachmon von Kamarina. — Sammlung Imhoof.

12. ΑΗΙϘΑΜΑϽ. Kopf der Kamarina mit Sphendone linkshin.
    R **Schwan** l. über Wellen; darunter ein **Fisch**, vielleicht **Squalius**, l.
    Silbermünze von Kamarina. — Museum Syrakus.

13. Lorbeerbekränzter Apollonkopf von vorn.
    R . . . . ΗΣΤΟϽ. ΚΛΑ. **Schwan** l., die Flügel schlagend.
    Tetradrachmon von Klazomenai. — Sammlung Imhoof.

14. Apollonkopf von vorn, mit Stephanos und Lorbeerkranz.
    R ΚΛΑΙΟΜΕ. Linkshin stehender **Schwan**, die aufgeschlagenen Flügel
    mit dem Schnabel putzend.
    Tetradrachmon von Klazomenai. — Brera in Mailand.

15. Apollonkopf mit Lorbeerkranz und Gewandung um den Hals, von vorn.
 ℞ ΚΛΑ. ΦΑΝΗΣ. Schwan mit erhobenen Flügeln, mit dem Schnabel die
 Flaumfedern an der Brust putzend.
 Hemidrachme von Klazomenai. — Sammlung Imhoof.
 Andere Varianten: Kyme, Klazomenai, Leuke in Ionien.
16. Der phönicische Kronos(?), bärtig und mit vier Flügeln, l. eilend, mit beiden
 Händen einen Discus vor sich haltend.
 ℞ ΜΑΡΛο. Schwan r.; auf seinem Rücken steht ein Adler mit erhobenen
 Flügeln und hackt mit seinem Schnabel in den Rücken des Schwanes.
 Das Ganze ist etwas steif und unnatürlich.
 Silberstater von Mallos in Kilikien. — Museum Hunter.
17. Geflügelte bartlose Gottheit r. eilend, mit beiden Händen einen Discus vor
 sich haltend; dahinter Stab.
 ℞ ΜΑΡ. Rechtshin stehender Schwan; vor ihm Altar, Ähre und Henkelkreuz.
 Silberstater von Mallos. — Brit. Museum.
18. Ähnliche Figur r.
 ℞ ΜΑΡ. Schwan l. zwischen Fisch und Henkelkreuz.
 Silberstater von Mallos. — Sammlung Imhoof.
 Andere Varietäten im Annuaire de Num. 1883 S. 89—127, Tafel V Nr. 13—22.
 Andere Schwanentypen:
 in einem Teiche schwimmend: Terina.
 mit Apollon auf dem Rücken: Kalchedon, Kyzikos.
 Leda verfolgend: Nikomedeia.
 hinter Diomedes: Argos.
 Skylla begleitend: Alliba.
19. Stier mit bärtigem Menschengesicht, (Flufsgott) r.; darüber eine Wildgans(?);
 unten eine Meersche, Mugil l.
 ℞ ΚΑΤΑΝΑΙΟΝ. Linkshin schreitende Nike, mit Kranz in der Rechten.
 Tetradrachmon von Katana. — Brit. Museum.
 Keller, Tiere des klass. Altert. 292.
 Der Vogel ähnlich, als Typus, auf einer kleinen Silbermünze von Kaulonia,
 und als Beizeichen hinter dem Kopfe des Flufsgottes auf Nomen von Paestum.
20. Weiblicher Kopf mit Binde l.
 ℞ ΚΥΜΑΙΟΝ. Eine Ente, Trionyx? r. auf einer Muschel.
 Nomos von Kyme in Kampanien. — Paris.
21. Gans l., den Kopf zurückwendend.
 ℞ Vertieftes Quadrat, durch zwei Diagonalen in vier Dreiecke geteilt.
 Makedonische Silbermünze (Eion?). — Sammlung Imhoof.
 Vgl. Keller, Tiere des klass. Altert. 208.
22. Gans r., den Kopf zurückwendend; darüber Eidechse.
 ℞ Vierfach geteiltes vertieftes Viereck.
 Silberobolos, makedonisch. — Sammlung Imhoof.
 Vgl. Nr. 33.
23. Zwei nebeneinander r. schreitende Gänse; darüber H und Epheublatt.
 ℞ Vertieftes Viereck.
 Hemiobolion, makedonisch. — Sammlung Imhoof.

Amphibien und Reptilien.

24. **Seeschildkröte.**
R Vertieftes Viereck, in fünf unregelmäfsige Teile geteilt.
Didrachmon von Aigina. — Sammlung Imhoof.

25. **Seeschildkröte.**
R Vertieftes Viereck, in acht Dreiecke geteilt.
Didrachmon von Aigina. — Sammlung Imhoof.

26. **Sumpfschildkröte,** Cistudo hellenica, zwischen A—I.
R Vertieftes Viereck, in fünf Teile geteilt und darin ein Delphin und NI.
Didrachmon von Aigina. — Sammlung Imhoof.
Da die Landschildkröte ihren kurzen Schwanz unter der Schale zu verbergen
pflegt, dürfte es eher eine Sumpfschildkröte als die gemeine griechische
Landschildkröte, Testudo graeca, vorstellen.

27. Eber rechtshin, den Kopf zur Erde gesenkt.
R **Sumpfschildkröte** in einem Linienquadrat. Vertieftes Viereck.
Lykischer Silberstater. — Sammlung Imhoof.

28. A. Athenakopf l.; über dem Helmkessel stofsender Stier l. Vertieftes
Quadrat.
R A. Linkshin fliegender Pegasos; darunter **Schildkröte mit Schlange.**
Silberstater von Ambrakia. — Sammlung Imhoof.
Schildkröten:
auf einem Elektronstater.
auf röm. Münzen: Aes grave, Fam. Vibia.
als Beizeichen: Teos.

29. CAESAR DIVI F. COS. VI. Kopf des Augustus r.; darunter Capricornus.
R AEGYPTO CAPTA. **Krokodil** r.
Römischer Denar. — Sammlung Imhoof.
Ähnlich auf einer Bronzemünze der Fam. Canidia und auf mauretanischen
Königsmünzen.

30. Kopf des Hadrian mit Lorbeerkranz r.
R ΛΗΤΟΠ. L. IA. **Krokodil** r. mit aufgerichtetem Schwanze.
Bronzemünze von Letopolis in Ägypten. — Brit. Museum.

31. IMP. DIVI F. Köpfe des Augustus mit Eichenkranz r. und des Agrippa mit
Lorbeerkranz und Rostrum l.
R COL. NEM. **Krokodil** r. an eine Palme gekettet, an welcher ein Lorbeer-
kranz hängt; darunter zwei Palmblätter.
Bronzemünze der Colonie Nemausus. — Brit. Museum.

32. Kopf der Athena l.
R KAMA. **Eule** l., mit einer **Eidechse** in der r. Klaue; darunter ...
Bronzetrias von Kamarina in Sicilien. — Sammlung Imhoof.

33. **Gans** r. auf einer Basis, den Kopf zurückwendend; darüber **Eidechse.** Unter
dem Schwanze der Gans Θ.
R Vertieftes Quadrat, vierfach geteilt.
Makedonische Silbermünze (Eion?). — Sammlung Imhoof.
Vgl. Nr. 22.

34. ΛΕΥ. Athenakopf l.; dahinter **Eidechse.**
R Λ—E. Linkshin fliegender Pegasos.
Silberstater von Leukas. — Sammlung Imhoof.
Andere **Eidechsentypen:**
als **Symbol:** Thasos, Dyrrachion u. s. w.

35. ΑΚΕΣΙΟΣ. Gehörnter Kopf des Ammon von vorn.
R ΒΑΡΚΑΙΟΝ. Drei vom Mittelpunkt ausgehende **Silphiumpflanzen,** zwischen welchen **Chamäleon, Eule** und **Springmaus** (Dipus).
Tetradrachmon von Barke. — Brit. Museum.

36. In einem Epheukranz ein Korb mit halbgeöffnetem Deckel, unter welchem sich eine **Schlange** herauswindet.
R Bogenbehälter zwischen zwei Schlangen; im Felde l. ΕΦΕ, r. Hirschprotome.
Cistophor von Ephesos. — Sammlung Imhoof.
Ähnlich: Kassope, Nysa u. s. w.
Unschädliche Schlangen gehörten vielfach zu dem Hokuspokus der Mysterien, namentlich zu dem der bacchischen.

37. Gleicher Typus.
R Ebenso; im Felde l. ΠΕΡΓ in Monogramm, oben ΔΗ in Monogramm, r. Ähre.
Cistophor von Pergamon. — Sammlung Imhoof.

38. Kopf des Asklepios mit Lorbeerkranz r.
R ΚΩΙΩΝ ΕΥΚΑΡΠοΣ Α. Zusammengeringelte **Schlange,** den Kopf r. emporrichtend.
Silbermünze von Kos. — Sammlung Imhoof.
Asklepios d. h. Schlangenmann und Schlange gehören zusammen.
Andere **Schlangentypen:**
einzeln, Amantia, Buthrotum, Kassope, Athen, Epidauros, Kos, Blaundos u.s.w.
zwei, einen Kranz haltend: Magnesia in Ionien.
als **Agathodaimon:** mösische und thrakische Städte, Thyateira, Alexandreia u. s. w. (Tafel XII Nr. 29).
im Kampf mit einem Adler: Kroton, Herbessos, Messana, Akragas (Tafel IV Nr. 30), Elis, Chalkis (Tafel V Nr. 4, 5, 9), Kyrene u. s. w.
mit **Schildkröte:** Ambrakia (Tafel VI Nr. 28).
vor einer Ziege: Pharos (Tafel III Nr. 11).
unter einem Löwen: Morgantina in Sicilien.
unter einem Stier: romano-kampan. Münzen.
unter einer Eule: Taras (Tafel V Nr. 20).
unter einem Reiter: Isindu.
auf den Darstellungen des Persephoneraubes **unter dem Viergespann:** Hyrkanis u. s. w.
unter dem Dreifuß: Kroton.
um den Dreifuß geringelt: Lilybaion, Thessalonike, Ephesos n. s. w
um den Omphalos: Tauromenion, Delphoi, Pergamon n. s. w.
um einen Altar: Selinus (Tafel VI Nr. 8) u. s. w.

um den **Asklepiosstab**: häufig; dieser von einem **Pferde** mit Schlangenschweif gehalten: Nikaia.

um den **Ölbaum**: Athen, Pergamon u. s. w.

um den **Hesperidenbaum**: Temenothyrai.

um andere **Bäume**: Kierion u. s. w.

um **Fackeln** (der Demeter): Pantalia, Serdike, Kyzikos u. s. w.

um ein **Ei**(?): Tomis, Tyros.

um **Amphoren**: Lakedaimon.

auf einem **Altar**: Assos, Pergamon.

auf einem **Schiff**: Byzantion, Elaius, Atheu, Mytilene.

auf einem **Säulenkopf**: Elis.

auf einem **Postament**: Asine, Teion.

auf einem **Pferd**: Nikaia, Philadelpheia in Lydien, Philomelion, Alexandreia
in Ägypten.

als **Attribut** des **Asklepios** und der **Hygieia**: sehr häufig.

von **Asklepios** mit **Vögeln gefüttert**: Trikka.

von **Apollon erschossen**: Kroton (Tafel XII Nr. 26).

neben dem **Kopfe** des **Apollon**: Akragas.

mit **Juno Sospita**: Fam. Procilia u. s. w.

mit **Poseidon**: Mantineia.

mit **Athena**: Athen, Isauria u. a.

mit **Dionysos**(?): Kassandreia.

mit **Persephone**: Selinus, Priansos.

mit **Demeter**: Flaviopolis in Bithynien.

mit **Kadmos**: Samos, Berytos, Tyros (Tafel XII Nr. 27).

mit **Olympias**: Makedonien.

mit **Opheltes**: Argos, Korinth.

mit **Opus**: Opus.

mit **Herakles** im Kampfe: Phaistos.

von dem **Kinde Herakles erwürgt**: Taras, Kroton, Thebai, Zakynthos,
Prusa am Olymp, Ephesos, Iasos, Rodos.

vor dem **Gespann** der **Nike**: Philippopolis in Thrake.

das **Füllen eines Baumes** mit Kultusbild **hindernd**: Myra (Tafel X Nr. 42).

als **Schildzierat** auf der Innenseite des Schildes: Opus.

als **Helmzierat**: Alexander der Gr. u. a.

mit **menschlichem Kopfe**: Abonuteichos, Nikomedeia (Tafel XII Nr. 28).

mit **Strahlenkrone**: Pautalia.

Uraeus: Alexandreia u. s. w.

geflügelte Schlangen:

  mit **Asklepios**: Pautalia (Tafel XII Nr. 32).

  als **Gespann** des Demeter oder des Triptolemos: sehr häufig (Tafel XII
  Nr. 30 und 31); hin und wieder sind die Schlangen ungeflügelt.

  mit einem **Ibis** kämpfend: Iuba II und Kleopatra von Mauretanien.

39. **Kröte.**

ß Unförmliche Vertiefung.

Anepigraphische Silberdrachme Ägin. Systems. — Paris.

40. Laubfrosch.
B: Vertieftes Quadrat, in vier Dreiecke geteilt.
Silberobolos (Euboia oder Athen?). — Sammlung Imhoof.

41. Apollonkopf r. mit Köcher über der Schulter; dahinter eine Kugel (Cuzenzeichen).
B LOVCERI. **Grasfrosch.**
Bronzemünze von Luceria in Apulien. — Sammlung Imhoof.

Froschtypen:
kommen noch vor auf Aes graeve.
als **Beizeichen:** Metapontion.

Fische.

42. Bärtiger Hermenkopf mit schmaler Binde r.; dahinter KOP(?) in Monogramm.
R C. PROCVLEI. L. F. **Roche** (Raja clavata).
Bronzemünze von Korkyra (?). — Sammlung Imhoof.

43. Unbärtiger Kopf des Pan mit Epheukranz l.
R ΠAN. Löwenkopf l.; darunter **Stör** l.
Bronzemünze von Pantikapaion. — Sammlung Imhoof.

44. Derselbe Kopf, bärtig, l.
R ΠAN. **Störkopf.**
Bronzemünze von Pantikapaion. — Sammlung Imhoof.

45. IMP. CAES. COMMO. ANTONI. P. F. AVG. Brustbild des Commodus
mit Lorbeerkranz und Gewandung r.
R C. I. C. A.—O. D. **Fisch,** wahrscheinlich **Scomber,** mit offenem Rachen r.
Bronzemünze von Apameia in Bithynien. — Berlin.

E. von Martens schreibt hierüber folgendes: 'Die Bestimmung des Fisches
ist schwierig. Der unnatürlich geöffnete Rachen deutet auf einen toten,
getrockneten oder eingesalzenen Fisch, τάριχος. Man kann an Gadus,
Labrax und Scomber denken. Für die beiden ersteren spricht die allgemeine Gestalt; die doppelte getrennte Rückenflosse am meisten für
Labrax, den lupus der alten Römer, läfst sich aber auch zur Not mit
den näher zusammenhängenden Rückenflossen von Gadus und Scomber vereinigen, wenn man annimmt, dafs nur die vorstehenden Spitzen gezeichnet
sind. Aber die drei Flossen an der Unterseite sprechen gegen Labrax,
für Gadus oder Scomber, indem die vorderste die bei beiden Gattungen
unter der Kehle oder Anfang der Brust befindliche Bauchflosse (Ventralis),
die zwei folgenden die zwei Analflossen von Gadus oder die zusammenhängende eine, aber vorn hoch aufsteigende und dann rasch sich senkende
und erst später wieder sich erhebende von Scomber sein kann. Für Mugil
würden die Flossen auch passen, aber nicht die Körpergestalt und der
grofse Kopf. Gadus ist der asellus, ὄνος der Alten. Scomber empfiehlt
sich dadurch, dafs er im Altertum an den Küsten des Schwarzen Meeres
und der Propontis einen wichtigen Gegenstand des Fischfangs bildete und
auf Münzen von Byzanz vorkommt.'

6*

46. Athenakopf r.; dahinter **Fisch**.

  R ♀. Linkshin fliegender Pegasos.

  Silberstater von Korinth. — Sammlung Imhoof.

  'Bestimmung sehr unsicher. Der deutlichen Zweiteilung der Rückenflosse nach entweder ein Percoid, vielleicht Polyprion, vgl. VII 3, oder Scorpaena; für letztern spricht die Andeutung von Rauhigkeiten am Körper.' E. v. Martens.

47. Vorderteil einer springenden Hirschkuh r.

  R **Fisch**, vielleicht **Karpfen**, Cyprinus carpio, r. zwischen X (für Y) und **Eichel**. Vertieftes Quadrat.

  Silberobolos von Psophis in Arkadien. — Sammlung Imhoof.

48. Hahn linkshin.

  R ꞩⵥꞓꝛ (Kafara in punischer Schrift). **Thunfisch** l.

  Silberlitra von Solus in Sicilien. — Sammlung Imhoof.

49. TAPANTINΩN. Taras behelmt, mit Aphlaston und Schild, l. auf dem Delphin reitend; darunter **Fisch** l.

  R Tafel I Nr. 26.

  Nomos von Taras. — Sammlung Imhoof.

  Der Fisch ist nach E. v. Martens wahrscheinlich ein Sparoide, vielleicht Chrysophrys aurata oder Pagrus oder Sargus.

Tafel VII.

1. Gehörnter jugendlicher Kopf des Gelas mit Binde l. zwischen **drei Fischen** von der Gattung **Mugil**, griech. κεcτρεύc.

  R ΓΕΛΩΙΟΝ im Abschnitt. Quadriga r.; darüber Kranz.

  Tetradrachmon von Gela. — München.

  Diese Gattung ist eine der gewöhnlichsten auf den Fischmärkten am Mittelmeer.

2. Tafel IV Nr. 30.

  R **Krabbe** und zwar **Telphusa fluviatilis**, vorzüglich gezeichnet; darüber **Eppichblatt**; darunter eine **Scorpaena**, neugriech. cκopπíδι, ital. scarpena oder scrofana.

  Didrachmon von Akragas. — Sammlung Imhoof.

3. AKRAΓANTINON. Adler l. einen Hasen zerreifsend; darunter Kammmuschel.

  R **Telphusa fluviatilis** zwischen Kammmuschel und Schneckenmuschel; darunter grofser **Fisch, Polyprion**, l.

  Tetradrachmon von Akragas. — Sammlung Imhoof.

  'Die gesamte Körperform und die starken Stacheln der Rückenflossen sprechen für Polyprion cernium, ital. cernia, einen der gröfsten Fische des Mittelmeeres; er wird bis 6 Fufs lang und 1 Centner schwer.' E. v. Martens.

4. Zwischen sechs Delphinen Kopf einer Nymphe von vorn, r. geneigt.

  R Kleiner **Fisch** über **Telphusa fluviatilis**; darunter in punischer Schrift Motya.

  Didrachmon von Motya. — Brit. Museum.

  Die Gattung des Fisches ist nicht zu erkennen.

5. Weiblicher Kopf l.
 R KYMAIOΛ. **Fisch** l. über einer **Muschel.**
  Nomos von Kyme in Kampanien. — Sammlung Garrucci.
  Die Gattung des Fisches ist nicht zu erkennen, vielleicht ist es ein schlecht
  gemachter Mugil.

6. Kopf des Poseidon r.
 R **Hammerhai.**
  Bronzemünze von Solus in Sicilien. — Sammlung Imhoof.

7. **Thunfisch** mit Tänien.
 R Zwei vertiefte Quadrate verschiedener Größe.
  Elektronstater von Kyzikos. — Brit. Museum.
 Andere **Thunfische:**
  Tafel I Nr. 20, IV Nr. 19, XI Nr. 15, 23, XII Nr. 1, 23, 30, XIII Nr. 10, 28.

8. **Pinnenwächter, Pinnoteres antiquorum,** mit den Scheeren eine **Pinna nobilis, Steckmuschel,** haltend; darunter **Thunfisch** l.
 R Vierfach geteiltes vertieftes Quadrat.
  Elektronstater von Kyzikos. — Sammlung Imhoof.
  Das Größenverhältnis zwischen den drei Tieren ist nicht der Natur ent-
  sprechend, sofern die Pinna und der Thunfisch viel zu klein gemacht sind.

9. **Thunfisch** l.; darüber **Fischkopf** r.; darunter **Fischschwanz.**
 R Vertieftes Quadrat.
  Elektronhekte von Kyzikos. — Sammlung Imhoof.

10. **Pinna nobilis** mit zwei dreiblättrigen Zieraten am Abschnitt: darüber **Thun-
 fisch** r.
 R Vierfach geteiltes vertieftes Quadrat.
  Elektronstater von Kyzikos. — Im Handel.

11. Kopf der Athena l.; darüber Delphin l.; dahinter Kopf eines **Seepferdchens.**
 R ♀. Linkshin fliegender Pegasos.
  Silberstater von Korinth. — Sammlung Imhoof.
 Andere **Fischtypen:**
  s Tafel I Nr. 14, III Nr. 29, 30, IV Nr. 31, VI Nr. 11, 12, 18, 19,
  VIII Nr. 24, XIII Nr. 3, 19.
  Fische im Zodiacus s. Löwe.
  'Lutos': Latopolis in Ägypten.

Insecten und Spinnentiere.

12. Linkshin sitzender **Greif;** vor ihm ein **Mistkäfer** (Ateuchus sacer) mit seiner
 Kugel.
 R ΕΠΙ ΦΙΤΤΑΛΟ um ein vierfach geteiltes Quadrat herum; das Ganze in
  einem vertieften Quadrat.
  Tetradrachmon von Abdera. — Sammlung Lübbecke.
 Ähnlich, ohne die Kugel, unter dem Silenkopfe eines Tetradrachmons von Aitne.
 Ferner als Typus: Aes grave.

13. **Käfer.**
    B Vertieftes Quadrat in vier Dreiecke geteilt.
    Silberobolos (Euboia oder Athen?). — Sammlung Imhoof.

14. **Käfer.**
    R Gorgoneion mit heraushängender Zunge, von vorn.
    Unbestimmte Silbermünze. — Sammlung Garrucci.

15. Zeuskopf linkshin; dahinter Blitz.
    B ME / I Λ. **Biene.**
    Bronzemünze von Melitaia in Thessalien. — Sammlung Imhoof.
    Anspielung auf den Namen der Stadt.

16. Tafel III Nr. 16.
    R **Biene** zwischen ΛΛΙ.
    Drachme von Elyros auf Kreta. — Sammlung Imhoof.

17. Kopf des Apollou(?) mit dreizeiligem Blätterkranz r.
    R ΙοΥ. **Biene.**
    Bronzemünze von Iulis auf Keos. — Sammlung Imhoof.

18. **Biene.**
    R Vertieftes vierfach geteiltes Quadrat.
    Silbermünze von Ephesos. — Sammlung Imhoof.
    Der Beiname Mylitta (d. h. Geburtsgöttin) der Artemis von Ephesos wurde
    durch Volksetymologie mit μέλιττα Biene zusammengebracht. Ihre Prie-
    sterinnen hießen μέλισσαι Bienen.

19. Ε — Φ. **Biene.**
    B EVAP. Vorderteil eines rückwärts blickenden Damhirsches; dahinter
    Palme.
    Tetradrachmon von Ephesos. — Sammlung Imhoof.

20. Ähnlich mit MHTPAΣ im B.
    Tetradrachmon von Ephesos. — Sammlung Imhoof.

21. Ähnlich mit ANTIAΛKIΔAΣ im B (Tafel II Nr. 36).
    Tetradrachmon von Ephesos. — Sammlung Imhoof.

22. ΕΦ. **Biene** mit dem Kopf zwischen zwei **Blumensteraten.**
    R Vierfach geteiltes vertieftes Quadrat.
    Drachme von Ephesos. — Sammlung Imhoof.

23. Kopf des jugendlichen Herakles r., mit dem Löwenfell bedeckt.
    B ΑΛΕΞΑΝΔΡοΥ. Zeus Aëtophoros l. sitzend; vor ihm **Biene** aus einem
    Blumenkelch saugend.
    Alexandertetradrachmon. — München.

    Bienen:
        als Typus und besonders als Beizeichen häufig; darunter der Erwähnung wert:
        über einem breiten Gefäße, vielleicht **Honigtopf:** Anaphe auf Amorgos.

24. Kopf der Persephone r.; dahinter ΔΙ.
    B ΜΕΤΑ. **Ähre;** l. unten **Ameise;** r. Füllhorn mit zwei **Ähren** und Γ.
    Nomos von Metapontion. — Brit. Museum.

25. Kopf des Poseidon mit Tänie und Dreizack l.; unten Stierschädel.
B BPETTIΩN. Amphitrite l. auf einen **Hippokamp** r. gelagert; vor ihr der schiefsende Eros. Im Felde r. **Ameise.**
Halber Goldstater der Brettier. — Sammlung Imhoof.
Die Ameise als Typus: Pantikapaion und Apollonia in Thrake.

26. Helioskopf von vorn, ohne Strahlen.
R PO. ΓOPΓOΣ. **Rose; l. Schmetterling.**
Rodische Drachme. — Sammlung Imhoof.

27. Ähnlich, mit PO. AINHTΩP.
München.
Ähnlich im Felde einer Drachme von Kibyra.

28. Januskopf; darüber l.
R ROMA. Schiffsprora r.; rechts l und darüber **Schmetterling** auf einer **Weintraube.**
Römisches As. — Paris.

29. CAESAR AVGVSTVS. Kopf des Augustus mit Eichenkranz r.
R M. DVRMIVS III VIR. **Krabbe**, einen **Schmetterling** zwischen den Scheeren.
Aureus der Fam. Durmia. — Gotha.

30. Jugendlicher Kopf mit Tänie r.
R ΓATPAOY. **Eberprotome** r.; über dem Rüssel **Stechfliege.**
Drachme des Königs Patraos von Paionien. — Sammlung Imhoof.

31. Europa(?) r. auf der Platane sitzend, die Rechte auf dem neben ihr sitzenden Adler, die Linke auf ein Scepter gestützt, dessen Spitze in einen Adler endigt.
R **Stier** r., im Begriffe sich einer **Stechfliege** zu erwehren.
Didrachmon von Gortyna. — Sammlung Imhoof.

Stechfliegen:
über einer Kuh, die ihr Kalb säugt: Dyrrachion.
über einem Pferd: Erythrai in Ionien.

32. **Oikade.**
R AOE. Amphora und Palmzweig.
Bronzemünze von Athen. — Sammlung Imhoof.

33. Nackte männliche Figur r., in der erhobenen Rechten einen Lorbeerzweig haltend, vor ihr **Edelhirsch** r.; dahinter **Cikade.**
R KAYΓONIATAN. Edelhirsch r. stehend.
Nomos von Kaulonia. — Museum Arolsen.

34. **Pferd** l., den r. Vorderfufs leckend: darüber **Cikade.**
R ΛΑRIΣAEON und Sandale in einem vertieften Quadrat.
Drachme von Larisa in Thessalien. — Brit. Museum.

35. Kopf der Athena l.; dahinter **Cikade.**
R Ϙ. Pegasos r. fliegend.
Silberstater von Korinth. — Museum Neapel.

36. **ΜΕΣΣΑΝΙΟΝ.** Rechtshin springender **Hase**; darunter **Cikade**.
   Ƀ Maultierbiga im Schritt r.; darüber Nike r.; im Abschnitt Lorbeerblatt
   mit Beere (Tafel II Nr. 30).
   Tetradrachmon von Messana. — Sammlung Imhoof.
   Cikade:
     als Typus: Aes grave von Tuder.
   Häufig als Beizeichen:
   Akragas, Tauromenion, Abdera, Maroneia, Amphipolis, Ambrakia, Tenedos,
   Nagidos u. a.

37. Weiblicher Kopf r.; dahinter Ǝ.
   Ƀ Ähre zwischen **META** und **Heuschrecke.**
   Nomos von Metapontion. — Sammlung Imhoof.

38. Weiblicher Kopf mit Ölkranz l.; am Halsabschnitt der Künstlername
   ΑΡΙΣΤΟΞΕ.
   Ƀ Ähre zwischen **Heuschrecke** und **META.**
   Nomos von Metapontion. — Sammlung Imhoof.

39. **ΜΟΙΝΑΣΣΑΜ.** Rechtshin springender **Hase**; darunter **Heuschrecke** auf
   Weintraube.
   Ƀ Maultierbiga r.; darüber Nike r.; im Abschnitt Fisch.
   Tetradrachmon von Messana. — Sammlung Landolina in Palermo.

40. Kopf der Salus r.; darunter **SALVS** und **D.**
   Ƀ **D. SILANVS L. F.** Victoria mit Palmzweig und Geifsel in einer r. eilenden
   Biga; darunter **Heuschrecke.**
   Denar der Fam. Junia. — Sammlung Imhoof.
   Andere **Heuschrecken:**
     s. Tafel I Nr. 9; IV Nr. 29; V Nr. 16; VIII Nr. 13.
     als Typus: Imbros.
     auf dem Rücken eines Stieres: Asi .... in Lukanien.
     als Beizeichen: Kaine in Sicilien, Himera, Ambrakia u. s.

41. Kopf der Persephone mit über die Stirn herabhängender Ähre l.
   Ƀ Ähre zwischen **META** und einer **Gottesanbeterin, Mantis religiosa.**
   Nomos von Metapontion. — Sammlung Löbbecke.

42. Vorderteil eines Löwenfells von vorn.
   Ƀ **Skorpion** in vertieftem Quadrat.
   Unbestimmte Silbermünze. — Brit. Museum.

43. **Skorpion.**
   Ƀ Delphin r. quer in einem vertieften Quadrat.
   Unbestimmte Silbermünze (s. Imhoof, Monnaies grecques Tafel J Nr. 17
   und 18). — Museum Kopenhagen.

44 **ΒΑΣΙΛΙΣΣΑ ΙΟΤΑΠΗ ΦΙΛΑΔΕΛΦΟΣ.** Brustbild der Königin Iotape.
   Ƀ **ΚΟΜΜΑΓΗΝΩΝ. Skorpion** in einem Lorbeerkranze.
   Bronzemünze der Iotape von Kommagene. — Sammlung Imhoof.

45. **Skorpion** und Stern.
    R Tafel XI Nr. 1.
    Bronzemünze von Kommagene. — Sammlung Imhoof.
46. **MENSOR S. C.** Brustbild der Libertas r.; dahinter Mütze und ꓕꓱꓲꓲ.
    R **L. FARSVLEI.** Krieger r. in einer **Biga**, auf welche ein Mann in der
    Toga im Begriffe steht zu steigen; unter den Pferden **Skorpion.**
    Denar der Fam. Farsuleia. — Sammlung Imhoof.
    Ähnlich auf Denaren der Fam. Aemilia und Plautia.
    Andere Skorpionentypen
    sind aufgezählt in Imhoof, Monnaies grecques S. 469.
    im **Zodiacus** s. Löwe.
    als **Attribut der Africa**: Hadrian.

Tafel VIII.
Krustentiere und Cephalopoden.

1. **AKRAC ꓷOTWA.** Linkshin stehender Adler.
   R **Telphusa fluviatilis, Süsswasserkrabbe,** schön gezeichnet, mit punctiertem
   Schild.
   Tetradrachmon von Akragas. — Sammlung Imhoof.
   Diese Krabbe ist in Mittel- und Unteritalien, Sicilien, Griechenland und
   Kleinasien häufig.
2. Tafel IV Nr. 28.
   R **Telphusa fluviatilis**; darunter Blumenzierat.
   Tetradrachmon von Akragas. — Sammlung Imhoof.
3. Tafel IV Nr. 31.
   R **Telphusa fluviatilis,** in der einen Scheere ein **wurm- oder aalartiges Tier**
   haltend; darunter **Muschel** und **Krake.**
   Kupferhemilitron von Akragas. — Sammlung Imhoof.
4. Bärtiger Kopf des Herakles l., mit dem Löwenfell bedeckt.
   R **KΩIoN ΦIΛIΣΚoΣ. Krabbe,** wahrscheinlich **Telphusa,** aber dann schlecht
   gezeichnet: l. oben unbestimmtes Symbol; unten Keule. Perlenquadrat.
   Tetradrachmon von Kos. — Im Handel.
5. Kopf der Amphitrite l., mit einer **Krabbe** als helmartiger Kopfbedeckung;
   dahinter **Schlange.**
   R **BPETTIΩN.** Krabbe.
   Bronzemünze der Brettier. — Sammlung Imhoof.
6. Weiblicher Kopf r. in einem Ölkranze.
   R **Ähre** zwischen **MET.** und **Flusskrebs.**
   Nomos von Metapontion. — Sammlung Imhoof.
7. **Flusskrebs,** eine **Muschel** zwischen den Scheeren haltend.
   R Weiblicher Kopf mit Kekryphalos L in vertieftem Quadrat.
   Silbermünze von Astakos in Bithynien. — Sammlung Imhoof.

8. Weiblicher Kopf rechtshin.
   ℞ ΠΡΙ. **Hummer**, darüber Hermesstab.
   Bronzemünze von Priapos in Mysien. — Sammlung Imhoof.

9. Greif l., darunter ein **Krebs** und zwar speciell nach Fritsch: **Callianassa**
   oder **Ascia** oder **Gebia**.
   ℞ Jugendlicher Kopf l. in einem leicht vertieften Quadrat, um welches herum
   die Aufschrift ΕΠΙ ΜΟΛΓΑΔΟΣ. Das Ganze in vertieftem Quadrat.
   Tetradrachmon von Abdera. — Brit. Museum.

10. Kopf der Roma r.; dahinter X.
    ℞ ROMA. Diana in einer **Biga** r.; darunter **Garneele** und zwar (nach
    Fritsch und von Martens) **Palaemon**, griech. καρίς.
    Denar der röm. Republik. — Brit. Museum.

11. ΚΑΤΑΝΑΙΩΝ. Kopf des Apollon l.; davor Klingelzug; dahinter **Garneele**,
    und zwar speciell wahrscheinlich **Penaeus** — richtiger geschrieben **Peneus**,
    wovon mehrere Arten, namentlich der gröfsere, **P. caramote** in Italien und
    Südfrankreich viel gegessen werden.
    ℞ Quadriga r. im Galopp an der Meta vorbeisetzend; darüber Nike r., den
    Siegeskranz und ein Täfelchen mit dem Künstlernamen ΕΥΑΙΝ haltend;
    im Abschnitt Krabbe.
    Tetradrachmon von Katana. Sammlung Löbbecke.

12. ΕΠΙ. Kopf der Athena r.; dahinter **Garneele**: **Peneus** (von Martens) oder
    Palaemon (Fritsch).
    ℞ Monogramm aus ΑΝ unter dem r. fliegenden Pegasos.
    Silberstater von Anaktorion. — Brit. Museum.

13. Zwei Adler l. einen Hasen zerreifsend (ähnlich Tafel IV Nr. 29).
    ℞ ΑΚΡΑ. **Krabbe**, mit Gorgoneion auf dem Schild; l. **Getreidekorn**; r.
    Heuschrecke; unten **Garneele** und zwar speciell **Sicyonia sculpta** M. Edw.,
    welche in Neapel auch auf den Markt kommt. Der Palaemon, an welchen
    zu denken man auch versucht sein könnte, pflegt sich in anderer Weise zu
    krümmen, nicht so Sförmig (E. v. Martens). Nach Fritsch ein **Pandalus**.
    Drachme von Akragas. — Museum Palermo.
    Das Gorgoneion ist phantastische Umgestaltung der vertieften Linien auf
    dem Rückenschilde der Krabben, die in Wirklichkeit bei den Gattungen
    Corystes und Dorippe noch mehr einem Menschengesichte ähnlich sehen
    als bei Telphusa.

14. Bärtiger Herakleskopf mit dem Löwenfell r.; vor ihm ΣΟΛΟΝΤΙΝΟΝ.
    ℞ **Garneele** und zwar speciell **Palaemon** (nach Fritsch) zwischen 'Kafara'
    in punischer Schrift und drei Unzenkugeln.
    Bronzetrias von Solus in Sicilien. — Sammlung Imhoof.

Andere **Krebstypen**:
1) **Krabben** s. Tafel VII Nr. 2, 3, 4, 8, 29; XII Nr. 34; XIII Nr. 4.
   aufserdem als Typus: Brettier, Kroton, Terina, Ambrakia, Priapos,
   Telos u. a.

zwischen den Füfsen des Herakles, der die Hydra bekämpft: Phaistos (Tafel XI Nr. 39).

neben einem karischen Zeus: Mylasa.

Krabbenschoere: Akragas.

Krabbenschoeren als Kopfschmuck der Thalassa: Pautalia, Korykos, Laodikeia in Phrygien.

Krebsschoeren als Kopfschmuck des Flufsgottes: Tomis.

als Beizeichen: Ambrakia (Palaemon nach Fritsch), Skepsis u. a. im Zodiacus s. Löwe.

2) andere Krebse: Antakos in Akarnanien, Apollonia am Ryndakos, Herakleia Trachinia, u. a.

3) Garneelen als Beizeichen noch in Taras, Panormos (hier nach Fritsch speciell Pandalus Narval auf einem Didrachmon) u. a.

15. ۶AۤAT. Taras auf dem Delphin r., in der Rechten einen Kraken haltend. Verzierter Kreis.
   ℞ Tafel XI Nr. 34.
   Nomos von Taras. — Sammlung Imhoof.

16. Dreifufs zwischen O꠰꠰ und Ähre.
   ℞ Krake (Octopus vulgaris).
   Diobolon von Kroton. — Sammlung Imhoof.

17. ٤VRA. Weiblicher Kopf mit Tünie r.
   ℞ Krake.
   Silberlitra von Syrakus. — Sammlung Imhoof.

18. Gorgoneion mit Binde von vorn.
   ℞ Krake.
   Didrachmon von Populonia in Etrurien. — Brit. Museum.

19. Kuh r., mit dem r. Hinterfufse sich am Kopf kratzend; darunter ٤.
   ℞ Krake in vertieftem Quadrat.
   Didrachmon von Eretria. — Sammlung Imhoof.

20. Tafel III Nr. 38.
   ℞ Krake in vertieftem Quadrat.
   Didrachmon von Eretria. — Sammlung Weber in Hamburg.

21. Tafel V Nr. 27.
   ℞ Krake; l. daneben ꠨. Vertieftes Quadrat.
   Tetradrachmon von Eretria. — Brit. Museum.

22. Derselbe Typus r.; darunter ٤.
   ℞ Krake; l. daneben ꠨. Vertieftes Quadrat.
   Didrachmon von Eretria. — Sammlung Imhoof.

Kraken als Typus: Kroton, Alontinon, Messana, Dikaia in Chalkidike u. a. als Beizeichen: Taras, Poseidonia, Kroton, Argos Amphilochikon u. a.

Gewöhnliche kriechende Land- oder Baumschnecke mit Schale, als Beizeichen auf Denaren der Fam. Papia (Babelon II S. 281 Nr. 33).

7*

23. **Sepia**; l. daneben ♀.
 R Vier dreieckige Vertiefungen.
 Didrachmon von Koresia auf Keos. — Museum Berlin.

24. **Sepia**; r. daneben ♀O und **Fisch**.
 R Ähnliche Vertiefungen.
 Hemidrachme von Koresia. — Sammlung Imhoof.

25. Zwei nackte Ringer.
 R **Sepia** in einem verzierten und vertieften Quadrate.
 Unbestimmte kleinasiat. Drachme. — Brit. Museum.

26. **AKPAΓANTINON**. Adler l. auf einem Hasen; l. im Felde Cikade.
 R **Telphusa fluviatilis**, gut gezeichnet; darunter Skylla r. in eine **Muschel**
 und zwar **Tritonium nodiferum, Trompetenschnecke**, bucinum der Alten,
 blasend; im Felde sechs Kugeln.
 Bronze-Hemilitron von Akragas. — Sammlung Imhoof.
 Auf Tafel III Nr. 9: Jüngling (Hermes) auf einem Ziegenbocke reitend und
 in eine Muschel blasend.

27. Zwischen zwei Ölzweigen Kopf der Segesta mit Tänie von vorn, etwas l. geneigt.
 R ΝΟΙΑΤƷƎ˥Ɂ. Hund l.; darüber Gorgoneion; l. **Muschel** (Murex).
 Silberlitra von Segesta. — Sammlung Imhoof.

28. Weiblicher Kopf mit Sphendone l.
 R **Ähre** zwischen **Muschel** (Aporrhais) und **META**.
 Nomos von Metapontion. — Sammlung Löbbecke.

29. Archaischer weiblicher Kopf mit breiter Tänie r. in einem Reife.
 R ϨAЯAT. Taras r. auf dem **Delphin**; darunter **Muschel, Tritonium nodi-
 ferum** wie es scheint.
 Nomos von Taras. — Sammlung Imhoof.

30. Kopf der Aphrodite mit Schleier r.; darunter ϨΩ.
 R **TAPAϨ**. Jugendlicher Reiter r., sein Pferd bekränzend; hinter ihm
 runder Schild; unter dem Pferde **Purpurmuschel** (Murex brandaris), sehr
 deutlich, und Ϩ.
 Goldstater von Taras. — Sammlung Imhoof.
 Ähnlich als Typus: Kimolis.

31. Weiblicher Kopf mit Sphendone r.
 R Rechtshin stehender **Hund** mit zurückgewandtem Kopfe; über ihm **Muschel**
 (Tritonium nodiferum) und zwischen den Beinen ГˤϨ (Sis).
 Didrachmon von Eryx. — Brit. Museum.
 Ähnlich: Segesta.

32. **Delphin** r. über Wellen; darunter **Muschel**, vielleicht Tritonium nodiferum;
 über dem Delphin ˠϞˠ?
 R In einer Vertiefung Ohreneule r. mit Flegel quer über die Flügel (ähnlich
 Tafel V Nr. 22). Vertieftes Quadrat.
 Silberstater von Tyros(?). — Sammlung Imhoof.

33. **IMP. C. P. LIC. GALLIENVS.** Brustbild des Gallienus mit Lorbeerkranz und Gewandung r.

℞ **COL. TVRO METR.** Baum zwischen den Ambrosischen Klippen; darunter Hund, an einer Muschel, Murex trunoulus, schnüffelnd; mit Bezug auf die bekannte Sage von der Erfindung des Purpurs.

Bronzemünze von Tyros (s. Eckhel III 391). — Wien.

34. **Herzmuschel, Cardium,** oder eine Art Auster.

℞ Stern mit drei Strahlen in vertieftem Quadrat.

Obolos von Korkyra. — Sammlung Imhoof.

35. **ΜΕΣΣΑΝΙΟΝ.** Hase r.; darunter **Herzmuschel, Cardium,** oder **Pecten, Kammmuschel,** für welch letztere aber die Ohren fehlen.

℞ **ΜΕΣΣΑΝΑ.** Messana r. in einer Maultierbiga; im Abschnitt zwei Delphine.

Tetradrachmon von Messana. — Sammlung Imhoof.

36. **Muschel** (Pecten).

℞ Delphin l.; darüber Eule l.; darunter ΗΗΡ.

Silberobolos von Taras. — Sammlung Imhoof.

37. **Muschel** (Pecten).

℞ Delphin l.; darüber Thyrsos; darunter ΔΑ.

Silberobolos von Taras. — Sammlung Imhoof.

Andere **Kammmuscheln** s. Tafel XI Nr. 34; Zankle, Syrakus, Dikaia in Chalkidike, Abdera, Leukas u. a., auch Aes grave.

Auf siculo-punischen Tetradrachmen Frauenkopf mit **Muschel als Kopfbedeckung.**

38. Weiblicher Kopf r.

℞ **ΝΟΙΑΜΥΚ. Getreidekorn** über einer **Miesmuschel, Mytilus galloprovincialis.**

Nomos von Kyme in Kampanien. — Sammlung Imhoof.

39. Weiblicher Kopf l.

℞ Dieselbe Aufschrift. **Miesmuschel, Mytilus galloprovincialis,** vorzüglich gezeichnet; darüber **Seeungeheuer.**

Nomos von Kyme. — Museum Arolsen.

S. auch Tafel II Nr. 9; VI Nr. 29; VII Nr. 5; X Nr. 37; XII Nr. 2; XIII Nr. 2 und 29.

Ähnlich: Phistelia.

40. Weiblicher Kopf r.

℞ Stier mit Menschengesicht l.; darüber ΓΣ (Sis); im Abschnitt **Tellmuschel, Tellina.**

Hemidrachme von Panormos. — Sammlung Imhoof.

Ähnlich unter der Quadriga eines Tetradrachmons von Selinus.

41. Apollonkopf von vorn.

℞ ΓΥΡΝΗ. **Steckmuschel, Pinna nobilis.**

Bronzemünze von Gryneion oder Gyrneion in Aiolis. — Samml. Imhoof.

42. Kopf der Segesta mit Tänie r.
    R AT33٦33. Rechtshin stehender Hund; darüber Seeigel.
    Silberlitra von Segesta. — Sammlung Imhoof.
43. Sitzender Greif r.; vor ihm T und Seeigel.
    R Vierfach geteiltes vertieftes Quadrat.
    Silbermünze von Teos. — Sammlung Imhoof.
44. ΣΥΡΑ vor dem Kopfe der Athena l.
    R Schirmqualle zwischen zwei Delphinen.
    Kupferlitra von Syrakus. — Sammlung Imhoof.

Tafel IX.

Pflanzen.

1. Nikekopf mit einem Kranz von aufrechtstehenden Blättern r.; am Hals-
   abschnitt NIKA.
   R Ähre von Hordeum hexastichon (sechszeilige Gerste) zwischen META
   und Birne.
   Nomos von Metapontion. — Sammlung Imhoof.
2. ΑΝΤΩΝΕΙΝΟC ΑΥΓ. Brustbild des Antoninus Pius, mit Lorbeer und
   Gewandung r.
   R ΕΠΙΚ〈ΔΑΥΡΙ〉ΩΝ. Hirte l., den kleinen Asklepios von einer Ziege ge-
   säugt entdeckend; vor dieser eine Cypresse; hinter dem Hirten ein Baum.
   Bronzemünze von Epidauros. — Sammlung Imhoof.
3. Brustbild des Geta und Umschrift.
   R ΑΠΟΛΛΩΝΙ—〈ΑΤΑΝ〉. Weibliche Gottheit mit Schale und Scepter
   l. in einem Tempel sitzend; neben und hinter diesem vier Cypressen.
   Bronzemünze von Apollonia in Illyrien. — Wien.
   Andere Cypressendarstellungen in F. Lajard, Recherches sur le culte du
   cyprès pyramidal, Paris 1854.
4. Kopf der Athena r.; dahinter Distel.
   R Pegasos r. fliegend; darunter A.
   Silberstater von Ambrakia. — Brit. Museum.
   Ebenfalls als Beizeichen: Ainos.
5. Bär l.
   R In einem vertieften Dreiecke drei Eicheln von Quercus aegilops L., einer
   in ganz Griechenland verbreiteten Eichenart, mit je einem Blatt dazwischen.
   Hemidrachme von Mantineia. — Sammlung Imhoof.
6. Brustbild der Artemis r. in der Mitte eines makedonischen Schildes.
   R ΜΑΚΕΔΟΝΩΝ und Monogramm aus ΑΠΕ zu beiden Seiten einer Keule.
   Das Ganze von einem Eichenkranz (vielleicht von Quercus infectoria Oliv.)
   umgeben.
   Tetradrachmon von Makedonien. — Ehemalige Sammlung Bompois.
   Eiche:
   Eiche von Dodona, mit Tauben darauf, s. Tafel V Nr. 28.
   Eichenkranz, häufig als Einfassung der Kehrseite und als Kopfschmuck
   des Zeus, Apollon, Herakles, der Kaiser Augustus, Galba u. a.

Eichenzweig mit Eichel: romano-kampanische Nomen.

Eichel: Laos, Mantineia, Aes grave; als Beizeichen: Laos, Abakainon in Sicilien (vor einem Schwein), Psophis in Arkadien (Tafel VI Nr. 47) u. a.

7. Kopf des jugendlichen Dionysos mit Epheu bekränzt, r.; dahinter ΝΑΞΙΩΝ. ℞ Nackter Silen etwas linkshin am Boden sitzend, in der Rechten den Kantharos, über das l. Knie den herabhängenden Weinschlauch und über die l. Schulter einen **Epheuzweig** haltend; vor ihm eine **Pflanze**, welche mit der von Nr. 9 identisch zu sein scheint.

Tetradrachmon von Naxos auf Sicilien. — Museum Neapel.

8. Boiotischer Schild.
℞ Amphora zwischen Ο—Ε, umgeben von einem **Epheukranz.**
Didrachmon von Thebai. — Brit. Museum.

Epheu:
Pflanze: Naxos auf Sicilien; Mende.
Kranz: s. Tafel VI Nr. 36; als Einfassung auf der Kehrseite häufig, selten auf der Hauptseite, wie z. B. auf einem Stater von Ambrakia um das Haupt der Athena;
als **Kopfschmuck** des Dionysos, Seilenos, Pan, Apollon Kissios (Alabanda) u. a.
Zweig als Schmuck von Amphora oder Kantharos: Thebai, Naxos (Insel), Syme u. a.;
als Beizeichen: Leukas u. a.
Blatt als Typus: unbestimmter sicilischer Ort, Orthosia in Karien; als Beizeichen s. Tafel IV Nr. 13, 18 und sonst sehr häufig.

9. und 10. **Eppichblatt.**
℞ Vertieftes Quadrat.
Didrachmen von Selinus. — Sammlung Imhoof.

11. **Eppichblatt.**
℞ **Blüte.**
Silberlitra von Selinus. — Sammlung Imhoof.
Ähnliche Litren von Eryx.

12. **Eppichblatt** (Apium graveolens L.).
℞ Eppichblatt in einem verzierten vertieften Quadrat.
Didrachmon von Selinus. — Sammlung Imhoof.
Als Beizeichen auf Tafel VI Nr. 8.

13. und 14. Kopf des jugendlichen gehörnten Pan von vorn.
℞ ΙΔΥΜΙΟΝ. **Feigenblatt.** Leicht vertieftes Quadrat.
Drachme von Idyma in Karien. — München und brit. Museum.
Das Feigenblatt ist auch das Münzbild von Kameiros auf Rodos.

15. ΔΙ. Kopf der Athena l.; dahinter ein **Zapfen** von **Pinus halepensis L.,** **Aleppoföhre.**
℞ Linkshin fliegender Pegasos; darunter Ϙ.
Silberstater von Korinth. — Sammlung Imhoof.

16. Linkshin stehender Widder; unter dem Kopfe ٦.

R Tannenszapfen von Abies oephalonioa L. zwischen zwei Zweigen in einem vertieften Quadrat.

Hemidrachme von Paleis auf Kephallenia. — Brit. Museum.

17. Protome eines Löwen r.

R Ziege r. vor einer Tanne, deren Zweigspitzen sie abfrifst. Vertieftes Quadrat.

Silberstater von Antandros in Mysien. — Paris.

18. Apollon nackt, l. jagend mit dem Bogen in der l. Hand und einem Steine in der Rechten; neben ihm springender Hund und zu beiden Seiten Tannen.

R ꟼƎ⊗Y∃Λ∃. Artemis, mit dem Chiton bekleidet, r. einen Pfeil abschiefsend; neben ihr Hirsch. Perlenquadrat.

Didrachmon von Eleuthernai auf Kreta. — Paris.

19. AITΝAIOΝ. Silenkopf mit Ephen bekränzt, r.; darunter Scarabaeus.

R Zeus mit knotigem Scepter und geflügeltem Blitze, r. auf einem Sessel sitzend, über welchem ein Löwen- oder Pantherfell hängt; vor ihm der Adler r. auf dem Gipfel einer Tanne.

Tetradrachmon von Katana-Aitnai. — Sammlung v. Hirsch.

20. AΓTAPAIΩN. Kopf der Artemis mit Stephane r.; vor ihm in kleiner Schrift ΓYϴϴΔ〈ΩPoY〉.

R ΓTOΛIOIKOΣ. Gepanzerter und behelmter Krieger l. stehend, die Rechte erhoben, am l. Arm Speer und Schild mit Stern; vor ihm eine Föhre.

Didrachmon von Aptera auf Kreta. — Paris.

21. Brustbild des Commodus r., mit Umschrift.

R C. L. I. COR. Melikertes auf dem Delphin r. liegend; im Hintergrund die Föhre. Im Felde r. Kranz und Palmzweig.

Bronzemünze von Korinth. — Brit. Museum.

22. Protome des Pegasos mit einem Horn hinter dem Flügel, l.

R Föhre(?) zwischen Σ—K in einem Linienquadrat.

Bronzemünze von Skepsis. — Sammlung Imhoof.

23. Ähnlich mit Σ—K—H und Blitz im Felde l.

Sammlung Imhoof.

Über diesen Baum s. Imhoof, Monnaies grecques S. 267.

Eine Föhre sehen wir auch auf dem Gipfel des Berges Viaros: Prostanna in Pisidien.

Krans von Pinienzweigen: Korinth.

24. Kopf des jugendlichen Dionysos mit Epheukranz, l., dreiviertel von vorn; r. im Felde KAΛ.

R Gerstenähre (Hordeum hexastichon); l. auf dem Blatte Schlange und darunter ΦI; r. META.

Nomos von Metapontion. — Museum Santangelo in Neapel.

Ähnliche Ähren: Tafel II Nr. 7; V Nr. 16; VII Nr. 24, 37, 38, 41; VIII Nr. 6, 28; IX Nr. 1, 35, 39; XI Nr. 28; auch sonst als Typus und Beizeichen sehr häufig.

25. Hartloser Kopf mit Tänie l.
R Schnitter r., mit der Sichel Ähren schneidend.
Unbestimmte Elektronmünze. — Paris.
Ähnliche Darstellung auf anepigraphischen Bronzemünzen später Zeit und
Bronzen von Pautalia und Alexandreia in Ägypten.

26. Demeterkopf mit Ährenkranz und Schleier l.; dahinter Pflug.
R ΛΕΟΝΤΙΝΩΝ. Garbe.
Bronzemünze von Leontion in Sicilien. — Sammlung Imhoof.

27. Rechtshin eilende Quadriga; darüber Nike, die Pferde bekränzend.
R ΛΟΛΙΤΛΟΞΛ. Löwenkopf r. zwischen vier Gerstenkörnern.
Tetradrachmon von Leontion. — Sammlung Imhoof.
Ähnlich Tafel l Nr. 4.

28. Weizenkorn von Triticum turgidum L. zwischen E — P.
R Vertieftes Quadrat in fünf Teile geteilt.
Obolos von Orchomenos in Boiotien. — Sammlung Imhoof.

29. Protome eines l. springenden Pferdes.
R ΜΕΘV. Ährchen des grannenlosen Winterweizens mit seinen Hüll-
spelzen. Vertieftes Quadrat.
Drachme von Methydrion in Thessalien. — Sammlung Imhoof.

30. Ähnlich mit ΣΚΟ.
Drachme von Skotussa in Thessalien. — Sammlung Imhoof.

Getreide:
Körner s. Tafel l Nr. 4; III Nr. 13; VIII Nr. 13, 38 und sonst häufiger
Typus und Beizeichen.
Hälfte eines Korns: Orchomenos in Boiotien.
fünf Körner, wie Strahlen eines Sterns gestellt: Metapontion.
Ähren als Beizeichen s. Tafel l Nr. 36; VI Nr. 37; XII Nr. 20.
Ähren, drei: Eryx, Segesta, Abdera, Laodikeia in Phrygien, Kaisareia u. a.
vier und fünf, oder Garben: Neokaisareia, Nysa, Blaundos, Phila-
delpheia, Apameia u. a.
Ährenkranz, häufig z. B. Eleusis, Hermione, Kios.
Ähren als Attribut von Demeter, Kore, Triptolemos, Tyche, Ge.
Stier auf einer Ähre schreitend: Gela, Kalchedon.
Ähren im Modius: Eresos u. a., Rom.
Ähren und Mohn s. Mohn S. 58 f.

31. Granatapfel mit zwei Blättern.
R Vertieftes Quadrat mit drei kleinen Ringen verziert.
Silberstater von Melos. — Berlin.

32. ΙΛ — ΑΜ. Granatapfel.
R Vier vertiefte Dreiecke; in zwei derselben ΜΑ.
Silberstater von Melos. — Paris.

33. Granatapfel mit zwei Blättchen.
R ΜΑ unter einem Widderkopf l.
Hemistater von Melos. — Sammlung Imhoof.

34. **Granatapfel,** mit einem kleinen **Zweig** darüber.
R Kopf der Athena mit Ölkranz r. in einem vertieften Viereck.
Silberstater von Side in Pamphylien. — Florenz.

35. **NIKA.** Kopf der Nike mit Sphendone r.
R **METAPONTION.** **Gerstenähre** (Hordeum hexastichon); l. daneben
Granatapfel.
Nomos von Metapontion. — Sammlung Imhoof.

Granatapfel:
als Beizeichen: Terina, thrak. Chersonesos, Thasos, Argos.
als **Attribut der Hera:** Argos.

36. **LEONTINON.** Apollonkopf mit **Lorbeerkranz** r.; darunter ein r. springender
Löwe; oben l. und r. je ein **Lorbeerblatt.**
R Quadriga im Schritt r.; darüber Nike, den Wagenlenker bekränzend; im
Abschnitt r. springender Löwe.
Tetradrachmon von Leontion. — Brit. Museum.

37. **NAΞIΩN.** Apollonkopf mit **Lorbeerkranz** r.; dahinter **Lorbeerblatt** mit **Frucht.**
R Silen, l. am Boden sitzend, den Kantharos in der erhobenen Rechten, den
Thyrsos in der Linken; l. daneben Herme; r. Epheupflanze. Am Boden
der Künstlername **ΓΡΟΚΛΗΣ.**
Didrachmon von Naxos auf Sicilien. — Sammlung Imhoof.

38. Kopf des Augustus mit Eichenkranz, l.
R **CAESAR AVGVSTVS.** Zwei **Lorbeerbäume.**
Denar des Augustus (s. Dio LIII 16). — Sammlung Imhoof.

Lorbeer:
Blätter, Zweige (Tafel III Nr. 34; IV Nr. 32), Bäumchen, Kränze (Tafel XI
Nr. 3) ungemein häufig, besonders als Symbole und Attribute des Apollon
und Zeus.

39. Ähre; r. Fackel.
R **Gerstenähre;** r. **Mohnpflanze.**
Nomos von Metapontion. — Sammlung Imhoof.

40. Kopf der Athena l.; dahinter E und **Mohnkopf.**
R Linkshin fliegender Pegasos; darunter Ϙ.
Silberstater von Korinth. — Sammlung Imhoof.

41. **IMP. ΔOMIT. AVG. GERM. COS. XI.** Brustbild der Domitia r., mit Ähren
bekränzt.
R **S. C.** Bündel von vier **Ähren** von **Spelt, Triticum spelta** L., und drei
Mohnköpfen.
Römische Bronzemünze. — Sammlung Imhoof.

Mohn:
zwischen **Ähren:** Elaia u. a.
in **einem Korbe:** Byzantion, Elaia u. a.
in **einem Modius:** Eresos u. a.

als Beizeichen: Metapontion, thrak. Chersonesos u. a.

Cultusbild der Demeter zwischen **Mohn** und **Ähre**: Julia-Gordos, Maionia, Sardeis.

42. Jugendlicher Kopf mit persischer Mütze und Lorbeerkranz r.

R **ΑΜΑΣΤΡΙΕΩΝ**. Linkshin thronende weibliche Gottheit mit Stephanos, Nike auf der Rechten und dem Scepter in der Linken; vor ihr **Myrtonknospe**, wenn nicht vielmehr eine **Beere von Osyris alba L.**, einem in den Mittelmeerländern sehr verbreiteten Strauche.

Silberstater von Amastris in Paphlagonien. — Sammlung Imhoof.

43. Kopf der Athena r.

B **ΑΘΗΝΑΙΩΝ**. **Eule** auf einem **Ölbaum**.

Bronzemünze von Athen. — Sammlung Lübbecke.

44. IMP. CAESAR TRAIAN. HADRIANVS AVG. Brustbild des Kaisers mit Lorbeerkranz, Panzer und Gewandung, r.

R P. M. TR. P. COS. III. Minerva l. vor einem **Ölbaume** stehend; dazwischen **Kaninchen** r.

Aureus des Hadrian. — München.

45. Löwenkopf von vorn.

B · PH. **Olivenzweig**.

Hemidrachme von Region. — Sammlung Imhoof.

Ölbaum:

mit **Eule** oder **Schlange** häufig bei Athenatypen.

zwischen **Athena** und **Poseidon**: Athen, Med. des M. Aurelius.

Ölzweig als Beizeichen Tafel V Nr. 17, 18, 19 und   .

Ölkranz als Einfassung Tafel V Nr. 30, beide häufig.

Tafel X.

1. Kopf und Hals einer Kuh r.

R KAPY. Zwei **Palmen**; an eine derselben ist eine Keule gelehnt.

Diobolon von Karystos auf Euboia. — Sammlung Imhoof.

2. Protome eines gezäumten Pferdes r., von Nike bekränzt; vor dem Kopfe Getreidekorn; unten in punischer Schrift 'Kart Chadasat' (Neustadt Karthago).

B **Dattelpalme** mit **Früchten**.

Siculo-punisches Tetradrachmon. — Sammlung Imhoof

3. Ähnlich, mit 'Machanat' (Lager) zu beiden Seiten der Palme.

Sammlung Imhoof.

4. Linkshin springendes Pferd von Nike bekränzt.

R 'Machanat' ('Lager') in punischer Schrift. **Dattelpalme**.

Siculo-punisches Tetradrachmon. — Sammlung Imhoof.

5. Korinthischer Helm auf rundem Schild.

R KAMA — 9I. **Zwergpalme, Chamaerops humilis L.** mit Blättern und Blütenkolben zwischen zwei Knemiden.

Didrachmon von Kamarina in Sicilien. — Florenz und Samml. Imhoof.

h*

Palmen:

s. Tafel I Nr. 8; II Nr. 13, 36 und Imhoof, Monnaies grecques S. 267.

Palmzweig mit Fruchtbündel: Himera.

Palmzweig als Attribut der **Nike**, mit und ohne Tänien, sehr häufig.

als Attribut der **Dioskuren**: Brettier, Eukratides u. a.

in **Spielurnen**: gewöhnlich.

über einem Pferd: Epiktetos, Punier in Hispanien u. a.

über einem Hahn: Dardanos, Ephesos.

6. Apollonkopf von vorn, etwas r. geneigt.

R PO˧ION. **Rose** zwischen zwei **Weintrauben**. Vertieftes Viereck.
Tetradrachmon von Rodos. — Sammlung Imhoof.

7. Ähnlich; die **Rose** mit einer **Knospe**; im Felde I und Dreizack.
Sammlung Imhoof.

8. Helioskopf von vorn, r. geneigt.

R Offene **Rose** von vorn zwischen P—O, KPITOK˧HΣ und einer **Ähre**.
Drachme von Rodos. — Sammlung Imhoof.

9. Kopf der Athena r.; dahinter **Rose**.

R Linkshin fliegender Pegasos; darunter ϙ.
Silberstater von Korinth. — Sammlung Imhoof.

Eine **Rose** s. auch Tafel VII Nr. 23; ferner ist sie Typus von Tragilos,
Kythnos, Aphrodisias, Megiste, Kasos, Soloi, Kibyra u. a.
Als Beizeichen: Praisos, Nagidos, Tarsos, Antiochos III u. a.
Offene Rose von unten gesehen: Roda in Hispanien.
Aphrodite an einer Rose riechend: Kilikien, s. Imhoof, Monn. grecques,
Tafel G, 15.

10. KPICΠEINA CEBACTH. Brustbild der Crispina rechtshin.

R ATTAITΩN. Flussgott l. liegend, in der Linken ein Füllhorn, in der
Rechten einen **Zweig** mit drei Blättern haltend; zu seinen Füssen **Schiff**.
Die nähere Bestimmung des Zweiges ist bis jetzt nicht gelungen.
Bronzemünze von Attaia in Mysien. — Sammlung Imhoof.

11. Löwenkopf l.; vor ihm **Silphiumpflanze** und darunter deren **Frucht**.

R Tafel V Nr. 9.
Tetradrachmon von Kyrene. — Brit. Museum.

12. **Silphiumpflanze** zwischen zwei **Silphiumfrüchten**.

R Tafel X Nr. 39.
Tetradrachmon von Kyrene. — Paris.

13. Kopf des Ammon r.

R KYPANA. **Silphiumpflanze** mit **Wurzel**.
Silberstater von Kyrene. — Sammlung Imhoof.

14. Kopf des Ammon mit Tänie l.; dahinter Lorbeerzweig.

R OTAϙT3Y8IΛ. **Silphiumpflanze** mit **Schössling** an der Wurzel.
Silberstater von Kyrene. — Sammlung Imhoof.

Die **Pflanze Silphium** s. auch Tafel II Nr. 5; III Nr. 1, 2, 4, 5; VI Nr. 35.
Die **Frucht** s. Tafel II Nr. 2; III Nr. 2.
Als Beizeichen: Metapontion, Ptolemäer in Kyrene.

Das auf diesen Münzen abgebildete Silphion ist verschieden von dem bei Dioskorides erwähnten cίλφιον Μηδικόν, welches die Ferula asa foetida L. ist; das rätselhafte Silphion aus Kyrenaike ist bis heute noch nicht wieder aufgefunden. Manche halten es für identisch mit Smyrnium olusatrum L. Vgl. auch L. Müller, Numismatique de l'Afrique I 104—109, Suppl. (1874) 18.

15. AVTO. KAICAP ANTΩNINOC. Kopf des Antoninus Pius mit Lorbeerkranz r.
R CEΛΓEΩN. Auf einer länglichen Basis zwei **Storaxbäume** in grofsen Töpfen oder Einfassungen; vor jedem ein Altar; l. ein Blitz, r. eine Keule. Bronzemünze von Selge. — Sammlung Imhoof.
Über den Storax auf den Münzen von Selge s. Imhoof, Monnaies grecques S. 341—345.

16. Bärtiger Kopf des Herakles, mit **Storaxblättern** bekränzt, r.; dahinter Keule.
R ΣEΛΓEΩN. Artemis, eine Fackel in beiden Händen tragend, r. eilend; vor ihr IΔ.
Hemistater von Selge in Pisidien. — Sammlung Imhoof.

17. Brustbild des bärtigen Herakles von vorn, mit **Storaxblättern** bekränzt und die Keule über der r. Schulter.
R ΣE. Vorderteil eines zurückblickenden Hirsches r.
Bronzemünze von Selge. — Sammlung Imhoof.

18. Brustbild des Herakles wie vorher.
R ΣEΛΓEΩN zwischen Keule und einem **Storaxbaum** in einem Topf.
Silbermünze von Selge. — Brit. Museum.

19. Linkshin springendes Pferd; darüber Weintraube.
R MAPΩNITEΩN. **Weinstock** in einem Linienquadrat.
Goldmünze von Maroneia in Thrake. — Paris.

20. ΔIONϒCO.C CEBACTOC. Brustbild des jugendlichen Dionysos r., mit Epheu bekränzt und der Nebris über der Brust.
R AMACTPIANΩN MHTPOΠOΛEITΩN. **Weinstock** mit sechs **Trauben**.
Bronzemünze von Amastris. — Wien.

21. NAΞI. Bärtiger Kopf des Dionysos, mit Epheu bekränzt, r.
R **Weintraube** mit **Blättern** und **Ranken**.
Silberlitra von Naxos in Sicilien. — Sammlung Imhoof.

22. Kopf der Athena r., Greif am Helm.
R **Weintraube** in einem vertieften Quadrat; neben diesem Σ O Λ E und **Weinblatt**.
Silberstater von Soloi in Kilikien. — Ehemal. Sammlung Bompois.

23. Keule mit dem Löwenfell darüber, von einem Kranz von Weinblättern umgeben.
R **Weintraube** auf einem grofsen **Weinblatt**; darüber Stab.
Halber Cistophor. — Sammlung Imhoof.

Weinstock s. auch Tafel II Nr. 27; ferner: Pautalia, König Saratakos, Eury-
menai in Thessalien, Histiaia, Maionia, Berytos u. a.

Zweig mit zwei Trauben: Meliboia, Eretria, Knidos, Nagidos (als Attribut
des Dionysos) u. a.

Weintraube s. Tafel II Nr. 1; VII Nr. 28 und 39; X Nr. 6; XIII Nr. 8
und 9.

Als Typus, Beizeichen und Attribut des Dionysos ungemein häufig.

Weinblatt als Beizeichen: Leukas u. a.

Rebenkranz als Einfassung: Ariarathes IX oder X von Kappadokien.

Rebenkranz als Kopfschmuck: Kydonia, Histiaia.

24　Linkshin sitzende Athena, die Rechte auf den Speer, die Linke auf den Schild
gestützt; dahinter Baumstamm.
R **TEPΣIKON?** Knöchelspielerin l.; dahinter **Pflanze mit Blüten und
Blättern.** Die Pflanze ist nicht zu erkennen.
Silberstater von Tarsos. — Berlin.
Auf den Silberstateren von Nagidos steht vor der sitzenden Aphrodite eine
Rose mit Blüte und Knospen.

25. Kopf der Athena r.; dahinter **Blume** mit **Blättern am** Stiel.
R Linkshin fliegender Pegasos; darunter A.
Silberstater von Ambrakia. — Sammlung Six.

26. Adler l., eine Schlange zerreifsend.
R Dreifufs zwischen **Weinblatt** (?) und ϘPO.

27. Tafel IV Nr. 32.
R Dreifufs zwischen **Blatt** und ϘPO
Nomos von Kroton. — Sammlung Imhoof.

28. Apollonkopf l.
R **TPIH** und **Pflanze** (Lorbeerzweig?) im Linienquadrat.
Sammlung Imhoof.

29. Ähnlich mit **TPIE.**
Sammlung Imhoof.

30. Ähnlich mit dem Kopf r. und **TPIH.**
Silbermünzen von Trieros(?) in Thrake. — Sammlung Imhoof.

31. Alexandertetradrachmon mit **Pflanze** vor Zeus.
Sammlung Imhoof.

32. **Adlerkopf** l.; darunter **Blatt.**
R Geflügelter Blitz zwischen F—A in einem Kranze.
Obolos von Elis. — Sammlung Imhoof.
Ähnlich auf dem Didrachmon Tafel IV Nr. 35.

33. Kopf der Athena r.; dahinter **Lilie, Lilium candidum,** und Λ.
R Rechtshin fliegender Pegasos; darunter Λ.
Silberstater von Leukas. — Brit. Museum.

34. Kopf der Athena r.; dahinter Lilie.
R Linkshin fliegender Pegasos; darunter ♀.
Silberstater von Korinth. — Sammlung Imhoof.
Letztere ähnlich als Typus auf Bronzemünzen von Bienos auf Kreta, Antiochos VII u. a.

35. Linkshin fliegender· Pegasos; darunter ♀.
R Dreizack zwischen einer Blüte und △.
Bronzemünze von Korinth. — Sammlung Imhoof.

36. Kopf des Apollon mit Lorbeerkranz l.; vor ihm Zweig einer Pflanze.
R ΣTIA. Vorderteil eines l. schreitenden Stieres mit bärtigem Menschengesicht.
Hemidrachme von Stiela in Sicilien. — Brit. Museum und Samml. Imhoof.

37. Archaischer weiblicher Kopf mit Binde r.
R KV—ƎM. Wasserpflanze über einer Muschel.
Nomos von Kyme in Kampanien. — Brit. Museum.

38. ⟨E⟩ΛΥPI. Kretische Ziege, an einem Bäumchen die Sprossen abfressend.
R Biene zwischen M—l.
Drachme von Elyros auf Kreta. — Dresden.
Die Pflanze scheint eher ein Bäumchen mit unterhalb abgebrochenen Ästen und oben drei Nadelholzzweigen darzustellen, als das Wildziegenkraut; eine nähere Bestimmung des Bäumchens vermögen wir aber nicht zu geben.

39. Tafel X Nr. 12.
R Hesperidenbaum, vielleicht Quittenbaum, zwischen Herakles und einer der Nymphen. Vertieftes Quadrat.
Tetradrachmon von Kyrene. — Paris.
Herakles im Hesperidengarten oder mit den Äpfeln in der Hand: auf verschiedenen griechischen Bronzemünzen der Kaiserzeit.

40. Europa(?) in trauernder Stellung l. auf einem Baume sitzend.
R ΛOⱢTVNƧON. Linkshin stehender Stier, den Kopf zurückwendend.
Runde Vertiefung. Der Baum sieht mehr einer Eiche als einer Platane ähnlich.
Didrachmon von Gortyna. — Schottenstift in Wien.

41. Brustbild des Antoninus Pius mit Umschrift.
R AΛIKAPNACCEΩN. Zeus Askraios? mit Strahlenkrone, zwischen zwei Bäumen, wahrscheinlich Eichen, auf deren Gipfeln je ein Vogel sitzt.
Bronzemünze von Halikarnassos. — Sammlung Löbbecke.
Vgl. Overbeck, Griech. Kunstmythologie, Zeus, S. 210 und 211.

42. AVT. KAI. M. ANT. ΓOPΔIANOC CEB. Brustbild des Gordianus III, mit Lorbeerkranz und Gewandung, r.
R MVPEWN. Cultusbild der Artemis Myrea? zwischen den Ästen eines unbestimmbaren Baumes; von dem Stamme aus schiefsen zwei Schlangen gegen zwei Männer los, welche mit erhobenen Doppeläxten im Begriffe standen, den Baum zu fällen.
Bronzemünze von Myra in Lykien. — Brit. Museum.

43. **CVNKΛHTOC.** Brustbild des Senats mit Tänie r.

R **AΦPOΔEICIEΩN. Baum, Myrrhe**(?), in einer Gittereinfassung; l. ein Mann mit phrygischer Mütze, in der erhobenen Rechten eine Doppelaxt schwingend; l. ein anderer, der zu fliehen scheint.

Bronzemünze von Aphrodeisias in Karien. — Sammlung Imhoof.

Sonst kommen noch vor:

unbestimmte Bäume Tafel III Nr. 14; IV Nr. 20; V Nr. 3; VIII Nr. 33; X Nr. 10 und oft bei Darstellungen von Fluß- und Berggöttern, Bergen, Opferscenen u. s. w.

unbestimmte Blumen: Tafel VII Nr. 23; XIII Nr. 12, 27. .

unbestimmte Blätter: Tafel II Nr. 41; VII Nr. 2; XI Nr. 27.

Tafel XI.
Fabelhafte Tiere und Mischwesen.

Ausgeschlossen sind

Pan und verwandte Gottheiten des Dionysoskreises, Flügelfiguren mit rein menschlichem Körper (Nike, Eros, Talos, Gorgonen, phönic. Kronos u. s. w.), ganz oder zum Teil vollzogene Metamorphosen (Io, Zeus als Stier oder Schlange u. s. w.).

1. Tafel VII Nr. 45.
   R **Capricornus** und Stern.
   Bronzemünze von Kommagene. — Sammlung Imhoof.

2. Kopf des Augustus mit Eichenkranz, r.
   R **AVGVSTVS. Capricornus** mit Füllhorn, Kugel und Steuerruder, r.
   Denar des Augustus. — Sammlung Imhoof.
   Kaiser Augustus glaubte an astrologische Beziehungen zwischen sich und dem Sternbilde des Capricornus.

3. **IMP. CAESAR.** Kopf des Augustus.
   R **AVGVSTVS. Capricornus** mit Füllhorn r., den Kopf zurückwendend. Das Ganze von einem Lorbeerkranz eingefaßt.
   Kleinasiatischer Cistophor. — Sammlung Imhoof.
   Der **Capricornus** ist seit Augustus häufiger Münztypus Roms, der Colonien, griechischer Städte, der Könige des Bosporos, von Kommagene, Mauretanien u. a.
   Im **Zodiacus** s. Löwe.

4. **Chimaira** mit Drachenkopf am Ende des Schweifes, sich l. duckend.
   R glatt.
   Silbermünze von Etrurien. — Brit. Museum.
   Vgl. Keller, Tiere des klass. Altert. 42 ff.

5. Tafel XII Nr. 20.
   R **Chimaira** l.; ihr sich senkender Ziegenkopf ist von dem Speer durchbohrt, den die Löwin durchbeißt; mit dem l. Vorderfuß tritt sie auf das abgebrochene Ende des Speers. Darunter Ϙ.
   Hemistater von Korinth. — Berlin.

6. **Chimaira** r.; darunter 𝈱Ε.
R ln einem Ölkranze r. liegende Taube; dahinter Bogen.
Didrachmon von Sikyon. — Sammlung Imhoof.

7. **Chimaira** r., darunter ΞΞ.
R Gleich dem vorhergehenden, ohne Symbol.
Didrachmon von Sikyon. — Sammlung Imhoof.

Chimaira:
a. Tafel XII Nr. 21.
sonst noch in Kyzikos und unbestimmten kleinasiatischen Städten.
Protome: Sikyon.

8. **AVT. K. T. AIΛ. AΔP. ANTWNINOC CEB.** Kopf des Antoninus Pius r.
R L. **TETAPTOY.** Herakles, mit dem Löwenfell über dem Rücken,
schlägt mit der Keule in der erhobenen Rechten auf die **Echidna** los,
welche den Gegner an der l. Hand gepackt hat und die Linke vor ihre
Brust hält.
Bronzemünze von Alexandreia in Ägypten. — Sammlung Imhoof.
Ähnliche Darstellungen auf Münzen von Perinthos und Argos.

9. Protome eines **geflügelten Löwen** linkshin.
R Hahnenkopf l., vertieft geprägt.
Kleinasiatische Elektronhekte. — Brit. Museum.
Derselbe Typus in Lykien.

10. Antipodisch vereinigte Protomen eines **geflügelten Löwen** und eines ge-
flügelten Pferdes (Pegasos oder Hippokamp).
R Vierfach geteiltes vertieftes Quadrat.
Unbestimmtes kleinasiatisches Didrachmon. — Sammlung Imhoof.

Geflügelter Löwe:
a. unten: Löwe, gehörnt und geflügelt, Tafel XII Nr. 5 und 7.
sitzend: Kypros? (Rev. Num. 1883, t. VII 10.)

11. **Geflügelter Hund** l. auf einem **Thunfisch** stehend und zurückblickend.
R Vierfach geteiltes vertieftes Quadrat.
Elektronhekte von Kyzikos. — München.

12. Schiffsprora, zum Teil von dem Vorderteil eines **geflügelten Fuchses** oder
Wolfes l. gebildet. Darunter **Thunfisch.**
R Vierfach geteiltes vertieftes Quadrat.
Elektronstater von Kyzikos. — Sammlung Imhoof.

13. Protome eines **geflügelten Hirsches** l. auf rundem Schild.
R Duoquetra mit V darauf und unbestimmte lykische Aufschrift. Vertieftes
Quadrat.
Lykische Silbermünze. — Brit. Museum.

14. Protome eines **geflügelten Stieres** rechtshin.
R Protome eines Hirsches r. in verzierter Einfassung und vertieftem Quadrat.
Unbestimmte kleinasiatische Silbermünze. — Sammlung Imhoof.

15. Protome eines geflügelten Stieres l.; darunter Thunfisch.
    R Vierfach geteiltes vertieftes Quadrat.
    Elektronstater von Kyzikos. — Sammlung Greenwell in Durham.
    Derselbe Typus in Lykien.

16. Protome eines geflügelten Ebers r.
    R Vierfach geteiltes vertieftes Viereck.
    Silbermünze von Klazomenai. — Sammlung Imhoof.
    Ähnlich in Kyzikos, Samos, Ialysos, Lykien.

17. Nackter Krieger mit spitzem Helm, l., das r. Knie auf dem Boden, in der
    Rechten den Speer haltend und sich mit dem Schild in der Linken schützend.
    Zwischen den Beinen T.
    R OPONTA. Protome eines geflügelten Ebers r.
    Silbermünze des Satrapen Orontas. — Sammlung Imhoof.

18. ΑΝΤΩΝΙΟC ΓΟΡΔΙΑΝΟC CΕΒΑΤΟC (so). Brustbild des Gordianus III
    mit Strahlenkrone und Gewand r.; am Halse /₀ eingestempelt.
    R CEΛEYKEΩN TΩN ΠΡΟC ΚΑΛΥΚ. Athena zu Fuſs, mit Speer und
    Schild r. gegen einen Giganten kämpfend, dessen emporgehobene Rechte
    einen Stein hält und dessen l. Arm von Gewand umhüllt ist.
    Bronzemünze von Seleukeia in Kilikien. — Sammlung Imhoof.
    Ebenso in Sebaste (Elaiusa) unter Commodus.
    Über die Gigantendarstellungen auf Münzen s. Ztschr. f. Num. XIII S. 134 ff.
    Tafel IV Nr. 9—16.

19. ACISCVLVS. Juppiterkopf r.; dahinter Hammer. Lorbeereinfassung.
    R VALERIVS. Ein Gigant von vorn, mit flossenartigen Händen.
    Denar der Fam. Valeria. — Sammlung Imhoof.
    Gegenüber Max. Mayer, Giganten und Titanen in der ant. Sage und Kunst,
    1887 S. 406 und Babelon, Monnaies de la Rép. Rom. II 520 scheint doch
    Friedländer, Ztschr. f. Num. IX 1882 S. 7 die richtige Beschreibung ge-
    geben zu haben. Die Flossen am Unterleib und das hängende, vor Nässe
    triefende Haupthaar stimmen zu den Extremitäten der Arme.

20. Kopf der Athena r.
    R ΗΡΑΚΛΕΙΩΝ. Glaukos mit Helm, Speer und Schild r.
    Bronzemünze von Herakleia in Lukanien. — Sammlung Imhoof.

21. Kopf der Athena r.
    R Glaukos r., ein Steuerruder in der Rechten; darunter Muschel.
    Silberobolos von Alliba in Samnium(?). — Parma.

22. Glaukos r., in der erhobenen Rechten den Dreizack abwärts haltend, auf
    der vorgestreckten Linken Delphin.
    R ΚΑ unter Delphin r.
    Bronzemünze von Karystos auf Euboia. — Athen und Samml. Imhoof.
    Vgl. Tafel XIII Nr. 28—31, möglicherweise ebenfalls Glaukosbilder.

23. Greif l. über einem Thunfisch.
    R Vierfach geteiltes vertieftes Quadrat.
    Elektronstater von Kyzikos — Ehem. Sammlung Bompois.

24. Linkshin sitzender **Greif** mit erhobener r. Vordertatze; vor ihm Kantharos.
R Kleines vierfach geteiltes Quadrat, um welches herum die Aufschrift EΓI
ΣMO – PΔOT – OPMO – KAΛ. Das Ganze in einem vertieften Quadrat.
Tetradrachmon von Abdera. — Sammlung Imhoof.

25. Linkshin schreitender **Greif**; vor ihm ein Stern.
R Wie der vorhergehende mit EΓI MA – NΔPΩ—NAK – TOΣ.
Tetradrachmon von Abdera. — Sammlung Imhoof.

26. **Greif** l. aufspringend.
R Wie die vorhergehenden mit EΓ H—ΓH – ΣIΓ – ΓO.
Drachme von Abdera. — Sammlung Imhoof.

27. Rechtshin sitzender **Greif** mit erhobener l. Vordertatze; vor ihm ein **Blatt**
und darüber IHT.
R Vierfach geteiltes vertieftes Quadrat.
Silberstater von Teos. — Sammlung Imhoof.

28. Bärtiger Kopf des Pan mit Epheu bekränzt, linkshin.
R ΓAN. Gehörnter **Greif** mit Speer im Rachen, l. auf einer **Ähre** schreitend.
Goldstater von Pantikapaion. — Sammlung Imhoof.

29. **Baal** l. sitzend, Weintraube und Adler in der Rechten, Scepter in der
Linken; dahinter בעלגזור (Baal-Gazor) in aramäischer Schrift.
R **Greif** l. sich auf einen **Damhirsch** stürzend; darunter אריורת (Ariorat).
Hemistater des Satrapen Ariarathes in Gaziura (Kappadokia). — Athen.
Ähnlich auf Silbermünzen von Bogos II von Mauretanien.

30. Kopf der Iuno Sospita r., mit dem Ziegenfell bedeckt; dahinter Hammer.
R L. PAPI. Rechtshin springender **Greif**; darunter ein Hammer.
Denar der Fam. Papia. — Sammlung Imhoof.

Greif:

s. Tafel VII Nr. 12; VIII Nr. 9, 43.

stehend: Mallos (?), Bogos II von Mauretanien.

springend: Kaine in Sicilien, taurische Chersonesos, Ambrakia.

liegend: Abdera, Assos.

Protome: Pantikapaion, Kyzikos, Phokaia, Teos, Lykien.

Kopf: Phokaia, Teos, Kasos, röm. Aes grave.

Flügel: Pantikapaion.

mit Apollon auf dem Rücken: Kyzikos, Alexandreia Troas.

mit Antinoos auf dem Rücken: Kalchedon.

zwei Greifen **an Apollon aufstehend**: Athen.

zwei Greifen **als Gespann des Apollon**: Aureliopolis in Lydien.

mit **Rad** unter der Vordertatze und als Symbol der **Nemesis**: häufig in
Kleinasien und Ägypten.

als **Helmschmuck**: sehr häufig.

als **Schildzierat**: Opus.

5*

31. Medusenhaupt mit vier Flügeln, von vorn.
　　R **Harpyia** mit vier Flügeln r. in einem vertieften Quadrat.
　　Unbestimmte kleinasiatische Drachme (Imhoof, Monnaies grecques S. 466).
　　— Sammlung Imhoof.

32. Tafel III Nr. 43.
　　R **Hippokamp** rechtshin.
　　Silbermünze einer unbestimmten etrurischen Stadt. — Brit. Museum.
　　Ähnlich, ungeflügelt und ohne Füße, auf Kupferhemilitren von Akragas; mit
　　den Vorderfüßen auf Tetradrachmen von Messana u. a.

33. **ΣΥΡΑ**. Kopf der Athena mit korinthischem Helm, r.
　　R Geflügelter **Hippokamp** l.
　　Kupfertrias von Syrakus. — Sammlung Imhoof.
　　Auf anderen Exemplaren dieser Trias sieht man den Hippokampen mit
　　hängendem Zügel.

34. Tafel VIII Nr. 15.
　　R **ΣΑΡΑΤ**. **Hippokamp** l.; darunter **Muschel** (Pecten).
　　Nomos von Taras. — Sammlung Imhoof.

35. Bärtiger Bogenschütze auf einem geflügelten **Hippokamp** r.; darunter Wellen
　　und **Delphin** r.
　　R Tafel V Nr. 22.
　　Silbermünze von Tyros? — Kopenhagen.

36. Kopf des Achilleus mit Helm, l.; darunter **A**.
　　R **ΒΑΣΙΛΕΩΣ ΠΥΡΡΟY**. Auf einem ungeflügelten **Hippokamp** r. die l.
　　sitzende Thetis mit Schleier, den Schild mit der Rechten haltend.
　　Didrachmon des Königs Pyrros. — Sammlung Imhoof.
　　Ähnlich, mit Amphitrite auf dem Hippokamp, Tafel VII Nr. 25; mit Thetis
　　noch auf Bronzemünzen von Larisa Kremaste.

37. Kopf der Amphitrite vom Rücken gesehen, rechtshin; dahinter Schwamm?;
　　vorn H.
　　R Q. **CREPER. M. F. ROCVS**. Poseidon, den Dreizack schwingend, in
　　einem **Zweigespann** ungeflügelter **Hippokampen** r.; darüber C.
　　Denar der Familie Crepereia. — Sammlung Imhoof.
　　Ähnlich auf Bronzemünzen von Korinth, Teion, Kyme, Borytos u. a.
　　Der **Hippokamp** ist ein sehr verbreiteter Typus, auch als Protome.
　　Poseidon auf einem Hippokampen reitend: Kyzikos.
　　Hippokamp **zu Füßen der Leukothea**: Korinth.
　　als Helmzierat: Thurioi u. a.

38. **ΛΛ**. Herakles, bärtig, l. auf einem Felsen sitzend, ein Trinkgefäß in der
　　vorgestreckten Rechten, die Keule in der Linken.
　　R **TR**. **Hydra**. Vertieftes Quadrat.
　　Unbestimmte (thessalische?) Silbermünze. — Im Handel.

39. Herakles l. die **Hydra** bekämpfend; zwischen seinen Füßen eine **Krabbe**.
R ΦΑΙΣΤΙΩΝ. Rechtshin stehender Stier.
Didrachmon von Phaistos auf Kreta. — Brit. Museum.
Ähnliche Darstellungen häufig auf den Münzen der Kaiserzeit.
Der Bildung der Hydra Nr. 39 liegt zu Grunde die das Wasser liebende
Ringelnatter, Tropidonotus natrix: damit stimmt die schuppenartige Zeichnung und die Kopfform.

40. **Kekrops** mit **Ölzweig** in der Rechten, l. über einem **Thunfisch**.
R Vierfach geteiltes vertieftes Quadrat.
Elektronstater von Kyzikos. — Sammlung Imhoof.

41. **Kentaur** r. eine Nymphe raubend.
R Vierfach geteiltes vertieftes Quadrat.
Makedonischer Silberstater (Lete, Orreskier u. a.). — Samml. Imhoof.

42. Zeuskopf mit Lorbeer bekränzt, von vorn; r. daneben Blitz.
R MOYEIΩN. Der Lapithe Mopsos mit erhobenem Schwerte r. gegen
einen **Kentauren** kämpfend, welcher in den hoch erhobenen Händen ein
Felsstück zum Wurfe erhebt.
Bronzemünze von Mopsion in Thessalien. — Sammlung Imhoof.

43. Kopf des Zeus oder Poseidon mit Lorbeerkranz, r.
R ΜΑΓΝΗΤΩΝ. **Kentaur** r. schreitend, in der Linken einen Baumast
über die Schulter hin tragend.
Bronzemünze der Magneten in Thessalien. — Sammlung Imhoof.

44. Kopf des jugendlichen Dionysos, mit Epheu bekränzt, rechtshin.
R ΒΑΣΙΛΕΩΣ ΠΡΟΥΣΙΟΥ. **Kentaur**, mit Lorbeer bekränzt und flatternder
Chlamys, r. schreitend und auf der Lyra spielend.
Bronzemünze des Königs Prusias I oder II von Bithynien. — Sammlung Imhoof.
Ähnlich: Magneten.

45. CVNOBELINVS. Kopf des Königs mit Diadem, linkshin.
R TASCIOVANI F(ilius). Rechtshin schreitender **Kentaur**, ein Horn
emporhaltend.
Bronzemünze des britannischen Königs Cunobelinus. — Brit. Museum.

Kentauren:
springend, den Kopf zurückwendend, mit beiden Händen einen **Baumast**
in die Höhe haltend: Kyzikos.
springend, Baumzweige in jeder Hand: Fam. Oppia (sicilisch); Larinum.
mit **Baumast** und **Steine werfend**: Amphipolis.
mit **Kantharos**: Lete.
zwei Kentauren, auseinander springend: Amphipolis, Thessalonike.
mit **Achilleus**: Alexandreia.
mit **Herakles**: Alexandreia.
als Schütze: Aphrodisias, Resaina, Alexandreia u. a.
als Schütze im Zodiacus s. Löwe.

zwei **Kentauren**, das **Asklepiosbild** tragend: Pergamon.
zwei **Kentauren**, **Preisurne** tragend: Laodikeia in Syrien.
als **Zweigespann** für **Demeter**: Kyzikos.
als **Zweigespann** für **Dionysos**: Aureliopolis.
als **Zweigespann** für **Herakles**: Fam. Aurelia.
als **Viergespann** des **Kaisers**: Laodikeia in Phrygien.
als **Helmzierat** (Kentaurenweib mit fliegendem Gewand): Velia.

Tafel XII.

1. **Kerberos** l. über einem **Thunfisch.**
   R Vierfach geteiltes vertieftes Quadrat.
   Elektronstater von Kyzikos. — Brit. Museum.

2. Weiblicher Kopf r.; dahinter **Σ**.
   R KVMAION. **Kerberos** r. über einer **Mitylus-Muschel.**
   Nomos von Kyme in Kampanien. — Brit. Museum.
   Ähnlich auf einer anepigraphischen Silbermünze von Etrurien.

3. Bärtiger Kopf mit Lorbeerkranz r.; dahinter **S**.
   R **Kerberos** r. mit Schweif, der in einen Drachenkopf endigt. Darunter **RVB**.
   Unbestimmte italische Bronzemünze (Semis) s. Imhoof, Monnaies grecques
   S. 13. — Sammlung Imhoof.

4. Kopf der Demeter, mit Ähren bekränzt, von vorn.
   R **Kerberos** r., mit Drachenkopf an der Schweifspitze. Im Abschnitt EΛEAI.
   Bronzemünze von Elea in Thesprotia. — Museum Santangelo.

5. Geflügelter und gehörnter **Löwe** linkshin schreitend.
   R KOFPΛΛE. Triquetra. Vertieftes Quadrat.
   Silberstater des lykischen Dynasten Kuperllis. — Brit. Museum.

6. Kopf des Kaisers Nero mit Lorbeerkranz linkshin; zu beiden Seiten HΞ—T
   (Jahr 368 — 56 n. Chr.).
   R In einem r. schreitenden Zweigespann von geflügelten und gehörnten **Löwen**
   ein bärtiges Idol mit beiden Händen eine Harpe haltend.
   Bronzemünze von Orthosia in Phönicien. — Berlin.

7. Kopf der Tyche mit Turmkrone und Schleier rechtshin.
   R TAPΣEΩN. Sandan, der asiatische Herakles, nackt und bärtig auf einem
   gehörnten **Löwen** mit geschlossenen Flügeln r. stehend. In der vorgestreckten Rechten hält der Gott eine **Blume**, in der Linken ein Doppelbeil;
   an der l. Seite Bogen und Schwert. Im Felde l. Stern.
   Bronzemünze von Tarsos. — Sammlung Imhoof.

8. AVT. KAI. ΘE. TPA. ΠAP. VI. ΘE. NEP. VI. TPAI. AΔPIANOC CE.
   Kopf des Kaisers mit Lorbeerkranz rechtshin.
   R TAPCEΩN MHTPOΠOΛEΩC. Ähnliche Darstellung; der Gott ist
   bekleidet mit hoher Mütze auf dem Haupte und Beil und Kranz in der
   Rechten. Die Flügel des gehörnten **Löwen** sind durch Punkte blofs an-
   gedeutet.
   Silbermünze von Tarsos. — Paris und Sammlung Imhoof.

9. AYT. KA. M. OITE. CEY. MAKPEINOC. Brustbild des Kaisers mit Lorbeerkranz und Gewand rechtshin.
R MAKPEINIANHC ANT. TAPCOY. A. M. K. Γ. B. Ähnliche Darstellung linkshin; der Gott hält in der Linken einen Kranz als einziges Attribut. Die Flügel des Löwen sind nicht mehr angedeutet.
Bronzemünze von Tarsos. — Sammlung Imhoof.

10. Rechtshin liegende Löwin mit zurückgewandtem Kopfe.
R Minotauros r. kniecnd in einem vertieften länglichen Vierecke.
Unbestimmter asiatischer Silberstater. — Berlin.

11. MOWX. Minotauros, mit dem Kopfe von vorn, l. eilend, das l. Knie bis auf den Boden geseukt. (Auf anderen ähnlichen Exemplaren hält er einen kugelförmigen Stein in der Rechten.)
R Labyrinth in Kreuzform mit Stern in der Mitte. In den vier Winkeln des Kreuzes je ein kleines stark vertieftes Quadrat. Das Ganze in leicht vertieftem Quadrat.
Didrachmon von Knosos auf Kreta. — Sammlung Dr. H. Weber in London.

12. Kopf der Athena rechtshin.
R AΘHNAIΩN. Theseus r., den Minotauros besiegend.
Bronzemünze von Athen. — Sammlung Imhoof.
Auf anderen Münzen derselben Stadt stehen sich Theseus und der Minotauros gegenüber.

13. ΣKHΥI. Rechtshin fliegender Pegasos.
R N l. neben einer Föhre oder Palme. Linienquadrat und vertieftes Quadrat.
Silbermünze von Skepsis. — Sammlung Imhoof.

14. Protome des Pegasos mit Horn hinter dem Flügel, r.
R Föhre(?) zwischen Σ – K in einem Linienquadrat; r. daneben H; links Blitz.
Bronzemünze von Skepsis. — Sammlung Imhoof.

15. Linkshin fliegender Pegasos; darunter Ϙ.
R ΔIO. Fliegender Pegasos von vorn. Vertieftes Quadrat.
Diobolon von Korinth. — Sammlung Imhoof.

16. Kopf der Athena r.; dahinter A.
R Rechtshin stehender Pegasos; darunter jugendlicher Satyr r. kniecnd, ein Steinchen aus einem der Hufe des Pegasos entfernend.
Silberstater von Ambrakia. — Museum Santangelo.

17. Kopf der Athena r.; dahinter Aphlaston.
R Ϙ. Gezäumter Pegasos r., an einen in der Mauer befestigten Ring gebunden.
Silberstater von Korinth. — Museum Santangelo.

18. Kopf der Athena l.; dahinter Pferdeprotome r.
R Ϙ. Pegasos l., mit gesenktem Kopfe, zurückgebogenem r. Vorderfuße und eingezogenem Schweife.
Silberstater von Korinth. — Sammlung Imhoof.
Die Stellung des Pegasos drückt Zögern und Furcht aus. Wahrscheinlich wollte ihn der Künstler in dem Augenblicke darstellen, wo er, aus dem Quell Peirene trinkend, von Bellerophon überrascht wird.

19. Kopf der Athena l.; vorn l: hinten l. schwebende Nike mit Tänie.
    R Linkshin fliegender **Pegasos**; darunter ९.
    Silberstater von Korinth. — Sammlung Imhoof.
20. Bellerophon, nackt, mit dem Speer in der Rechten, r. auf dem fliegenden
    Pegasos; darunter ९.
    R Tafel XI Nr. 5.
    Hemistater von Korinth. — Berlin.
    Die beiden Typen der Münze bilden ein Ganzes, die Darstellung des Kampfes
    des Bellerophon mit der Chimaira.
    Ähnlich auf Hemistateren und Bronzen von Leukas; ferner mit der Chimaira
    unter dem Pegasos, auf Nomen von Veseris in Kampanien.
21. CORIN. Kopf der Aphrodite r.
    R Q. CAECIL. NIGR. C. HEIO PAM II. VIR. Bellerophon auf dem sich
    bäumenden **Pegasos** r. die **Chimaira** bekämpfend.
    Bronzemünze von Korinth. — Sammlung Imhoof.
22. Kopf der Demeter r. zwischen drei Delphinen.
    R ΕΜΠΟΡΙΤΩΝ. Rechtshin fliegender **Pegasos**; sein Kopf stellt eine
    kleine sitzende Figur mit Mütze dar, mit der Hand die Fussspitze erfassend.
    Silbermünze von Emporiai in Hispanien. — Sammlung Imhoof.
    Derselbe Typus auf grossen Bronzemünzen von Emporiai.
    Abbildungen des **Pegasos** s. auch Tafel I Nr. 32; VI Nr. 28. Er ist ein in
    Europa wie in Asien weit verbreiteter Typus.
    Die verschiedenen Darstellungen des Pegasos mit und ohne Bellerophon auf
    korinthischen Münzen s. Imhoof und Gardner, Commentary on Pausanias,
    London 1885—1887. Tafel C, 25—32; F, 108; G, 127, 132.
    Protomen des Pegasos und der Hippokampen sehen einander in der Regel
    völlig gleich, und so kommt es für die Deutung dieser Typen auf die
    Lage oder die übrigen Münzbilder der betreffenden Stadt an, wie z. B. bei
    Skepsis, Tafel XII Nr. 14.
23. **Phobos**(?) als männliche Flügelfigur mit Löwenkopf und -Schwanz l. eilend,
    den Kopf zurückwendend und in der Rechten einen **Thunfisch** haltend.
    R Vierfach geteiltes vertieftes Quadrat.
    Elektroustater von Kyzikos. — Sammlung Imhoof. (Imhoof, Monnaies
    grecques S. 242 Nr. 71).
24. ΑΝΤωΝΙΝΟC CΕΒ. ΕΥCΕΒ. Kopf des Antoninus Pius mit Lorbeerkranz,
    rechtshin.
    R ΑΙωΝ. L. ς. **Phönix** mit Strahlennimbus r.
    Bronzemünze von Alexandreia in Ägypten. — Sammlung Löbbecke.
    Keller, Tiere des klass. Altert. 251, 253 ff.
25. D. N. CONSTANS P. F. AVG. Brustbild des Kaisers Constans I, mit
    Diadem und Gewand rechtshin.
    R FEL. TEMP. REPARATIO. **Phönix** mit Strahlen um den Kopf, r.
    auf einem Felsen; im Abschnitte TRS ·
    Bronzemünze von Constans I. — Sammlung Imhoof.
    Auf anderen ähnlichen Münzen steht der Vogel auf einem Globus.

26. OSKSMTAM (οἰκιστής). Jugendlicher Herakles auf einem mit dem Löwenfell bedeckten Felsen l. sitzend, die l. Hand auf die Keule gestützt, in der Rechten einen Zweig über einen bekränzten augezündeten Altar haltend. Hinter dem Sitze Bogen und Köcher; im Abschnitt zwei Fische.
R KPOTON. Dreifufs mit Tänien zwischen dem schiefseulen Apollon und der **Schlange Python**.
Nomos von Kroton. — Sammlung Imhoof.

27. IMP. GORDIANVS PIVS FEL. AVG. Brustbild des Gordianus III mit Lorbeerkranz und Panzer r.
B COL. TYR. METO (su). Kadmos r. im Kampfe mit einer gegen ihn emporgerichteten **Schlange**; dahinter **Murex**.
Bronzemünze von Tyros. — Berlin.

28. ANTΩNEINOC AVΓOVCTOC. Brustbild des bärtigen Caracalla mit Lorbeerkranz und Gewandung r.
R NIKOMHΔEΩN ΔIC NEΩKOPΩN. **Schlange** mit menschlichem Kopf l. (**Glykon**).
Bronzemünze von Nikomedeia. — Bibl. Marciana in Venedig.

29. AYT. NEPOYAΣ KAIΣ. ΣEB. Kopf des Kaisers Nerva mit Lorbeerkranz r.
R L. A. **Schlange (Agathodaimon)** r. zwischen geflügeltem Hermesstab und **Ähre**.
Potinmünze von Alexandreia. — Sammlung Imhoof.

30. Demeter r. in einer Biga von **geflügelten Schlangen**; darunter **Thunfisch**.
R Vierfach geteiltes vertieftes Quadrat.
Elektronstater von Kyzikos. — Sammlung de Luynes.

31. AYT. K. M. AYP. ANTΩN. AYΓ. Brustbild des Caracalla mit Lorbeerkranz und Gewandung rechtshin.
R ΠECCINOYNTIΩN. Demeter mit Fackel r. in einem von zwei **geflügelten Schlangen** gezogenen Wagen.
Bronzemünze von Pessinus in Galatien. — Wien.

32. AYT. K. M. AYPH. ANTΩNINOC. Kopf des Caracalla mit Lorbeerkranz r.
B OVAΠIAC ΠAVTAΛIAC. Asklepios l. auf einer **geflügelten Schlange** r. sitzend.
Bronzemünze von Pautalia in Thrake. — Sammlung Imhoof.
Das Verzeichnis der Schlangendarstellungen zu Tafel VI, S. 41 und 42 umfafst zugleich die hierher gehörigen Typen.

33. **Seelöwe** l.
R glatt.
Silbermünze einer unbestimmten etrurischen Stadt. — Gotha.

34. Adler r. ein Lamm zerreifsend; dahinter Getreidekorn.
R A. **Krabbe**; darunter **Seeschlange** r. mit einem **Fisch** im Rachen.
Hemidrachme von Akragas. — Sammlung Imhoof.
Ähnliche Seeschlangen (pistrix) Tafel VIII Nr. 39, XIII Nr. 18 und auf Münzen von Region, Syrakus und Kyzikos. Salinas glaubt, dafs den sicilischen Darstellungen der **Hippocampus brevirostris** als Vorbild gedient habe (Ripostiglio siciliano di mon. aut. di argento, Roma 1888 S. 7).

35. Wie Tafel XIII Nr. 30, mit der Umschrift **ITANION**.
    R Zwei gegeneinander aufgerichtete **Seeschlangen**.
    Didrachmon von Itanos auf Kreta. — Sammlung de Luynes.

36. Linkshin eilende männliche Figur, mit Flügeln an Schultern und Fersen.
    R **Seirene** r., mit Kranz in der r. Hand, in einem Perlenquadrat, vertieft.
    Unbestimmte kleinasiatische Silbermünze. — Ehemal. Samml. Bompois.

37. **Seirene** l., mit zwei Federn auf dem Kopfe und mit beiden Händen den
    Thunfisch haltend.
    R Vierfach geteiltes vertieftes Quadrat.
    Elektronstater von Kyzikos. — W. Greenwell.

38. **CAESAR AVGVSTVS**. Kopf des Augustus r.
    R P. **PETRON. TVRPILIAN. III VIR. Seirene** mit einer Flöte in jeder
    Hand, linkshin schreitend.
    Denar der Fam. Petronia. — Sammlung Imhoof.

    Seirene.
    Hieher zählt Babelon, Monn. de la République rom. II 519, 18 einen Denar
    der Fam. Valeria: r. **schreitender Vogel** mit Helm, Schild und zwei Flöten,
    Attributen der Athena. Auf dem uns vorliegenden Exemplare dieser Münze
    sind aber nicht Flöten, sondern deutlich **Speere** zu sehen und das Ge-
    fieder ist gefleckt wie bei gewissen Eulenarten.

Tafel XIII.

1. Kopf des Apollon mit Lorbeerkranz r. zwischen drei Delphinen.
   R **AΛΛIBANON. Skylla** r., in der gesenkten Rechten einen **Kraken**, auf
   der Linken einen **Fisch** haltend; darunter **Muschel**.
   Silberobolos von Alliba in Samnium. — Sammlung Imhoof.
   Auf anderen etwas verschiedenen Obolen derselben Stadt zeigt Skylla ein
   Doppelgesicht.

2. Weiblicher Kopf mit Binde r.
   R **WOIAMVX. Skylla** r. mit flossenartigen Händen; Fisch auf der Linken;
   unten **Muschel**.
   Nomos von Kyme in Kampanien. — Samml. de Luynes und Arolsen.
   Ein etwas verschiedener Typus im brit. Museum. 89, 27 und 90, 36.

3. **ΣYPAKOΣIΩΝ**. Kopf der Kore, mit Ähren und Mohn bekränzt, l., zwischen
   vier Delphinen; unter dem Kopfe **EYM**.
   R Jugendliche Flügelfigur, eine Quadriga im Galopp r. leitend und von der
   ihr entgegenfliegenden Nike bekränzt. Im Abschnitt **EYΘ** und **Skylla** r.,
   Dreizack über der l. Schulter und die Rechte nach einem vor ihr schwim-
   menden **Fische** ausstreckend; dahinter **Delphin** r.
   Tetradrachmon von Syrakus. — Sammlung Imhoof.

4. **AKPA**. Zwei Adler r., einen Hasen zerreißend.
   R **AKPAΓANTINOΝ. Krabbe**; darunter **Skylla** l., mit der Rechten die
   Gebärde des Spähens machend.
   Tetradrachmon von Akragas. — Sammlung Orlando in Palermo.

5. **MAG. PIVS IMP. ITER.** Der Pharus von Messana mit der Statue des
Neptun darauf; vor dem Pharus Galere mit Legionsadler l. und Dreizack r.
R **PRAEF. CLAS. ET ORAE MARIT. EX S. C.** Skylla l. mit dem
Steuerruder in beiden Händen zum Schlage ausholend.
Denar des Pompeius Magnus. — Sammlung Imhoof.

6. ͲALEXANDER. Brustbild Alexanders des Grofsen mit Lorbeerkranz und
Löwenfell r.; im Felde Ε vertieft.
R Skylla l., die Mannschaft eines Schiffes in die Fluten herabziehend.
Römischer Contorniat. — Wien.

7. **AVT. KEC. M. ΛΟΔ. ΠΟΠΑΗΝΙΟC CE. Π. Π. (so).** Brustbild des
Pupienus mit Strahlenkrone und Gewand r.
R **TAPCOY MHTPOΠOΛEΩC A. M. K. B. Γ.** Skylla l., das Steuer-
ruder in der Linken haltend und in ein Horn blasend; darüber Delphin l.
Bronzemünze von Tarsos. — Paris.
Ähnlich auf tarsischen Münzen mit Bildnis des Gordianus III, aber ohne
Fisch, und Skylla ohne Horn, die flossenförmige Rechte vorgestreckt.

Skylla:
mit Thunfisch in der Hand: Kyzikos.
als Helmzierat: sehr häufig.

8. Sphinx mit Feder am Hinterkopfe, r. sitzend; vor ihr Weintraube.
R Vierfach geteiltes vertieftes Quadrat.
Elektronstater von Chios. — St. Petersburg(?).

9. Sphinx l. sitzend vor einer Amphora, über deren Offnung eine Weintraube
hängt; r. im Felde Astragalos. Das Ganze auf rundem Schilde.
R Vierfach geteiltes vertieftes Quadrat.
Tetradrachmon von Chios. — München.

10. Sphinxprotome l.; darunter Thunfisch.
R Vierfach geteiltes vertieftes Quadrat.
Elektronstater von Kyzikos. — Brit. Museum.

11. Weiblicher Kopf von vorn.
R Sphinx mit Stephanos, Ohrgehäng und Halsband, l. sitzend. Leicht ver-
tieftes Quadrat.
Kilikische Silbermünze (Imhoof, Monnaies grecques S. 372, 74—76). —
Sammlung Imhoof.

12. Ha. Gra. in kyprischer Schrift. Sphinx, l. sitzend, die erhobene Rechte an
Blumenzierat.
R Eine Blumenzierat zwischen Epheublatt und Astragalos. Concaves Feld.
Silberstater von Idalion(?) auf Kypros. — Brit. Museum.

13. **IMP. CAESAR.** Kopf des Augustus r.
R **AVGVSTVS.** Sphinx r. sitzend.
Kleinasiatischer Cistophor. — Brit. Museum.

10*

14. Brustbild des Kaisers Hadrian mit Lorbeerkranz und Gewand r. Umschrift unvollkommen erhalten.

R **L. Z. Sphinx** mit **drei Köpfen** r. sitzend, den erhobenen l. Vorderfufs auf einem Rad.

Bronzemünze von Alexandreia. — Brit. Museum.

15. AYT. K. T. AIΛ. AΔP. ANTωNINOC CEB. Kopf des Antoninus Pius r.

R **L. 8.** Ägyptische **Sphinx**, r. liegend.

Bronzemünze von Alexandreia. — Sammlung Demetrio in Athen.

16. AYT. KAI. TPAI. AΔPIA. CEB. Kopf des Hadrianus r.

R **L. IA.** Ägyptische **Sphinx**, r. liegend.

Bronzemünze von Alexandreia. — Sammlung Imhoof.

Sphinx.

In Chios und in Ägypten, wo der Typus am häufigsten ist, erscheint er auch am meisten variiert:

vor- und rückwärts sehend, die erhobene Vordertatze auf **Schiffsprora, Aphlaston, Amphora, Weintraube, Rad.**

sitzend erscheint sie noch in Athen, Gergithos, Perga, Hispanien u. a., auf unbestimmten kleinasiatischen und etrurischen Münzen, Denaren der Fam. Carisia u. a.

schreitend, auf Thunfisch: Kyzikos.

liegend: Neokaisareia, Kyzikos.

Doppelsphinx mit **einem** Kopf: Kyzikos.

zwei Sphinxe, mit Preisurne dazwischen: Arados.

zwei Sphinxe, zu beiden Seiten der thronenden **Aphrodite**: Kilikien (Imhoof, Monnaies grecques Tafel G, 15).

zwei Sphinxe, zu beiden Seiten einer **weibl. Gottheit von vorn**: Gabala in Syrien, Anisades König von Armenien(?).

zwei Sphinxe, zu beiden Seiten einer sitzenden **männlichen Gottheit** (Saturn?): Kaiser Albinus.

zwei Sphinxe, auf den **Säulen des Zeusthrones**: Alexandertetradrachmon.

als Thronlehne: pergamenische Königsmünzen u. a.

als Helmzierat: Thurioi, Alexander der Gr., Klazomenai u. a.

17. ΛAFΖ. **Stier** mit bärtigem **Menschengesicht** r., den Kopf (mit Tänie) zurückwendend.

B MOϞ. Derselbe Typus vertieft, l.

Nomos von Laos in Lukanien. — Sammlung Six.

Die Aufschrift, auf beide Seiten verteilt und bustrophedon, ist ΛAFINOΣ.

18. Stier mit bärtigem **Menschengesicht** r. schreitend; darüber Silen; im Abschnitt **Seeschlange** r.

R KATAИAIOИ. Linkshin schreitende Nike, mit Tänien in jeder Hand. Tetradrachmon von Katana. — Museum Gotha.

19. Kopf der Athena r.; Ölkranz am Helm.

R ИEOΓOΛITEΣ. Stofsender **Stier** mit bärtigem **Menschengesicht** r.; im Abschnitt **Fisch** r.

Nomos von Neapolis in Kampanien. — Sammlung Imhoof.

20. Weiblicher Kopf mit Binde und Schmuck r.
 ℞ NEOΓOΛITHΣ. Stier mit bürtigem Menschengesicht von vorn, r.
 stehend; darüber Nike, ihn bekränzend.
 Nomos von Neapolis. — Sammlung Imhoof.

21. Jugendlicher Kopf mit bekränztem Helm, linkshin.
 ℞ AΛoNTINΩN. Stier mit bürtigem Menschengesicht, l. stehend und
 Wasser speiend, also sicher ein Flußgott.
 Bronzemünze von Alontinon in Sicilien. — Sammlung Imhoof.

22. Kopf und Hals des Acheloos als Stier mit jugendlichem Menschengesicht,
 rechtshin.
 ℞ AKAPNANΩN. Apollon nackt, l. thronend, den Bogen in der Rechten;
 vor ihm Monogramm ETK?
 Viertel-Goldstater der Akarnanen. — Sammlung de Luynes.

23. Stier mit bürtigem Menschengesicht von vorn, l. auf einem Thunfisch stehend.
 ℞ Vierfach geteiltes vertieftes Quadrat.
 Elektronhekte von Kyzikos. — München.

24. Stier mit bürtigem Menschengesicht, r. niederknieend nud den Kopf zurück-
 wendend; darunter Henkelkreuz.
 ℞ Astragalos zwischen Pa. si. in kyprischer Schrift.
 Silberstater von Paphos. — Paris.
 Andere Exemplare haben um den Stier in kyprischer Schrift einen anderen
 noch unsicheren Namen.
 Auf Stateron von Mallos: Protome des Stieres mit Menschengesicht unter
 der Figur des phönicischen Kronos(?).

25. Stier mit bürtigem Menschengesicht und geflügelt, r. schreitend.
 ℞ KOΓPAΛE und Triquetra in vertieftem Quadrat.
 Silberstater des lykischen Dynasten Kuperllis. — Berlin.

26. Protome eines geflügelten Stiers mit bürtigem Menschengesicht r.
 ℞ OFOY hinter einem weiblichen Kopfe r. Perlenquadrat und vertieftes
 Quadrat.
 Unbestimmte kleinasiatische Silbermünze (Imhoof, Monnaies grecques
 S. 469). — Sammlung Imhoof.

Stier mit Menschengesicht:
 s. Tafel VI Nr. 4; VIII Nr. 40.
 Besonders häufig, sowohl in ganzer Figur als in Protomen, in Kampanien
 und Sicilien.
 Protome, Kopf zurückwendend: Metropolis in Thessalien.
 Kopf mit Hals: Ambrakia, Akarnanien.

27. Kopf des jugendlichen Herakles mit Löwenfell r.
 ℞ ΣTYMΦAΛIΩN. Kopf eines stymphalischen Vogels über einem Blumen-
 kelch.
 Silbermünze von Stymphalos. — Paris.

28. **Triton,** 1. schwimmend; darunter **Thunfisch.**
R Vierfach geteiltes vertieftes Quadrat.
Elektronstater von Kyzikos. — Brit. Museum.

29. Weiblicher Kopf mit Band r.
R KYMAIO∕. **Triton** r.; darunter **Mitylus-Muschel.**
Nomos von Kyme in Kampanien. — Universität Bologna.

30. **Triton** oder **Glaukos** r., mit dem Dreizack in der erhobenen Rechten nach
einem **Fische** stechend.
R ITA zwischen zwei gegeneinander aufgerichteten Seeschlangen (vgl. Tafel XII
Nr. 35).
Didrachmon von Itanos auf Kreta. — Gotha.

31. A — P. Kopf der Athena l.; dahinter **Triton** oder **Glaukos** r., den Dreizack in
der erhobenen Rechten schwingend.
R ϙ. Linkshin fliegender Pegasos.
Silberstater von Korinth. — Sammlung Imhoof.

32. **Triton** (Dagon) l., in der Rechten den Dreizack, in der Linken einen Kranz
haltend.
R רע. Löwe, auf wellenförmigem Boden r. schreitend.
Unbestimmter syro-phönicischer Silberstater, vielleicht aus Azotos. —
Paris.

33 und 34. רע. **Triton** (Dagon) r., in jeder Hand einen **Fisch** haltend.
R Galere r.; darunter Hippokamp r. Eingerahmt von Perllinien. Vertieftes
Quadrat.
Phönicische Silbermünze (Arados?). — Sammlung Imhoof.

35. AGRIPPINA AVGVSTA. Brustbild der jüngeren Agrippina r.
R ϙ. FVL. FLACCO II VIR. COR. Aphrodite nackt, die aufgelösten Haare
in den Händen, l. in einem Wagen, der von einem **Tritonenpaar** gezogen
wird. Das Tritonenweib bläst in die **Schneckenmuschel** und schlingt den
l. Arm um den Hals des zurückblickenden Tritonen, der ein Steuerruder
in der Linken hält.
Bronzemünze von Korinth. — Bibl. Turin.

36. IMP. CAES. DOMIT. AVG. GER. Brustbild des Domitianus mit Lorbeer-
kranz und Gewand r.
R COL. IVL. AVG. COR. Poseidon mit flatterndem Gewand und den
Dreizack schwingend, r. in einem Wagen, der von einem **Tritonenpaar**
gezogen wird; der Triton mit Steuerruder, das Weib in die **Muschel** blasend.
Bronzemünze von Korinth. — Sammlung Imhoof.

37. KVZIKOC. Kopf des Kyzikos r.
R KVZIKHNΩN. **Triton** mit Steuerruder und **Fisch,** r.
Bronzemünze von Kyzikos. — Paris.

38. ΦΟΥ. ΠΛΑΥΤΙΛΛΑ CΕΒΑCΤΗ. Brustbild der Plautilla r.
R ΝΕΙΚΟΜΙΙΔΕΩΝ ΔΙC ΝΕΩΚΟΡΩΝ. **Triton,** mit **Fisch** und Steuer-
ruder, l. schwimmend.
Bronzemünze von Nikomedeia. — Wien und München.

Die beiden letzten Tritonentypen stellen Kentaurotritonen oder Ichthyo-
kentauren mit Pferdefüfsen dar.

39. Vorderteil eines **geflügelten Ungeheuers** r. mit bärtigem Menschengesicht, Bockshorn und Bocksohr, Löwentatze und, auf der Schulter, Löwenkopf von vorn.

R IMEPAION. Jugendlicher Reiter (Hermes) mit Trompetenmuschel und Heroldstab auf einem l. springenden Bock (vgl. Tafel III Nr. 9). Silberlitra von Himera. — Sammlung Imhoof.

40. Ebenso, mit dem Typus der Vorderseite l.
Brit. Museum.

Triton:

s. Tafel VIII Nr. 26 und XI Nr. 20—22 (Glaukos).

Triton, den **Melikertes** von **Ino** in **Empfang nehmend**: Korinth (Imhoof, Monnaies grecques S. 160).

Triton **unter Astarte**: Askalon.

Triton **zu Füßen der Venus**: Bronzemedaillon der jüngern Faustina.

ERKLÄRUNG DER GEMMENTAFELN.

Säugetiere.

Tafel XIV.

1. Grüner Jaspis der Sammlung Robert Ready in London. Ein **Pavian**, **Cynocephalus hamadryas**, hockt anbetend auf einem kleinen **Krokodil**. Über der Nase des Pavians ist eine Kugel, rechts davon die Mondsichel, links ein Stern. Das Krokodil richtet seinen geöffneten Rachen und seinen Schwanz aufwärts. Im Halbkreis um den Affen herum stehen ziemlich undeutlich geschriebene griechische Buchstaben, wahrscheinlich mystischen Sinnes; rechts erkennt man die Buchstaben ΠΥΟ, links ein umgekehrtes und liegendes Digamma F und ein √. Als angebeteter Gegenstand ist der Sonnengott Horus zu denken, der auf dem Lotos, dem Symbol der Fruchtbarkeit, sitzt. Der Pavian selbst ist Attribut des Mondes.

2. Smaragdplasma der Berliner Sammlung (Tölken I 133). Sitzender **Pavian**, **Cynocephalus hamadryas**, mit einer Kugel auf dem Kopfe, welche man als Mond zu deuten pflegt. Beischrift A I und auf der Rückseite Ꞷ, zusammen Iao — Jehovah. Einst im Besitz des Baron Stosch. Über die Beziehungen des Pavians zum Monde und zum alten ägyptischen Mondgotte Thot s. Keller, Tiere des klass. Altertums 8. 9. 325. Die specielle Situation, welche in unserer Gemme dargestellt ist, findet sich auch sonst auf Gemmen, auch auf Vasenbildern, z. B. auf einer Vase Tlesons im brit. Museum, Klein, Meistersignaturen[2] 73.

3. Opal der Berliner Sammlung (Tölken III 1407), aus dem einstigen Besitz des Baron Stosch. Vorderteil eines **Pavians**, **Cynocephalus hamadryas**, von vorn. Nach der sonst üblichen Erklärung soll es 'der Sirius als Hund mit vorgehaltener Pfote' sein; die rings um das Gesicht unregelmäßig aufstehenden Haare müßten dann die Strahlen vorstellen.

3b. (Beim Photographieren leider zwischen 57 und 59 eingereiht.) Glasiertes Porcellan (Terracotta?) der Sammlung Cesnola in Newyork. **Pavian** auf einem Wagen hockend, vor welchen ein **Pferd** gespannt ist, das der Affe lenkt. Der Kopfputz des Pferdes und das Henkelkreuz, der sogenannte Nilschlüssel, neben dem Pferdekopfe beweisen die ägyptische Herkunft des Steines. Aus Cypern.

4. Jaspis des brit. Museums. Springender **Löwe** mit geöffnetem Rachen. Statt der Mähne ist nur ein Backenbart sichtbar. Archaisch.

11*

5. Sard des brit. Museums. Archaischer **Löwe** stehend, mit höchst eigentümlich zusammengekrümmtem Körper. Die Vorderfüfse sind sehr verzeichnet, das Haar der Mähne ist mit unnatürlicher Zierlichkeit behandelt. Aus der ehemaligen Sammlung Payne Knights.

6. Linsenförmiger Sard des brit. Museums aus Ialysos. Zwei **Löwen** oder **Panther** oder **Hunde** rechts und links vor einer Säule mit breitem Kapitäl, auf den Hinterbeinen aufrecht stehend, die Köpfe rückwärts voneinander abwendend. Zwei Löwen rechts und links von einer Säule stehend oder hockend haben wir am Löwenthore von Mykene und auf einer altertümlichen Vase aus Ägina, Raoul Rochette, mém. de l'institut XVII 2 Tf. 8 (auch abgebildet bei Curtius, Wappengebrauch Fig. 20 und besprochen S. 111). Die Tiere auf dem Sard von Ialysos werden somit schlecht gemachte **Löwen** sein. Da der syrische Löwe sehr schwach bemähnt ist, so ist der Umstand, dafs sie ohne jede Andeutung einer Mähne sind, weniger auffallend. Auch Murray, catalogue of gems Nr. 106 deutet sie als Löwen.

7. Grüner Achat der Pariser Sammlung 1927 bis. Ruhig einherschreitender stark bemähnter **Löwe**. Die Mähne ist hier ganz eigentümlich wiedergegeben.

8. Jaspis(?) von Menidi in der Sammlung der archäologischen Gesellschaft zu Athen. Zwei männliche **Löwen** hintereinander, kreuzweise gestellt. Der vordere hockt auf den Hinterfüfsen, der hintere scheint auf und davonspringen zu wollen. Altertümlich, etwas verzeichnet, doch im ganzen nicht übel. Die kreuzweise Stellung der Löwen findet sich oft auf den assyrisch-babylonischen Cylindern z. B. in der Pariser Sammlung 730. 885—888.

9. Grüner Achat-Scaraboid der Pariser Sammlung Nr. 1006. **Löwe** schreitend und den Rachen aufsperrend, offenbar im Begriff, Beute zu suchen. Die Conception ist recht lebendig, die Ausführung charakteristisch. Orientalisch.

10. Sard-Scaraboid der Pariser Sammlung Nr. 1007. **Löwe** stehend und den Rachen aufsperrend. Stricheinfassung, ein wenig roh altertümlich. Orientalisch.

11. Sard des brit. Museums. Schreitender **Löwe**, das Gesicht halb von vorn, den linken Vorderfufs erhebend. Das Gesicht scheint einem menschlichen allzu ähnlich, doch dürfte diese Ähnlichkeit durchaus nicht beabsichtigt sein. Unter der Basis des Löwen steht in feinen griechischen Lettern: ΜΙΡΩΝΟϹ, wahrscheinlich der Name des Künstlers. Aus den Sammlungen Strozzi und Blacas.

12. Chalcedon-Scarabäus (Berlin, Tölken II 15). Stehender **Löwe** zur Abwehr gerüstet, mit einwärts gewendetem Schwanz und ausgestreckter Zunge, eine kräftige, gedrungene Gestalt. Die Mähne ist nicht angedeutet. Archaisch, asiatischer Stil, Stricheinfassung.

13. Jaspis des Wiener Antikenkabinetts Nr. 923. **Löwe** in gleicher Stellung wie der vorhergehende, nur dafs er einen Knochen zwischen den Vorderfüfsen hält und das untere Drittel des Schwanzes nach auswärts gewendet ist; auch ist oben eine ganz feine Mondsichel, anzudeuten, dafs die Scene bei Nacht vor sich geht, wie ja in der That der Löwe nur bei Nacht auf Raub auszuziehen pflegt. Die Mähne ist ziemlich schmal, das Ganze vortrefflich aus-

geführt. Löwe und Mondsichel sind auch sonst bei einander, so auf der
Münchener Gemme 442 und auf der Pariser Gemme 1148.

14. Karneol-Ellipsoid der Pariser Sammlung. Löwe hockend mit offenem Rachen,
als blickte er auf eine vor ihm am Boden befindliche Beute. Orientalisch.

15. Karneol der Ermitage in St. Petersburg 287. Löwe mit aufgesperrtem
Rachen rennend und wahrscheinlich ein nicht dargestelltes Wild verfolgend.
Hübsche, lebendige Conception. Aus Kertsch, antiquités du Bosph. Cimm.
Tafel 16, 8.

16. Chalcedon der Ermitage in St. Petersburg 292 g. Löwe stehend, mit den
Vorderfüßen etwas nicht Dargestelltes packen wollend. Nicht besonders gelungen. Aus Kertsch, Stephani C. R. 1860 Tafel 4, 11.

17. Chrysopras der Pariser Sammlung 1921. Ein en face gemachter Löwe mit
großer Mähne hat sich auf ein am Boden niedergestrecktes Schaf gestürzt.
Sehr schön. Ähnlich ein Nicolo derselben Sammlung 1922.

18. Kamee im Besitz des einstigen Prof. Christ. Ein Löwe schreitend, den
Kopf nach unten beugend, wo er etwas fressen zu wollen scheint. Die
zottigen Partien, welche außer der Mähne von den Gemmenschneidern
meistens vernachlässigt werden, sind hier besonders fleißig behandelt. Nach
Lipperts Daktyliothek II Nr. 1012, wo auch bemerkt ist, daß im Original
die verschiedenen Farben des Steines wunderbar benutzt seien.

19. Durchbohrter Kegel aus Sard in der Pariser Sammlung 1160. Löwe mit
nach vorn gewendetem Kopfe; er will scheints auf etwas losspringen. Die
Haare der Mähne, die zottigen Haare am obern linken Vorderfuße, die
Klauen der Füße, die Rippen sind mit peinlicher, aber äußerst ungewandter
Kunst und daher ganz unnatürlich gemacht. Über dem Löwen ein sechs-
strahliger Sonnenstern. Orientalisch,. wahrscheinlich parthisch oder neupersisch.

20. Roter Jaspis des brit. Museums. Löwenkopf mit heraushängender Zunge.
Aus der Stirn scheint ein Horn emporzuwachsen, wofern es nicht vielmehr
ein aufgerichteter Haarbüschel ist. Das Gesicht selbst und die Mähnenhaare um dasselbe herum zeigen den feinsten Stil. Das ganze Bild ist von
einem Ring umschlossen. Ein offenbares Apotropaion: Löwe und Horn
bedeuten Kraft, ein Amulett solcher Art wird also dem Besitzer ganz besondere (magische) Kräfte verleihen.· Auch wenn wir kein Horn anerkennen,
ist der Löwenrachen mit heraushängender Zunge an sich schon ein nicht
ungewöhnliches Apotropaion. s. Stephani C. R. 1877 S. 226. Löwenköpfe
auf Gemmen und Goldschmuck sind gewöhnlich (Berlin, London, St. Petersburg und sonst). Ein gehörnter Löwenkopf am Ende einer goldenen Hals-
kette: Stephani C. R. 1880 S. 90.

21. Sard des brit. Museums. Liegender sehr fein gemachter Löwe syrisch-meso-
potamischer Rasse mit schwacher Mähne. Hinter ihm liegt ganz friedlich
ein Bär.

22. Karneol des einstigen Königs von Frankreich, nach Lippert, Daktyliothek II
Nr. 702. Ein römischer Reiter, wie es scheint ein Kaiser, sprengt heran

gegen einen **Löwen**, der den Rachen gegen ihn aufsperrt und mit beiden Vorderfüfsen einen am Boden liegenden runden Schild umklammert. Hinter dem Löwen erhebt sich ein knorriger **Baum**, die Waldgegend anzudeuten. Beischrift C RANIANI; der erste Buchstabe ist vielleicht als G zu lesen und das Ganze — Graniani zu nehmen, so dafs der Besteller des Steines Granianus hiefs. Lippert denkt an Trajan, Chambouillet bei einem ähnlichen Steine (Achatonyx-Kamee der Pariser Sammlung 243) an **Caracalla**, andere an Hadrian. Berittene Jäger, einen Löwen angreifend, auch auf den Berliner Karneolen bei Tölken VI 23—25. Berittene Perser auf der Löwenjagd: Pariser Gemmen 1378. 1379. Die Scene ist gut erfunden, aber nur teilweise gut ausgeführt. Nicht in der heutigen Pariser Sammlung.

23. Sard des brit. Museums. Vortrefflich fein und naturgetreu gemachte schreitende **Löwin**. Darüber die Buchstaben Q. A. R., Anfangsbuchstaben vom Namen des Besitzers des Siegels.

24. Paste der Berliner Sammlung Nr. 3058. **Löwin** mit gesenktem Kopfe, den Rachen geöffnet, zum Sprunge oder zur Abwehr gerüstet. Gleichfalls sehr gut und natürlich. Nr 20—24 dürften römische Arbeiten sein.

25. Blutjaspis der Pariser Sammlung 1920. Zwei starkbemähnte männliche **Löwen** feindlich gegeneinander sprengend, unter ihnen ein ziemlich kleiner **Edelhirsch**, gleichfalls springend. Die Löwen, welche sich offenbar um die Beute streiten, sind lebendig gezeichnet, aber alles ist kunstlos. Am Kopfe des Hirsches scheint der Steinschneider geradezu einen Fehler gemacht zu haben. Die Hinterseite zeigt einen Skorpion. Wahrscheinlich ein gnostischer Talisman.

26. Chalcedon; nach Lipperts Daktyliothek I 890. Ägyptischer **Löwe** sitzend und gebückt mit aufgesperrtem Rachen. Über ihm die geflügelte Sonnenscheibe mit Vogelschwanz. Die buntgefiederte Sonnenscheibe ist das Symbol des siegreichen Königs, Erman, Ägypten S. 61.

27. Karneol der einstigen Stoschischen Sammlung (Berlin, Tölken VIII 12). Ein **Löwe** zieht einen langen Pfeil oder Wurfspeer aus seinem linken Vorderfufs. Ein interessantes Stück römischer Arbeit. Vgl. Stephani C. R. 1864 S. 99.

28. Grüner Jaspis des brit. Museums aus Kreta. Ein **Löwe** hat einen **Paseng** erbeutet und schleppt ihn davon, indem er ihn mit dem Maule hält und ihn zugleich über seinen Rücken gelegt hat. Unter dem Löwen ein korbartiges Geflecht. Murray, catalogue of gems Nr. 38 denkt an einen Baumstrunk. Sehr archaisch. Über den Paseng in Kreta s. Keller, Tiere des klass. Altertums 38 ff. Da es in Kreta niemals Löwen gab, müssen wir an ägyptischen (Skulpturen von Beni-Hassan, Wilkinson, the manners and customs of the ancient Egyptians 'II S. 88) oder wohl natürlicher an assyrisch-babylonischen Ursprung des Motivs denken: Löwe und Steinbock bei einander auf einem Serpentincylinder der Pariser Sammlung 887, auf einem Panzerfragment aus rotem Leder in Repoussé-Arbeit bei Lajard, Mithra Tafel 47, 1 und auf einem Plättchen mit Keilschrift der Berliner

Sammlung bei Tölken 1 168. Letzteres Stück mußte wegen Raummangels aus unseren Tafeln wegbleiben. Vgl. auch unsere Tafel XVIII 30.

29. Roter Jaspis des brit. Museums. Zwei antipodisch gestellte springende Löwen. Sehr archaisch.

30. Chalcedon des brit. Museums. Einem niedergestürzten Hirsch zerbeißt ein Löwe die Kehle. Er ist von hinten herangeschlichen und hält ihn mit den Vorderfüßen umklammert. Der Hirsch streckt den linken Hinterfuß und den linken Vorderfuß gerade von sich und sperrt das Maul auf. Das unentwickelte Geweih des Hirsches läßt auf die Species keinen sichern Schluß zu, keinesfalls ist es aber ein Reh, vielleicht ein Damhirsch. Auch das Raubtier ist nicht sicher ein Löwe, da keine Mähne angedeutet ist, doch läßt der auffallend grofse Kopf einen Löwen vermuten. Das Hervortreten der Rippen läßt einen Schluß auf seinen Hunger ziehen. Der den Hirsch zerfleischende Löwe ist ein sehr gewöhnlicher Gegenstand der Gemmen, z. B. Pariser Sammlung 1254. 1923—1926. 2628. Berliner Sammlung bei Tölken II 13. VIII 14. 15. 4623 (= unsere Tafel XVII 23). Wiener Sammlung 919. Kasseler Sammlung II 85. Brüsseler Pasten 2178. 2179. Vgl. auch Stephani C. R. 1877 Seite 21.

31. Goldring der Ermitage in St. Petersburg 252 b. Ein Panther mit reichgeflecktem Fell hat sich von hinten auf einen niedersinkenden gleichfalls mit vielen Flecken verzierten und dadurch als Damhirsch gekennzeichneten Hirsch gestürzt und zerbeißt ihm das Genick. Schöner klassisch-griechischer Stil. Aus dem Kubangebiet, aus den Grabhügeln 'sieben Brüder'. Keller, Tiere des klass. Altertums 141. 153. Stephani C. R. 1876 Tafel 3, 34.

32. Karneol der Berliner Sammlung (Tölken VIII 21). Löwe ohne Mähne oder Panther ohne Andeutung der Flecken hat sich von hinten auf einen Damhirsch gestürzt, der zu Boden gesunken ist, und zerbeißt ihm das Genick. Steifer und unnatürlicher als die vorhergehende Nummer. Aus der Stoschischen Sammlung stammend. Keller a. a. O. und S. 76.

33. Karneol der Berliner Sammlung (Tölken II 13). Ein Löwe nähert sich mit gesträubter Mähne einer vor ihm liegenden, wahrscheinlich bereits von ihm erwürgten Hirschkuh. Rohe barbarische Arbeit.

34. Achat-Scaraboid der Pariser Sammlung 1161. Löwe brüllend mit weitgeöffnetem Rachen einem tannenartigen Baume zuschreitend, also in einem Walde befindlich. Oberhalb ein Antilopenkopf mit grofsem Horn. Der zackige Boden wird eine bergige Landschaft andeuten sollen. Orientalisch. Ein Löwe liegend bei Antilopenhörnern: orientalischer Hämatit-Cylinder der Pariser Sammlung 857.

35. Chalcedon der Wiener Sammlung 917. Stehender Löwe, die rechte Vorderpfote auf einen Edelhirschkopf legend. Oben ein Mercuriusstab, unten ein Stern. Römische Arbeit. Der Stern zeigt an, dafs wir das Sternbild des Löwen verstehen sollen. Es kommen sogar 5 Sterne vor: Heliotrop der Berliner Sammlung, Tölken III 1427.

36. Chalcedon eines Siegelrings der Pariser Sammlung 1243. Ein Löwe springt von vorn auf einen zu Boden stürzenden Zebu. Barbarisch, parthisch, neu-

persisch oder indobaktrisch. Gleiches Sujet auf dem Pehlewi-Hemisphäroid bei Lajard, Mithra Tafel 15. 22, auf den Pariser Stücken 1242—1252 und auf unserer Tafel XVIII 59. Keller, Tiere des klass. Altertums 66 Anm. 111.

37. Chalcedon des brit. Museums. Ein **Löwe** hat sich von vorn auf ein **Rind** gestürzt, welches auf die Vorderfüße niedergesunken ist. Er zerbeißt ihm den Rücken. Im Grunde nicht schlecht, aber etwas unbeholfene Ausführung.

38. Karneol der Berliner Sammlung 4520. Ein **Löwe** ist von hinten auf eine **Gaselle** gesprungen und zerbeißt ihr den Nacken. Altertümlicher Stil; vom Löwen ist nur die Vorderhälfte dargestellt, das übrige wie mit einem Messer abgeschnitten. Die starke Mähne hat starr stehende Haare. Aus Eleusis.

39. Achatonyx der Berliner Sammlung (Tölken VIII 16). Ein **Löwe** ist von hinten auf einen niedergeworfenen **Stier** gesprungen und zerbeißt ihm das Genick. Aus dem Besitz des Baron Stosch.

40. Sard des brit. Museums. Ganz ähnlich dem vorhergehenden, nur daß hier die Gruppe weniger gedrungen erscheint; deßwegen ist auch der Schweif des Löwen dort zwischen den Hinterfüßen eingeklemmt, hier frei in der Luft sich ringelnd. Schöner Stil.

41. Grüner Jaspis des brit. Museums, archaisch, mit Stricheinfassung. Zwei **Löwen** greifen einen stehenden **Stier** an: ein Löwe hat ihn am Kopf gepackt, wendet aber selbst brüllend den Rachen ab, vielleicht aus Schmerz, weil ihn der Stier mit dem rechten Horne sticht. Der zweite Löwe hat sich von der Seite auf den Stier gestürzt, umklammert seinen Rücken und sucht ihm das Genick zu durchbeißen. Über dem Stierkopf ist eine glockenförmige **Blume.** Der Boden ist wohl absichtlich uneben, vielleicht um eine gebirgige Landschaft anzudeuten. Das Ganze ist sehr lebendig und schön erfunden. Der den Stier überwältigende Löwe ist ein sehr gewöhnlicher Gegenstand der Gemmen: Tafel XIX 33. 34 u. oft; er ist uralt orientalisch, daher besonders auch auf Kegeln, Cylindern und Scarabäoiden: Pariser Sammlung 882. 883. 1041. 1042. 1077. 1078. Gewöhnlich geschieht, wie in der Natur, der Angriff von hinten. Zwei Löwen zerreißen einen Stier auf einer Berliner Paste (Tölken IV 23), auf einem Grün-Jaspis-Scurabäus aus Tharros in Sardinien im brit. Museum Nr. 197 u. sonst.

42. Gelber Jaspis des Kopenhagener Museums. Ein liegender **Löwe** mit gesträubter Mähne benagt einen **Stierkopf.** Gleichartig ein Chalcedon der Berliner Sammlung (Tölken II 77). Vgl. auch den roten Jaspis der Herzogin von Grafton, abgebildet im Horaz von Munro S. 327: ein springender Löwe, zwischen den Zähnen den Kopf eines Rindes; darunter ein Skorpion. Nach King bedeutet es den Einfluß der Sonne (Löwe) auf die Erde (Stier); den Skorpion bezieht er auf Afrika.

43. Smaragdplasma der Berliner Sammlung (Tölken VIII 11). Ein aufrecht stehender, die Zunge herausstreckender **Löwe** hält ein Stück Beute, welche zerrissenem Fleische ähnlich sieht, zwischen den Vorderfüßen.

44. Bandachat der Berliner Sammlung (Tölken II 14). Ein **Löwe** aufrecht schreitend hat ein vor ihm laufendes **Pferd** mit einer Tatze und den Zähnen

von hinten gepackt. Er und das Pferd sträuben die Mähnen, das Pferd wendet den Kopf rückwärts und in die Höhe und streckt die Zunge heraus. Stricheinfassung, archaisch. Vgl. Tafel XVI 68.

45. Sard des brit. Museums. Ein **Löwe** tritt mit den Vorderfüßen auf eine **Schlange**; sie richtet sich auf und sucht ihn in das Maul zu beißen. Darüber vier griechische Buchstaben linksläufig: ΦΠƷ۹. Spät und mittelmäßig, wahrscheinlich gnostisch. Aus der einstigen Sammlung Townley. Über den Kampf von Panther und Schlange s. Keller, Tiere des klass. Altertums 152. Ganz gleichartig mit unserer Gemme ist ein Karneol der Berliner Sammlung (Tölken, Nachträge S. 459).

46. Chalcedon des brit. Museums. Ein auf den Hinterbeinen aufrecht stehender **Löwe** hält mit dem einen Vorderfuß einen Schild, mit dem andern ein Schwert. Seine Mähne ist gesträubt. Merkwürdige Erfindung.

47. Sard-Scarabäus des brit. Museums. Herakles den **Löwen** würgend, mit griechischer Umschrift: ΔΕϞΧΥΦ. Herakles hat den Kopf geneigt, zwischen seinen Füßen ist die Keule gelehnt. Stricheinfassung, archaisch. Aus der ehemaligen Sammlung Hamilton.

48. Achatonyx der Berliner Sammlung (Tölken IV 66). **Gleiches Sujet**, vermutlich nach einer archaischen statuarischen Gruppe. Die gedrungene feiste Figur des Herakles und die eigentümliche steife Anordnung des Haares bei seinem Haupthaare und bei der Löwenmähne erinnern stark an die etrurische Kunst. Aus der alten brandenburg-anspachischen Sammlung. Das Sujet findet sich häufig auf Gemmen, z. B. Berliner Sammlung bei Tölken IV 63. 64. 65; Pariser Sammlung 1762. 2648; Lippert I 570. 571; Köhler, zur Gemmenkunde II 81 (Petersburger Scarabäus). II 168 (brit. Museum Scarabäus); Karneol des H. Lewis in Cambridge; Archäol. Zeit. 1876 S. 243 u. s. w.

49. Karneol der Berliner Sammlung (Tölken III 593). Amor auf einem **Löwen** reitend; gehörte einst dem Baron Stosch. Das Motiv war für Gemmen beliebt, vgl. Nr. 51 und den Karneol und die Paste bei Tölken III 592. 594. Der späte Dichter Marcus Argentarius hat ein Epigramm auf eine solche Gemme gemacht, anthol. Palat. IX 221:

Αὐγάζω τὸν ἄφυκτον ἐπὶ cφραγῖδος Ἔρωτα
χερσὶ λεοντείαν ἀνιοχεῦντα βίαν,
ὡc τᾷ μὲν μάcτιγα κατ' αὐχένος, ᾇ δὲ χαλινοῖς
εὐθύνει· πολλὰ δ' ἀμφιτέθηλε χάρις.
φρίccω τὸν βροτολοιγόν· ὁ γὰρ καὶ θῆρα δαμάζων
ἄγριον οὐδ' ὀλίγον φείcεται ἀμερίων.

Über den aphrodisischen Charakter des Löwen s. Stephani C. R. 1865 S. 49.

50. Karneol der Berliner Sammlung (Tölken VI 160). **Löwe** von seinem Wärter geführt. Niedliche Composition. Einst in der Stoschischen Sammlung.

51. Sard des brit. Museums. **Löwe** von Amor geritten. Der Löwe hält den **Kopf** eines **Bockes** mit den Vorderfüßen. Flott erfunden und ausgeführt. Über Löwen, welche Köpfe von Widdern oder Ziegen mit ihren Klauen festhalten, s. Stephani C. R. 1869 S. 23.

52. Sard des brit. Museums. **Löwe** und **Bock** ziehen den bacchischen Amor.
Hübsche Composition. Gleiches Sujet auf einem Karneol der Berliner Sammlung (Tölken III 613).

53. Sard des brit. Museums. Ein zahmer **Löwe** wird von einem Mann geführt,
der in der linken Hand eine Peitsche hält, mit der Rechten packt er den
Löwen, der nur widerwillig geht, am Schopfe.

54. Karneol 'des Königs von Frankreich', nach Lippert I 791. **Gleiches Sujet**
wie Nr. 52. Nicht in der heutigen Pariser Sammlung.

55. Smaragdplasma der Berliner Sammlung (Tölken I 186). Die vorderasiatische
grofse Göttin Kybele oder Astarte reitet auf einem springenden **Löwen.** Sie ist
mit langem Gewande bekleidet, hält Scepter und Blitzbündel, hat auf dem
Haupte die Mauerkrone. Der achtstrahlige Stern unter ihr und der Löwe als
Sonnensymbol bezeichnet sie als Himmelskönigin. Lippert citiert für Kybele
auf dem Löwen mit dem Blitz in der Hand das Museum von Cortona Tafel 24
und 34. Zu Karthago dachte man sich die Himmelskönigin reitend auf
einem Löwen, in der einen Hand den Speer, in der andern den Blitz. Cohen,
méd. imp. IV (2) 27, 220—227. Brunn, Naturgeschichte der Sage II 234. Der
Löwe unserer Gemme ist wappenartig unnatürlich. Aus der Stoschischen
Sammlung.

56. Karneol der Berliner Sammlung (Tölken III 14). Ein vortrefflich gemachter
schreitender **Löwe** umgeben von den Abzeichen des Kybelecultus: phrygischer
Mütze oben und Cymbeln unten. Dieser Löwe und der von Nr. 13 sind
wohl die gelungensten der ganzen Tafel. Einst Stoschisch.

57. Sard-Chalcedon des brit. Museums. Ein grofser **Löwe** liegt vor einem kleinen
auf einer Säule stehenden männlichen Götterbild. Hinter ihm erhebt sich
eine wahrscheinlich bacchische Herme. Vier nackte Knaben sind in verschiedener Weise beschäftigt, der eine hält den Schwanz des Löwen über
dessen Rücken, ein zweiter ist im Begriff, mit einer Peitsche das Tier zu
schlagen, der dritte hält beide Arme in die Höhe, der vierte, vorlerste, spielt
vor dem Götterbild die phrygische Flöte. Über der Scene wölbt sich ein
Baum. Die ganze Scene hat wohl auf den orgiastischen Kybelecultus Bezug.

58. Bergkrystall der Berliner Sammlung (Tölken I 194). Durchbohrtes Siegel.
Ein Mann, der assyrische Herakles, hält einen auf drei Beinen stehenden,
sich vor ihm aufrichtenden **Löwen** an der einen Vordertatze mit einer Hand fest,
mit der andern stöfst er ihm das Schwert mitten in den Leib. Ein bekanntes
assyrisch-persisches Motiv. Das Festhalten einer Pfote ist charakteristisch,
so auf einem Pariser Chalcedoncylinder 912 und auf zwei Pariser Hämatit-
cylindern 880 und 881. Orientalisch roh. Stricheinfassung. Über diese
Gruppe vgl. Raoul Rochette, mém. de l'acad. XVII 2, 123. Waddington,
mélanges de num. Tafel 5. Head, coinage of Lydia and Persia 1877 Tafel 2 und 3.

Tafel XV.

1. Sard des brit. Museums. Der assyrische König packt mit jeder Hand einen
Löwen an einem Hinterfufse und hält ihn in die Höhe. Zu seinen Füfsen
ruhen zwei geflügelte **Löwen** oder **Löwensphinxe.** Löwe und Sphinx werden u

auch sonst zusammengestellt: Goldringe der Pariser Sammlung 2613. 2617. Goldschmuck aus Palestrina (archäol. Zeit. 1876 S. 242). Beide von einem Gott bekämpft, der den Löwen an den Tatzen hält: Goldring derselben Sammlung 2618. Bisweilen zieht der Perserkönig zwei Löwen am Schwanz in die Höhe: persische Kegel der Pariser Sammlung 1028. 1030. Zwei Löwen von einem Mann gebändigt: Goldschmuck aus Korinth in Berlin.

2. Chalcedon-Scarabäus der Münchener Sammlung 502. Der ägyptische Gott Bes packt einen aufgerichtet stehenden, abgewandten Löwen an beiden Vordertatzen. Dabei drei Symbole: Kugel, Halbmond und eine Kugel mit Stacheln, vielleicht Sonne, Mond und Sterne bedeutend. Bes ist im allgemeinen menschenähnlich, hat einen Bart und auf dem Kopfe Federn, vgl. Nr. 3 und 4. Stricheinfassung. Ganz ähnlich ein achteckiger assyrischer Kegel aus grauem Jaspis in der Pariser Sammlung 1060: Patèque ou Hercule Gigon, coiffé de plumes ou de tiges de plantes, tenant de chaque main, par la queue, un lion renversé. Der gleiche Gegenstand auf einem Scarabäus aus grünem Jaspis, 1061.

3. Grüner Jaspis-Scarabäus des brit. Museums. Der ägyptische Gott Bes von vorn, seine Arme um den Nacken von zwei auf den Hinterfüßen stehenden Löwen schlingend. Im Felde zwei Cartouchen ohne Schriftzeichen. Aus einem Grabe zu Tharros in Sardinien.

4. Sard des brit. Museums. Ein Löwe, seitlich sitzend, den Kopf nach vorn gewendet und von Bes am Schweif gepackt und an den Kopf geschlagen. Von Bes sieht man blofs den Kopf und die zwei Arme. Auf der andern Seite des Löwen scheint sich ein Krokodil emporzurichten und gleichfalls den Löwen am Kopfe angreifen zu wollen. Füfse und Hinterleib des Krokodils sind nicht sichtbar. Stricheinfassung.

5. Steatit der Berliner Sammlung 4509 aus Theben. Ein barbarisch gemachter Tiger schreitet mit grofsen Schritten über einen mit Gras bewachsenen Boden dahin. Er hat den Rachen aufgesperrt. In der Luft sind vier Knöpfe, welche vermutlich Sterne d. h. die Nacht bedeuten sollen. Es sind nur drei Füfse dargestellt, für den vierten fehlte es dem Steinschneider wahrscheinlich an Raum. Sichere antike Darstellungen des Tigers sind sehr selten. Eine ganz sichere s. bei Keller, Tiere des klass. Altertums 133.

6. Kamee der Ottobonianischen Sammlung in Rom, nach Lipperts Daktyliothek I 788. Amor mit zwei Tigern oder Panthern, die vor einen Wagen gespannt sind. Ihre Hälse sind mit breiten Halsbändern geschmückt. Das Tier zur Linken ist weiblich und wahrscheinlich ist auch das zur Rechten so gemeint. Von der Person, die im Wagen stand, sieht man nach Lippert noch eine Hand und einen Ärmel. Vgl. den auf einem Tiger reitenden Amor, Keller, Tiere des klass. Altertums 137 Fig. 31.

7. Schwarze Paste der Berliner Sammlung 3081. Kopf einer Löwin, die Zähne zeigend, sehr naturgetreu.

8. Sard der Berliner Sammlung (Tölken VIII 23). Weiblicher Panther schreitend, sehr gut, mit deutlichen Flecken.

12*

9. Karneol des Kopenhagener königlichen Museums. **Panthertn** schreitend, mit deutlichen Flecken, im Hintergrund ein Baum mit zwei **Trauben**. Weniger natürlich als Nr. 8; namentlich auch der Rebstock ist sehr wenig der Wirklichkeit entsprechend. Vgl. Keller, Tiere des klass. Altert. 153 Anm. 194.

10. Karneol des einstigen römischen Kaisers, nach Lipperts Daktyliothek I 424. Eine auf einem Felsen sitzende Bacchantin läfst einen vor ihr stehenden dickköpfigen fleckenlosen **Panther** aus einem Kantharos trinken. Hinter dem Panther erhebt sich ein **Rebstock** mit Blättern und Trauben. Hübsches Bild, wobei nur die kunstvolle Anordnung teilweise auf Kosten der Naturwahrheit durchgeführt ist. Rechts am Rande sind kabbalistische Buchstaben. Keller, Tiere des klass. Altertums 150 Anm. 127.

11. Chalcedon der Münchener Sammlung 210. Ein **Panther** mit deutlich geflecktem Fell rüstet sich zum Angriff oder zur Abwehr. Rechts von ihm steckt ein bänderumwickelter Thyrsus im Boden. Im Abschnitt unten: **ΣΑLVIVΣ**, ohne Zweifel Name des Bestellers. Einst im Besitze Steiglehners. Römische Arbeit, wie auch ohne Zweifel Nr. 7. 8. 9.

12. Amethyst des brit. Museums. Eine Mänade läfst das Bacchuskind auf einem **Panther** reiten. Sie hält ihm eine **Traube** vor, gegen welche es beide Ärmchen ausstreckt. Vor dem Panther, der den Kopf dem Beschauer zukehrt, schreitet ein fast unbekleideter junger Satyr, in beiden Händen, wie es scheint, eine Leine haltend, an welcher er den Panther vorwärts zieht. Klassisch schöne Composition. Vgl. Keller, Tiere des klass. Altertums 146 Anm. 84, S. 151 Anm. 136.

13. Sard des brit. Museums. **Pantherin**, ein Zicklein zwischen den Vorderfüfsen haltend. Vgl. Keller, Tiere des klass. Altertums 152 Anm. 163.

14. Sard des brit. Museums. Amor reitet mit der Peitsche in der Hand auf einem gezäumten **Panther**. Am Boden ein **Palmblatt**. Die Zeichnung des Panthers ist ziemlich mifslungen: er ist zu mager und alles ist an ihm in die Länge gezogen. Vgl. Keller, Tiere des klass. Altertums 151 Anm. 140.

15. Karneol der Berliner Sammlung (Tölken VI 157). Ein Bestiarius ist von einem **Panther** zu Boden geworfen und sucht seinem weiteren Andringen durch Vorhalten des Schildes zu begegnen. Der Bestiarius hat einen Helm auf dem Kopfe und ist an den Lenden bekleidet. In der Rechten hält er, wie es scheint, ein kurzes Schwert. Vgl. Keller, Tiere des klass. Altertums 146 f. Einst im Besitze des Baron Stosch.

15b, zwischen 56 und 58. Antike Paste der Berliner Sammlung (Tölken III 1081). Ein Bacchant hat einen jungen **Panther** am Kopfe gepackt und sucht das Tier, welches ungestüm auf den aus einem geöffneten Schlauch strömenden Wein stürzen will, davon zurückzuhalten. Über der Scene wölbt sich ein **Baum**. Eine hübsche, von Tölken völlig mifsverstandene Composition. Er meint, der Bacchant wolle den Panther zum Weintrinken nötigen. Aus der ehemaligen Bartholdyschen Sammlung. Vgl. Keller, Tiere des klass. Altertums 150 Anm. 124.

16. Chalcedon der Berliner Sammlung 3083. Kopf eines **Karakals oder Luchses** mit spitzigen Ohren und weit herausgestreckter Zunge. Zur Composition von Mischtieren, besonders des Greifs, gerne verwendet. Die im Abgusse ganz deutlichen langen und sehr spitzigen Ohren sind leider beim Photographieren mit den Spitzen völlig in den Schatten gekommen.

17. **Paste** der Berliner Sammlung (Tölken VIII 40). Vielleicht eine liegende **Hyäne**, oder ein **Dachs?** Auf den vier andern Facetten dieser viereckigen Paste sind noch Hähne, Fuchs, Hund und Bär dargestellt, alle ganz vortrefflich gezeichnet und daher sämtlich in unsere Gemmentafeln aufgenommen. Einst in der Stoschischen Sammlung.

18. Kamee, einst im Besitze von Bonarotti, nach Lipperts Daktyliothek II 1067. Zwei **Skorpione** von einer **Schlange**, die sich in den Schwanz beifst, eingeschlossen. Rechts ein **Vogel** (Taube?), links Sonnenstern und Halbmond, unten zwischen beiden Skorpionen ein **Bärenkopf**. Der Stein hat ohne Zweifel einen astrologischen oder kabbalistischen Sinn. Gori meint, es sei das Geburtszeichen zweier Verheirateten, die im Skorpion und in der Constellation von Sonne und Venus geboren waren; der Bärenkopf solle vielleicht auf den Namen des Besitzers anspielen. Späte Arbeit. Eine ganz gleich gemachte **Uräusschlange**, innerhalb deren aber statt der Tiere die Worte 'Iao Abrasax' stehen, befindet sich auf der Rückseite einer gnostischen Darstellung des schlangenfüfsigen Gottes mit Hahnenkopf und Peitsche, abgebildet bei King, handbook of engraved gems Tafel zu S. 97 Fig. 4; somit haben wir auch in unserer Gemme ganz gewifs einen gnostischen Talisman zu erkennen. Die Uräusschlange ist überhaupt auf gnostischen Gemmen sehr gewöhnlich (Paris, Berlin, London u. s. w.).

19. Paste der Berliner Sammlung 3416. Schöner Kopf eines **Bluthundes** mit breiten hängenden Ohren und ziemlich breiter Schnauze. An der Echtheit des seltenen Bildes ist (nach Furtwängler) nicht zu zweifeln.

20. Opake, schwarze Paste der von Lannascheu Sammlung in Prag. Derb gemachter **Hundskopf** ähnlicher Art wie der vorhergehende. Einst im Besitze Bartholdys zu Rom. Ein sehr schöner Hundskopf befindet sich im Gemmenkabinett zu St. Petersburg. Köhler, zur Gemmenkunde I 19.

21. Jaspis der Sammlung di Demetrios zu Athen. Springender **Windhund** der stärkeren Rasse.

22. Karneol der Berliner Sammlung (Tölken VIII 140). **Windhund**, kurzhaarig, mit starkem Bau und starken Füfsen. Aus der ehemaligen Stoschischen Sammlung.

23. Karneol der Berliner Sammlung (Tölken VIII 141). Etwas laughaariger **Hirtenhund**, vorwärts schreitend, die Ohren spitzend und das Maul zum Bellen geöffnet. Dem grofsen Windhunde ähnlich, aber mit aufrecht stehenden Ohren. Unter ihm im Abschnitt ein Treiberstecken mit Stachel. Einst im Besitz des Baron Stosch.

23b (zwischen 60 und 62). Karneol der Berliner Sammlung (Tölken VIII 46). Ein starker, glatthaariger, ziemlich kurzschwänziger **Hund** liegt am Boden und heult. Nach Tölken ein Wolf. Aus der ehemaligen Stoschischen Sammlung.

25. Roter, gelb eingesprengter Jaspis der Berliner Sammlung 3394. Springender Hund mit Beischrift: ΛΙΝΟΥΝ CAKKON ΛΑΒΕ· d. h. packe das leinene Zeug! Dies bezieht sich offenbar auf die Dressur eines jungen **Jagdhundes**. Unten am Boden scheint ein Stock zu liegen.

26. Achatonyx der Berliner Sammlung 3120. Sitzender **Jagdhund**, hinter ihm Pfeil und Bogen. Es ist ein ziemlich starker **Windhund** mit rückwärts gerichteten Ohren.

27. Paste der Berliner Sammlung 3408. Zwei **Windhunde** mit horizontal gelegten Ohren; der vordere sitzend, der hintere laufend.

28. Sard des brit. Museums. **Hund** stehend, mit dem rechten Hinterfuße sich kratzend. Beischrift O:CIISTI. L. L.

29. Handachat des brit. Museums. Sitzender **Hund**, mit einer Vorderpfote sich an der Nase reibend. Stricheinfassung.

30. Grüner Jaspis des Grafen Vitzthum, nach Lippert Daktyliothek II 1646. 'Ein sitzender **Hund** mit einem Halsbande, woran der Leitriemen ist; er hat auch einen Maulkorb, den man gar deutlich sehen kann.' Wegen des Maulkorbs aufgenommen.

31. Gelbe Paste der von Lannaschen Sammlung in Prag. Ein **der molossischen Rasse** nahe **verwandter Hund** sitzend. Er zeigt große Ähnlichkeit mit der heutigen dänischen Dogge, welche aus Kreuzung von Canis molossus maior, dem großen Bullenbeißer, und Canis leporarius danicus, dem großen dänischen Hunde, hervorgegangen ist. Vgl. Tafel I Nr. 33. Stellung und Gestalt sind den statuarisch erhaltenen sogenannten Molossern sehr ähnlich. Einst· im Besitze Bartholdys zu Rom.

32. Paste der Berliner Sammlung 3378. Aufrecht auf drei Füßen sitzender **Hund** sehr starker Rasse, jedenfalls kein echter **Molosser** (s. Tafel I Nr. 31. 32), aber vielleicht einer im späteren, weiteren Sinne. Den rechten Vorderfuß hat er in die Höhe gezogen. Der Schwanz ist nicht sichtbar; der Hals scheint bemähnt; stehende, etwas rundliche Ohren. Das Bild ist beim Photographieren verschoben worden, so daß es jetzt leider in sehr störender Weise auf der Seite liegt.

33. Paste der Berliner Sammlung (Tölken VIII 40). **Spitzer** laufend, vorzüglich.

34. Paste der Berliner Sammlung 3383. **Spitzer** stehend, hält im Maul eine Klingel.

35. Jaspis(?) der Triphylischen Sammlung in Rithymna auf Kreta. Ein **Hund, Wolfshund**, rückwärts schauend. Über ihm eine Blumenzierat. Sehr alt und altertümlich. Gefunden in Kreta.

36. Jaspis der Berliner Sammlung (Tölken VIII 52). Schlafender **Hund**, zusammengerollt, Kopf und Nacken von vorn, dicke Mähne am Hals, glatter Schwanz, spitzes längliches Gesicht. Vielleicht kretische Rasse, oder doch mit dieser verwandt, vgl. Tafel I Nr. 42. Einst in der Stoschischen Sammlung.

37. Opake, schwarze Paste der von Lannaschen Sammlung in Prag. Gleicher Gegenstand, nur daß noch ein Baum angebracht ist, unter welchem der **Hund** schläft. Die langen spitzigen Ohren sind hier sehr deutlich. Einst

im Besitze Bartholdys. Auch im brit. Museum ist ein solcher zusammengerollter Hund unter einem Baum (Sard), Catalogue of gems 1951.

38. Nicolo der Pariser Sammlung 1914. Ein **Jagdhund** mit erhobenem Hinterteil und eingedrücktem Nacken an einem Knochen nagend. Vortrefflich gemacht, bester Stil.

39. Karneol des Fürsten Strozzi, nach Lipperts Daktyliothek II 1048. Liegende **Bulldogge**. Nach Lippert 'eine Katze, welche eine Maus frifst'.

40. Schwarzer Jaspis der Münchener Sammlung 436. Ein **Jagdhund** über einem erlegten **Hasen**, den er am Bauche packt. Aus der einstigen Sammlung Steiglehner.

41. Schwarzer Jaspis der Pariser Sammlung 1915. Ein **Jagdhund** über einem erlegten **Hasen**, der auf dem Rücken liegt; rechts zur Bezeichnung des Waldes ein **Laubbaum**, der sich über der Scene wölbt. Fein gemacht, mit Stricheinfassung, doch nicht archaisch.

42. Karneol der Berliner Sammlung (Tölken III 831). Vier starke **Jagdhunde** fallen paarweise von rechts und links über einen niedergestürzten **Edelhirsch** her. Der Wald ist angedeutet durch einen **Baum** mit weitausgebreiteten Ästen im Hintergrund. Einst Eigentum des Baron Stosch. Die Gruppierung ist zu schematisch: die zwei Hunde rechts und die zwei links stehen und beifsen in unnatürlich gleichartiger Weise; doch gibt das Ganze ein hübsches Bild.

43. Jaspis der Wiener Sammlung 984. Zwei **Hunde** zerreifsen miteinander einen am Boden liegenden **Hasen**. Über ihnen schwebt ein **Adler**, offenbar in der Absicht, ihnen die Beute streitig zu machen. Auch diese beiden Hunde sind einander ganz gleich gezeichnet, nur dafs der eine linkshin, der andere rechtshin steht.

44. Gelbe Paste der von Lannaschen Sammlung. Zwei **Hunde** wollen einen **Hasen** oder ein **Kaninchen** ergreifen, welches eben in eine Felsenhöhle, wahrscheinlich in seinen Bau, zu kriechen im Begriff steht. Auf dem überhängenden Felsen sitzt ein **Adler**, welcher die Flügel lüftet und herabstofsen will. Einer der zwei Hunde richtet den Kopf aufwärts ihm entgegen. Einst im Besitze Bartholdys zu Rom.

45. Jaspis der Berliner Sammlung (Tölken VIII 165). Die gleiche Scene mit Einem **Hunde**; der Fels erscheint ohne Höhlung. Aus der einstigen Stoschischen Sammlung. Die Scene wurde im Altertum oft dargestellt (Tafel XVI 27. 28; brit. Museum Nr. 1958. 1959 u. s. w.) und auch von Dichtern in Epigrammen besungen. Der Hund bei all diesen Hasenjagden Nr. 40. 41. 43. 44. 45 (und 50) ist der gewöhnliche **Jagdwindhund**.

46. Karneol der Berliner Sammlung (Tölken III 1119). Bellender **Hirtenhund** des Pan. Pan, einen **Ziegenbock** an den Hörnern herbeiziehend, schlägt mit dem Pedum, Hirtenstock, nach ihm. Der Hund ist kleiner und schwächer als der Hirtenhund Nr. 23. Das Ganze ist recht hübsch gruppiert, die Stellungen natürlich. Aus der Sammlung des Baron Stosch.

47. Achat der Münchener Sammlung 200. **Kretische Hündin**, den Kydon oder Zeus säugend. Wiederholung der Darstellung auf der Münze Tafel I 42. Aus dem Besitze Steiglehners.

48. Jaspis der Berliner Sammlung 3133. Ein kleiner mit Halsband versehener **Hund** bellt eine **Aspisschlange** an, die sich aufgebläht und aufgerichtet hat. Am Schwanz des Hundes bemerkt man eine Quaste. Hierdurch unterscheidet er sich von allen übrigen Hundedarstellungen unserer phototypischen Tafeln außer Tafel XXVI 49.

49. Sard der Lewisschen Sammlung in Cambridge. Amor auf einem Steine sitzend spielt mit einem ziemlich kleinen zierlichen, nicht glatthaarigen **Windhund** mit hängenden Ohren und glattem Schwanze; rechts von der Gruppe ein **Baum**, der sich zu ihr herüber erstreckt. Niedliche Composition.

50. Weißgefleckter roter Jaspis der Münchener Sammlung 129. Amor läßt einen **Hund** gegen einen davonspringenden **Hasen** los. Die unnatürliche Situation des Hasen rührt wohl von Raummangel her. Aus der einstigen Sammlung Steiglehner.

51. Karneol der Berliner Sammlung (Tölken III 583). Amor mit einem Stecken oder undeutlich gemachten Jagdspieß hält den vorwärtsstrebenden **Jagdhund** am Stricke. Es scheint einer Hasenjagd zu gelten. Aus der Stoschischen Sammlung.

52. Sardonyx der Berliner Sammlung (Tölken VI 199). Ein alter blinder Bettler mit einem Eßkorb auf dem Rücken, einen **Hund** am Strick haltend, die andere Hand auf einen Knotenstock gestützt. Aus der ehemaligen Stoschischen Sammlung.

53. Karneol der Berliner Sammlung (Tölken IV 390). Odysseus und sein **Hund** Argos vgl. Tafel I 43.

54. Roter Jaspis der Berliner Sammlung (Tölken III 455). Schöner, nackter Jüngling, Adonis nach Tölken, führt mit der Rechten den **Jagdhund**, der zu ihm aufsieht, an der Leine; in der Linken hält er zwei Jagdspeere; die Chlamys hängt von den Schultern herab; der **Wald** ist durch einen Laubbaum bezeichnet. Schönes Stück. Aus der ehemaligen Stoschischen Sammlung. Diese kleinen Jagdwindhunde scheinen dem italienischen Windhunde nahe verwandt, wenn nicht geradezu mit ihm identisch.

55. Sard des brit. Museums. Ein nackter junger Mann stützt sich mit der Linken auf einen langen Stock, mit der Rechten hält er dem **Hunde** etwas hin, was derselbe zu erschnappen sucht.

56. Achatonyx der Berliner Sammlung (Tölken VI 38). Ein alter Hirte im Kapuzrock steht mit dem Pedum unter dem Arme. Neben ihm sein zu ihm aufblickender **Hirtenhund**, rechts eine an einem **Baum** hinaufspringende **Ziege**. Aus der früheren brandenburg-anspachischen Sammlung.

58. Karneol der Berliner Sammlung (Tölken III 1408). Großer derber zottiger **Hund** mit spitzen aufrecht stehenden Ohren und buschigem Schwanz. Auf ihm reitet nach Weiberart eine bis auf den Schoß nackte Frau, um deren rechten Arm sich eine **Schlange** windet. Nach Tölken ist es Canicula, der

Hundsstern; er erinnert an Isis, die auf dem Sirius sitzt. Aus der einstigen Stoschischen Sammlung.

59. Karneol der Berliner Sammlung (Tölken II 79). Vorderteil eines im Gesträuch lauernden Wolfes, der die Zähne weist. Mit den Klauen hält er einen ungeschickt daneben gezeichneten Ziegenkopf. Sorgfältig, aber steif. Aus der einstigen Stoschischen Sammlung. Abgufs in Lipperts Daktyliothek, Kupferstich bei Müller, Denkm. alter Kunst I 15. 60. Vgl. Keller, Tiere des klass. Altertums 160 Anm. 28.

60. Karneol der Berliner Sammlung 4498a. Springender Wolf unter einem Halbmond, welcher die Nacht andeuten wird. Sehr altes Stück. Aus Griechenland. Auf der andern Seite ist die Tafel XVIII Nr. 3 gegebene Darstellung (Wildziege). Beide sind vielleicht im Zusammenhang zu denken. Keller, Tiere des klass. Altertums 160 Anm. 33. Der Wolf unter der Mondsichel ist auch ein kilikisches Münzbild. De Luynes, Num. des Satrapies Taf. IX 15 u. 16.

60b (vor Nr. 26). Braune Paste der Berliner Sammlung 3119. Ein Wolf zum Angriff sich rüstend, recht gut gemacht.

62. Karneol der Berliner Sammlung II 87). Zwei Wölfe zerreißen einen auf den Rücken niedergeworfenen Maulesel oder Esel. Hübsch charakteristisch gemacht, aus Archaische streifend. Stricheinfassung. Aus der einstigen Stoschischen Sammlung. Vgl. Keller, Tiere des klass. Altertums 160 Anm. 30.

63. Karneol der Wiener Sammlung 986. Eine hungrige (s. die Bemerkung zu Tafel XIV Nr. 30) Wölfin zerreißt in einem Walde einen Esel oder Maulesel. Gut gedacht und ausgeführt. Vgl. Keller a. a. O.

64. Karneol nach Lipperts Daktyliothek II 1024. Ein Wolf ist in eine Herde eingebrochen, beißt ein Schaf ins Genick, eine Ziege im Hintergrunde sucht zu entfliehen. Das Fell des Wolfes ist wolliger, der Schwanz buschiger als bei den übrigen Darstellungen. Ob der Stein echt antik ist, läßt sich nicht sagen. Die Composition ist nicht übel. Vgl. Keller, Tiere des klass. Altertums 160 Anm. 27 und 28.

Tafel XVI.

1. Paste der Berliner Sammlung (Tölken VIII 40). Fuchs gegen einen ihn erwartenden Hahn anlaufend. Der Fuchs ist vorzüglich gezeichnet, auf der Paste auch der Hahn; leider gibt die Phototypie den horizontal gehaltenen Kopf des Hahnes sehr undeutlich wieder. Vgl. Keller, Tiere des klass. Altertums 178 Anm. 3. Auf einem Karneol der Pariser Sammlung 1265 lauert der Fuchs hinter einer Pflanze auf einen Hahn.

2. Paste der Berliner Sammlung 3112. Ein Fuchs springt über ein Rebengelände. Oben steht TALLIO, ohne Zweifel Name des Siegelbesitzers. Keller, Tiere des klass. Altertums 178 Anm. 2.

3. Chalcedon der Berliner Sammlung (Tölken VIII 51). Ein Fuchs ist auf einen Stuhl gestiegen und versucht noch höher zu klettern; unten die Inschrift: KOINAEN BAIWN rechtläufig, vielleicht (mit Tölken) — κοινὰ ἐν Βαιῶν — zu Bajä ist das gewöhnlich. Ein Jaspis des H. Lewis in Cambridge trägt neben Maus und Schmetterling die Inschrift: BAISS (Bais salutem?).

4. Paste der Berliner Sammlung 3373. Liegender Dachs(?).

5. Nicolo der Londoner Sammlung: **Ichneumon**, **Viverra ichneumon**; vor ihm, wie es scheint, ein **Ei**. Aus der ehemaligen Sammlung Townley. Wegen seiner Geschicklichkeit im Schlangenfressen und Vertilgen von Krokodils-eiern genoß er in Ägypten Verehrung. Zu Herakleopolis war er der Leto und Eileithyia geweiht. Vgl. Houghton, natural history 52. Er stellt namentlich auch den Vogeleiern nach.

6. Karneol der Pariser Sammlung 2003. Ein **Ichneumon** ist im Begriff, in einer durch ägyptische Sumpfpflanzen angedeuteten Gegend eine mit geschwollenem Halse sich aufrichtende **Aspis**, **afrikanische Schildviper**, **Naja haje**, anzu-greifen. Die Kämpfe des Ichneumon mit der Aspis werden bei den Alten oft erwähnt; er heißt daher ὀφιομάχος (Hesych 1166). Auch den alten Indern war diese Eigenheit des Ichneumon bekannt, Atharvaveda VI 139, 5. Gleiche Scene wie hier auch auf dem Berliner Karneol unserer Tafel XXIII 10.

7. Karneol der Berliner Sammlung (Tölken VIII 344). Auf einem von zwei **Schakalen** oder **Hunden** gezogenen Wagen führt eine **Heuschrecke**: wahr-scheinlich ein Sinnbild der heißesten Tage. Aus der ehemaligen Stoschischen Sammlung. Über den symbolischen Zusammenhang von Schakal oder Hund und Sommerhitze s. Keller, Tiere des klass. Altertums 192 Anm. 36. Zwei Schakale bilden das Gespann des ägyptischen Sonnengottes Ra.

8. Sapphirin-Chalcedon-Scaraboid der Pariser Sammlung 1093. Zwei **Bären** antipodisch um eine **Schlange**. Es bedeutet die Constellation der Schlange zwischen dem großen und kleinen Bären. Aus Kleinasien.

9. Paste der Berliner Sammlung (Tölken VIII 40). Schreitender **Bär** mit ge-öffnetem Rachen. Sehr schön. Aus der ehemaligen Stoschischen Sammlung.

10. Karneol der Pariser Sammlung 1166. Stehender **Bär** mit Pehlewiaufschrift. Roh spätorientalisch. Es sind noch vier ähnliche Stücke in der Pariser Sammlung.

11. Plasma der Berliner Sammlung (Tölken VIII 38). Ein sitzender **Bär** hält mit Fuß und Maul einen Stock. Nicht sehr natürlich. Aus der einst Stoschischen Sammlung. Vgl. Keller, Tiere des klass. Altertums 112. Gleicher Gegenstand auf einem Sard des brit. Museums Nr. 1896.

12. Karneol der Berliner Sammlung (Tölken VI 158). Ein **Bär** wird aus dem Käfig gelassen; auf dem Käfig hockt ein nackter Mann, welcher ihn heraus-läßt und die linke Hand warnend gegen einen Mann erhebt, der mit Schwert, Rundschild und Helm auf den Bären losgeht. Dieser zweite Mann, ohne Zweifel ein Bestiarius, scheint gleichfalls nackt zu sein, aber etwas wie Flügel zu besitzen, die ohne Zweifel nur ein flatterndes Gewandstück darstellen. Keller, Tiere des klass. Altertums 115 ff.

13. Karneol der Wiener Sammlung 878. Ein riesiger **Bär** hat sich gegen einen mit langer Lanze, Schild und Helm bewehrten Kämpfer (Bestiarius) auf-gerichtet, der halb zu Boden gesunken ist. Der Bär ist recht natürlich ge-macht. Keller, Tiere des klass. Altertums 116.

14. Schwarze Paste der Berliner Sammlung 3087. Zwei **Bären** gegen einander aufspringend, wie es scheint, in freundlicher Absicht, vielleicht aber auch in

feindseliger: dann wäre der unklare, zwischen beiden am Boden liegende Gegenstand, vielleicht eine Traube, die Ursache ihres Streites.

15. Karneol der Berliner Sammlung (Tölken III 588). In einer felsigen Gegend reitet Amor auf einem Bären, der sich gegen den ihn anfallenden Hund wehrt. Vortrefflich künstlerisch und natürlich, ausgenommen die Felslandschaft. Einst in der Stoschischen Sammlung. Keller, Tiere des klass. Altertums 109 Anm. 36. Auch auf einem andern Stoschischen Karneol reitet Amor auf dem Bären (Tölken III 589).

16. Paste der Berliner Sammlung 3141. Mäuschen auf einem Topf sitzend und naschend.

17. Blaue Paste der von Lannaschen Sammlung in Prag. Maus an einem Krug hinaufkletternd. Aus der ehemaligen Bartholdyschen Sammlung.

18. Topas der Berliner Sammlung (Tölken VII 139). Eine Maus klettert an einem Kandelaber hinauf. Aus der einstigen Stoschischen Sammlung. Ebenso auf der Paste bei Tölken VII 137.

19. Karneol der Sammlung Imhoofs. Maus auf einem dreifüßigen Tisch an einem runden Gegenstand, vielleicht Brot, nagend. In Neapel gekauft. Maus an einem Brotstück nagend häufig, z. B. Berliner Sammlung Tölken VIII 148. 151. 152. Eine hübsche Parallele, wo aber die Maus auf zwei Füßen sitzt und Männchen macht, bietet der Jaspis der Berliner Sammlung Tölken VIII 153.

20. Roter Jaspis im Besitze Imhoofs. Zwei Mäuse ziehen einen Wagen, in welchem ein Hahn sitzt. Oberhalb und unterhalb der Mäuse je eine Ameise. Davor Doppelkopf eines Adlers und des gehörnten Pan, unter welcher ein ganz kleines Mäuschen sich befindet. In Beyrut gekauft.

21. Antike Paste der Berliner Sammlung (Tölken VIII 155). Eine Haselmaus oder ein Siebenschläfer tanzt vor einem Bären, welcher die phrygische Flöte bläst. Aus der einstigen Stoschischen Sammlung. Tölken hält das aufspielende Tier für eine Katze, womit u. a. der Schwanz gar nicht stimmen würde.

22. Gelbe Paste der von Lannaschen Sammlung in Prag. Eine Haselmaus oder ein Siebenschläfer steht auf einem Wettrennwagen und lenkt zwei renuende Feldhasen. Aus der einstigen Bartholdyschen Sammlung in Rom.

23. Jaspis der Berliner Sammlung (Tölken VIII 252). Ein Siebenschläfer oder eine Haselmaus lenkt mit Zügel und Peitsche einen Hahn, der den Wagen zieht, auf welchem er sitzt. Aus der einstigen Stoschischen Sammlung.

24. Karneol-Scarabäus der Wiener Sammlung 204. Sehr archaischer Edelhirsch oder Reh, sonderbar in das Oval hineingezwängt. Beim Photographieren irrtümlich auf diese Tafel gesetzt, gehört auf Tafel XVII. Der Irrtum ist verzeihlich, sofern die Figur sehr undeutlich ausgefallen ist.

25. Karneol der Berliner Sammlung (Tölken II 19). Springender Hase. Archaisch roh, mit Knöpfchen an den Enden des Kopfes und der Füße, auch an den Knieen der Hinterfüße.

13*

26. Hämatit des brit. Museums. Viele verschiedene Tiere von teilweise ausgesprochener zauberabwehrender Bedeutung (Hase, Steinbock, Löwe, Heuschrecke, Sphinx). In der Mitte ein Geier, der auf einen ruhig dasitzenden ägyptischen Hasen stöfst; unter dem Hasen eine geflügelte Sphinx mit Menschenkopf, dann eine Wildziege, ein Steinbock, eine Heuschrecke, ein Wildschaf, eine tierköpfige geflügelte Sphinx, ein Löwe, der über eine Gaselle, Antilope dorcas, herstürzt. Der ägyptische Hase zeigt längere Ohren als der griechisch-römische. Der Stein diente als Amulett, wofür auch die rote Farbe spricht, und stammt aus Ägypten. Löwe, Geier, Hase und verschiedene Horntiere sind gleichfalls in der Weise zusammengestellt, dafs erstere die letzteren jagen, auf einem 'Cachet en marbre blanc' (Scaraboid?) der Pariser Sammlung 1270.

27. Karneol der Berliner Sammlung (Tölken VIII 163). Ein Adler mit ausgebreiteten Flügeln über einer Felsenhöhle stehend ist im Begriff, auf einen unter dem überragenden Felsen sitzenden Hasen zu stofsen. Aus der altkurbrandenburgischen Sammlung stammend.

28. Karneol der Kasseler Sammlung II 90. Die obige Scene von Hund, Hase und Adler an der Felsenhöhle (Tafel II 44. 45); nicht übel gemacht. Vgl. dasselbe Sujet in der Berliner Sammlung Tölken VIII 163 (Karneol). 164 (Karneol). 165 (Jaspis).

29. Karneol der Münchener Sammlung 451. Hase oder Kaninchen auf zwei Füfsen sitzend und an einer Traube naschend. Aus der ehemaligen Samml. Steiglehner.

30. Nicolo der Wiener Sammlung 855. Ein Jäger, das Pedum 'schwingend, galoppiert auf dem Pferde einher, um Hasen zu jagen; denn unter dem Pferde springt ein Hase. Beischrift F R, wahrscheinlich die Anfangsbuchstaben des Namens des Besitzers. Das Pedum diente zur Erlegung der Hasen. Ziemlich späte römische Arbeit. Hasenjagd zu Pferde erwähnen Martial 1 49, 25. Theophylakt dial. c. 11.

31. Schwarzer Jaspis im Besitze Anton Barbianis. Amor einen erbeuteten Feldhasen an den Hinterfüfsen hoch emporhaltend; ein Hund springt an ihm hinauf; an der andern Seite steht ein Hahn. Niedliche Composition. Vgl. den Chalcedon der Berliner Sammlung Tölken III 1019, wo ein Satyr einen erbeuteten Hasen in der Hand hält; ähnlich ist der Pariser Achat Nr. 1054.

32. Achatonyx der Berliner Sammlung (Tölken VIII 63). Ein Kaninchen sitzt vor einem Krautkopfe. Aus der ehemaligen Stoschischen Sammlung.

33. Gelbe l'aste der von Lannaschen Sammlung in Prag. Ein Hase sitzt vor einer Traube, vorzüglich gemacht. Einst im Besitze Bartholdys zu Rom. Hinsichtlich des Traubennaschens vgl. aufser Nr. 29 dieser Tafel die gleiche Scene auf dem Smaragdplasma zu Berlin Tölken VIII 64 und die Weinlese Tafel XXV 21. Auch auf dem Berliner Karneol Tölken III 1097 sehen wir zwei Kaninchen oder Hasen an einer Traube naschen.

33b (vor Nr. 39). Karneol der Berliner Sammlung (Tölken III 586). Amor fährt auf einem von zwei lustig springenden Feldhasen gezogenen Wagen.

Aus der einstigen Stoschischen Sammlung. Gleiche Scene auf einem Berliner Jaspis Tölken VII 174.

34. Sard des brit. Museums. Schöner **Pferdskopf** mit Zaum. Auch als Schildzeichen war der Pferdskopf nicht unbeliebt, z. B. Münchener **Vasensamml.** 404.

35. Karneol der Berliner Sammlung (Tölken VIII 65). Vortrefflicher **Pferdskopf** edler Rasse. Beischrift ΜΙΘ, ein Rest des Namens des Besitzers. Furtwängler schliefst aus der Form des Theta, dafs der Stein nicht älter ist als das erste Jahrhundert vor Christus (Jahrb. d. archäol. Instit. III [1888] Tafel 3, 12). Man beachte die 'Capronae', equorum iubae in frontem devexae (Festus p. 48). Aus der ehemaligen Stoschischen Sammlung. Auch die Münchener Gemme 420 zeigt einen Pferdskopf. Er galt vielfach als prophylaktisch.

36. Gelber Jaspis des brit. Museums. Phönicische oder ptolemäische Kopie des Siegels von Amenophis II, der im fünfzehnten Jahrhundert vor Chr. regierte. Sein Name steht in einem Cartouche oberhalb des Stiers. **Stier** und **Hengst** sind sehr naturalistisch gehalten und geben uns ein Bild von den in Ägypten existierenden Rassen. Die Pferde unterscheiden sich von den übrigen Rassen der antiken Welt durch den rund und tief eingebogenen Nacken. Vgl. King im Horaz von Munro S. 451.

37. Sard der Sammlung Postolacca zu Athen. Schreitendes **Pferd**, eigentümliche schmalköpfige altgriechische Rasse wie Nr. 62 Griechische Arbeit früher Zeit, im Original Perleneinfassung.

39. Karneol der Kasseler Sammlung I 12. Schreitendes siegreiches **Rennpferd** mit **Palmszweig** im Maul und Beischrift: FELIX PADVS rückläufig. Padus ist der Name des Hengstes, nicht etwa des Besitzers. Man beachte den aufgeregten Ausdruck des Auges; überhaupt ist das Siegesgefühl des Renners gut zum Ausdruck gebracht. Die Mähne ist sorgfältig gescheitelt, eine Seltenheit, die sich z. B. am Pferde des jüngeren Balbus im Neapler Museum auch findet. Spätere römische Arbeit. Vgl. einen Heliotrop in Holzschnitt bei King, handbook of engraved gems S. 113, wo ein Rennpferd namens Tiberis abgebildet ist. Das Palmblatt ist ganz gleich gestellt wie auf unserer Gemme, als ob das Pferd es im Maul hielte, und so dafs ein grofser Teil des Blattes durch den Kopf verdeckt wird. Unsere Gemme ist aber weit charakteristischer. Ein drittes Rennpferd mit Flufsnamen, Orontes, erwähnt Martial. Auch auf einem Jaspis von Luni Nr. 132 ist ein schreitendes Pferd mit der Siegespalme im Maul. Comparetti, mus. Ital. I S. 137.

40. Karneol der Berliner Sammlung 4638 aus Kreta. Gezäumtes **Pferd** springend, von anderer Rasse als 37 und 62, aber auch sicher altgriechisch. Es ist der gewöhnliche, etwas plumpe Schlag der Kriegerpferde. Sehr alte Gemme. S. archäol. Zeit. 1870 S. 106.

41. Karneol der Pariser Sammlung 1945. Durchgegangenes **Pferd**, den Zügel am Boden nachschleppend. Stricheinfassung. Es schüttelt die Mähne wie das durchgegangene Pferd in der schönen Schilderung bei Ennius snu. 503 ff.

42. Gemme der Sammlung Cesnola in Newyork. Edles griechisches **Pferd**, wahrscheinlich ein Rennpferd, im Begriff auf die Vorderfüße zu sinken. Oben: **ΣΤΗΣΙΚΡΑΤΗΣ**. So dürfte der Besitzer des Steines geheißen haben. Aus Cypern. Gute griechische Rasse: der Nacken aufsteigend wie der Hals des Hahns, schmal wo er an den Kopf anstößt, der Kopf mit kleiner Kinnlade, ziemlich kleinen Ohren u. s. w. Xenoph. Reitkunst 1, 7. 10. 11. Das Hauptmerkmal ist der hervorgedrängte, aus der Brust gerade aufsteigende Hals.

43. Sard-Scarabäus des brit. Museums. Gestürztes **Pferd** halb von unten sichtbar. Stricheinfassung. Es scheint ein griechisches Pferd zu sein. Aus der einstigen Sammlung Castelluni.

44. Schwarzer Jaspis des brit. Museums. Vortrefflich gemachtes **Pferd**, namentlich was die Muskulatur betrifft; auch die Raumausfüllung ist meisterhaft. Es neigt den Kopf zum Boden und hat den linken Vorderfuß in die Höhe gezogen. Der Hintergrund ist architektonisch gehalten, vielleicht ein Cippus mit Schriftzeichen. Leider ist Nase und Maul abgewetzt. Man beachte die schöne lange Mähne. Im allgemeinen bildet die Plastik die Pferde mit geschorenen Mähnen und auch auf unserer Tafel ist diese Verstümmelung zahlreich vertreten. Homer Il. XXIII 367. 530 rühmt die schöne lange Mähne. Schönster griechischer Stil. Aus der Sammlung Blacas.

45. Sard-Scaraboid des brit. Museums. Springendes **Pferd**. Ziemlich starke, nicht besonders edle Rasse mit oben dickem, unten schmalem Kopfe. Oben Olivenzweig (nach Murray Bremse), unten Ähre (nach Murray Skorpion). Am Stein ist unten etwas abgesprungen. Stricheinfassung, vermutlich sehr alt.

46. Karneol der Berliner Sammlung (Tölken VIII 67). Ein **Pferd** von sehr elegantem Wuchs zieht sich einen Pfeil oder Dorn aus dem linken Vorderfuße. Ganz das gleiche, aber von der andern Seite, so daß der rechte Fuß der verwundete ist, zeigt der Granat der Wiener Sammlung 952: dieser hat noch oberhalb des Pferdes die Inschrift **HIRPI**. Ähnlich Berliner Karneol Tölken II 83.

47. Karneol der Pariser Sammlung 1948. Ein **Pferd** in ähnlicher Situation wie Nr. 44. Es scheint zu scharren und die Mähne zu sträuben.

48. Plasma (Jaspis der Alten) der Wiener Sammlung 955. Unter einem großen laubreichen **Baume** steht eine **Pferdefamilie**: links der Hengst, rechts die Stute weidend mit dem an ihr saugenden Fohlen. Weidende Pferde sind nicht häufig auf alten Denkmälern: ein Vasenbild aus Ägina in der Berliner Sammlung, archäol. Zeit. 1880 S. 40; ein Endymionrelief bei Gerhard, ant. Bildw. Tafel 36. Unsere Tafel Nr. 58. Pariser Jaspis-Gemmen 1261. 1262. 1947. Münzen S. 13. 20.

49. Karneol der Wiener Sammlung 244. Anblick eines **Pferdes** von unten. Archaischer Geschmack. Vgl. das archaische auf dem Rücken liegende Pferd des Berliner Sards bei Tölken II 82.

50. Durchbohrter Kegel aus grünem Jaspis in der Pariser Sammlung 1291. Schreitendes **Pferd** mit Mond (Halbmond) und Sonne (Stern) daneben. Oben

Pehlewiinschrift. Sehr roh, spät orientalisch. Die Rasse scheint identisch mit den Pferden auf neupersischen Bildwerken aus der Zeit Nakshi Rustams, s. Berjeau, the horses Tafel 7. Nach unserem Bilde zu schliefsen hatten auch diese Völker wie die Griechen und Römer die Sitte, die Mähne des Pferdes nach rechts zu kümmen, vgl. Ovid. metam. II 674, unsere Tafel Nr. 44, Grasberger, Erziehung und Unterricht III 256 u. s. w.

51. Plasma der Wiener Sammlung 953. Stehende Stute, an welcher ein Fohlen trinkt. Hübsch ausgeführt, der Gegenstand war beliebt; wir haben ihn auch noch auf unserer Tafel Nr. 58, ferner auf dem Wiener Nicolo 952 und auf dem Wiener Plasma 955.

52. Krystall des brit. Museums. Ein Pferd in assyrischer oder altpersischer Ausrüstung, mit dem charakteristisch geknoteten Schweife, wie es die assyrischen und lykischen Denkmäler zeigen. Es ist prächtig geschirrt und mit Quasten behängt, als das Rofs eines Vornehmen. Stolz schreitet es dahin und neben ihm springt der Jagdhund. Stricheinfassung. Oben ein wahrscheinlich assyrischer Buchstabe. Die Rasse ist identisch mit der auf Bildwerken aus der Zeit Assurbanipals (7. Jahrh. v. Chr.), s. Berjeau, the horses etc. Tafel 4.

53. Sard des brit. Museums. Nackter Mann neben seinem Pferd, welches er festzuhalten bestrebt ist. Dabei stemmt er sich mit den Füfsen stark nach vorn an. Recht hübsch. Archaisch. Perleneinfassung.

54. Sard des brit. Museums. Ein Mann in der Tracht des Herakles mit Löwenfell und Keule führt ein Pferd am Zügel, unten läuft ein Jagdwindhund: wahrscheinlich also Herakles in eigentümlicher Weise gedacht als zu Pferde jagend. Stricheinfassung. Vermutlich altgriechische Arbeit.

55. Roter Jaspis der Kasseler Sammlung I 62. Ein älterer Knabe scheint reiten zu lernen. Zu seiner Seite steht ein nackter Mann mit einem langen Stabe, wahrscheinlich der Reitlehrer. Beischrift LVL. Römische Arbeit. Gleicher Gegenstand auf der Vase 1583 (701) des brit. Museums: 'Paidotribe instructing an ephebos'.

56. Sard des brit. Museums. Ein Mann in der Chlamys steht ruhig neben seinem Pferde, mit der Rechten eine Lanze, mit der Linken den Zaum haltend.

57. Sard des brit. Museums. Nackter Jüngling neben einem Pferde stehend, welches er mit grofser Anstrengung am Zügel festhält. Das flatternde lange Haar des Jünglings erinnert an die zu Aristophanes Zeit bei den athenischen reitlustigen Jünglingen herrschende Mode (Aristoph. Wolk. 14. Ritt. 577), während die ungewöhnlich starke Muskulatur die Deutung auf Kastor nahe legt, vgl. den Berliner Karneol bei Tölken IV 230 und den Sardonyx-Scarabäus bei Köhler. zur Gemmenkunde II S. 179. Schöne Gruppe.

58. Heliotrop der Berliner Sammlung (Tölken VI 43). Ein Hirte, auf seinen Stock gestützt, weidet eine Stute mit dem an ihr saugenden Füllen. Über der Scene wölbt sich ein Baum, an welchem der Mann seine Rohrflöte aufgehängt hat. Ganz gleichartig, nur dafs noch ein zweites erwachsenes Pferd, der Hengst, dabei steht, auf dem Wiener Plasma 955.

59. Antike Paste der Berliner Sammlung (Tölken VI 22). Gleiche Scene wie Tafel II 15. Es handelt sich keineswegs vom Beschlagen des Hufes, wie Tölken meint, sondern um das Herausnehmen eines Gegenstandes, in welchen das **Pferd** getreten ist: der eine der Männer hält den Fufs des **Pferdes**, der andere sucht den Dorn oder sonstigen Gegenstand herauszuziehen; der kauernde Mann hat kriegerische Rüstung, der stehende ist vielleicht sein Diener. Das Pferd gehört zur schweren Rasse der römischen Kriegspferde, vgl. Lindenschmit, Altert. unserer heidnischen Vorzeit I 11 Tafel 6 und II 1, 6, 1—3. Römische Arbeit.

60. Sard des brit. Museums. Altgriechischer Reiter mit sehr langem ovalem Schild und rofsschweifgeschmücktem Helm auf dem **Pferde** dahinsprengend: also ein altgriechisches Soldatenpferd.

61. Grüner Jaspis des brit. Museums. Ein Mann in wallender Chlamys sucht mit grofser Anstrengung das **trojanische Pferd** vorwärts zu schieben. Das trojanische Pferd ist nicht selten auf Gemmen, z. B. Berliner Sammlung bei Tölken IV 373—375.

62. Achat der Ermitage in St. Petersburg 2921. **Pferd** mit erhobenem Kopfe und fliegendem Zügel dahinlaufend; es ist ein Wettrennpferd, das eben am Ziele ankommt, nachdem es sich von seinem unfähigen Lenker losgerissen hat: Theognis 257—260:

> Ἵπποc ἐγὼ καλή καὶ ἀεθλίη, ἀλλὰ κάκιστον
> ἄνδρα φέρω, καί μοι τοῦτ᾿ ἀνιηρότατον·
> πολλάκι δ᾿ ἠμέλληcα διαρρήξαcα χαλινὸν
> φεύγειν, ὡcαμένη τὸν κακὸν ἡνίοχον.

Feine altgriechische Rasse mit schmalem Kopfe wie Nr. 37. Vor dem Pferde steckt eine Stange im Boden, auf welcher etwas hängt. Vortreffliche Arbeit. Leider mufste die Photographie nach einem mangelhaften Abgufs vorgenommen werden. Perleneinfassung. Aus Kertsch. Stephani C. R. 1860 Tafel 4, 10.

63. Karneol der Wiener Sammlung 956. Rennendes **Pferd** mit etwas zu grofsem Kopfe; unter ihm liegt ein nackter Mann, offenbar der Reiter, welchen es beim Wettrennen abgeworfen hat und nach sich schleift. Vgl. den Vitzthumschen Sardonyx bei Lippert, Daktyliothek II 1043.

64. Gebrannter Sard-Scarabäus des brit. Museums 254. Ein spitzbärtiger Mann lenkt ein **Viergespann** mit doppelriemiger Peitsche. Sehr charakteristisch archaisch. Stricheinfassung. Hinsichtlich der Peitsche vgl. Tafel XVII 2. Auch die Tiere des Laios wurden nach Sophokl. Oed. Tyr. 809 mit einer μάcτιΕ δύο κέντρα ἔχουcα angetrieben. Aus der ehemaligen Samml. Pulsky.

65. Nicolo des brit. Museums. Nackter Reiter, die Peitsche in der Hand, wahrscheinlich ein **Wettreiter**. Inschrift: ΦΙΛΕΜΟC. Aus der ehemaligen Sammlung Blacas.

66. Bergkrystall der Sammlung Postolacca zu Athen. Ein Jüngling mit fliegenden Haaren, in faltenreichem Gewande, lenkt ein in vollem Laufe befindliches **Pferdeszweigespann**. Aus Lakonien. Die Pferde sind ziemlich stark und plump, ganz ähnlich dem des Steines von Kreta Nr. 40. Altertümlich, mit Perleneinfassung.

67. Sard des brit. Museums. Achilleus mit dem Zweigespann dahineilend und
den Leichnam Hektors schleifend. Auch der Wagenlenker Achills ist dargestellt. King im Horaz von Munro S. 443 findet besonders die Bewegung
der **Rosse** bewundernswert. Es sind die von Poseidon dem Peleus geschenkten
Rosse Xanthos und Balios. Diese sind auch auf der Berliner **Paste** bei
Tölken IV 252 dargestellt. Aus der einstigen Sammlung Blacas.

68. Chalcedon-Scaraboid des brit. Museums 123. Ein **Löwe** hat sich von hinten
auf ein **Pferd** gestürzt und beifst es in den Rücken. Schöne, namentlich in
den Schenkelpartien vortreffliche Gruppe, wenn auch nicht frei von alter-
tümlicher, etwas steifer Manier. Aus der ehemaligen Sammlung Castellani.
Das vom Löwen zu Boden gerissene Pferd findet sich noch auf andern
Gemmen (Lippert II 1014. 1015. Berliner Sammlung Tölken II 14), auf
Thonlampen (Brüsseler Sammlung Nr. 681), auf Reliefs (Vatikan, Sala degli
animali, Basis des Farnesischen Stiers, Basis aus Smyrna in Ince Blundell-
Hall, ovaler Sarkophag ebendaselbst), Vasengemälden (Stephani C. R. 1861
S. 30) u. s. w.

69. Sard des brit. Museums. Victoria mit zwei **Pferden** fahrend. Die Göttin
schwingt mit der Rechten die Peitsche. Schöne, lebendige Gruppe. Ähnlich
auf einem Petersburger Goldring Stephani C. R. 1861 S. 146. Überhaupt
ist Victoria auf einem Pferdezweigespann häufig auf Gemmen, z. B. München
Nr. 239. 240; Kassel II 58; Berlin Tölken III 1235—1238. VII 150. 186.
187; Gemmen bei Lippert, Daktyliothek I 689—692. II 135. 1082. 1090.
Vgl. auch die Pariser Achatkamee 93.

70. Sard des brit. Museums. Victoria einherschwebend mit vier **Pferden**. In
der einen Hand hält sie einen **Palmzweig**, mit der andern die Rosse. Vorzügliche Composition, kühn erdacht und lebensvoll ausgeführt. Ganz gleichartig Berliner Pasten, Tölken III 1239. 1240. Victoria mit Viergespann
auch auf der Münchener Gemme 241. Berlin Tölken III 1241. 1242. VII
188. Russische Scarabäen bei Köhler, zur Gemmenkunde II 190 f. Auf den
Denaren der Familie Plautia wird die nemliche Gruppe auf Aurora mit dem
Heliosgespann gedeutet. Babelon, Monnaies de la Rép. Rom. II S. 326.

71. Schwarzer opaker Scarabäus der von Lannaschen Sammlung. Drei **Pferde-**
oder Hirschkuhvorderleiber und ein Hinterleib sind zu einer einzigen Misch-
gestalt vereinigt. Stricheinfassung. Wahrscheinlich sehr alt. Einst im Besitze Bartholdys. Ganz gleichartig ist ein Karneol-Scarabäus der Petersburger Sammlung Nr. LXXVII bei Köhler, zur Gemmenkunde II S. 192.
Ein zweiköpfiges Pferd ist auf dem Petersburger Karneol-Scarabäus Nr.
LXXXII bei Köhler a. a. O. S. 193.

72. Plasma der Berliner Sammlung (Tölken II 138). Nach Lippert, Tölken u. a.
die **Rosse** des Diomedes, von denen eben eines einen Menschen zerfleischt.
Vielleicht sind es aber vier Rennpferde, welche von ihrem tot auf der Bahre
liegenden Herrn Abschied nehmen. Das Pferd ist das einzige Tier, dem die
Alten sogar Thränen der Rührung zuschrieben. Links ein **Palmbaum** —
Zeichen des Sieges im Rennen? — rechts ein Diener, welcher ein Gefäfs
mit Wasser herbeiträgt. Die ruhige Haltung der Pferde und des Dieners
mit dem Wassereimer dürfte für unsere Deutung sprechen. In alter-

tümlichem griechischem Stil, mit Stricheinfassung. Die Mähnen der Rosse stehen wie Bürsten in die Höhe, vgl. die archaischen Pferde Nr. 64. Mannigfaltige und merkwürdige Composition.

73. **Bandachat des brit. Museums.** Vier feine griechische **Pferde**, lose nebeneinander, in verschiedenen Stellungen, sehr hübsch. Die Rasse ist gleichartig mit Nr. 62.

74. **Sard-Scarabäus des brit. Museums.** Vier **Pferde** und ein Mensch; sie bilden, weil gestürzt, einen Knäuel. Ein Pferd ist zusammengestürzt, zwei wollen sich mit den Vorderleibern erheben, der Mann liegt zusammengekauert am Boden, neben ihm ist Kopf und Hals des vierten Pferdes bemerkbar. Stricheinfassung. Aus der ehemaligen Sammlung Hamilton. Gewöhnlich denkt man an Phaethon, obgleich noch viele andere 'quadrigae rectores suos prodiderunt', s. Hygin. fab. 250. Vom Flammenuprühen der Sonnenrosse bemerkt man nichts.

75. **Sard-Scarabäus des brit. Museums.** Vier gestürzte **Pferde**, darunter ein kauernder Mensch oder vielleicht Phaethon und daneben ein Wagenrad. Stricheinfassung. Aus der ehemaligen Sammlung Castellani.

76. **Sard des brit. Museums.** Zwei **Rennpferde**, deren Wagen zerschmettert wurde. Sehr lebendige, vortreffliche Composition, weit besser als die zwei vorhergehenden Nummern. Edle griechische Rasse wie 42. 44. 62. Schöner klassischer Stil. Das Stürzen der Renngespanne kam sehr häufig vor, vgl. eine Hauptstelle bei Pindar. Pyth. 5, 53.

77. **Sard des brit. Museums.** Drei **Pferde** werden getränkt; eines trinkt bereits, die beiden andern stehen wartend da. Ein Mann steht vor ihnen, den einen Fuß auf das Wassergefäß stellend, in welches der andere Mann (Diener), am Boden kauernd, soeben Wasser eingießt. Hübsche Composition.

Tafel XVII.

1. Braune Paste der von Lannaschen Sammlung in Prag. **Eselskopf.** Einst in Bartholdys Sammlung in Rom.

2. Sard des brit. Museums 79. Ein Mann auf einem zweirädrigen Wagen lenkt mit Zügeln und Peitsche zwei davor gespannte **Maultiere.** Seine Peitsche hat zwei Riemen. Die eigentümliche Deichsel des Wagens erinnert an assyrische Denkmäler. Roh und steif. Aus Knosos in Kreta.

3. Smaragdplasma der Berliner Sammlung (Tölken III 958). Bacchus auf einem von zwei **Eseln** oder **Maultieren** gezogenen Wagen. Ein geflügelter Genius treibt sie an. Nicht feine Ausführung. Aus der einstigen Stoschischen Sammlung.

4. Karneol der Berliner Sammlung (Tölken VI 50). Leiterwagen mit Säcken beladen, mit zwei **Maultieren** oder **Eseln** bespannt (mit Pferden nach Tölken). Der Fuhrmann sitzt auf dem Wagen. In den Säcken dürfte Korn sein. Bessere Zeichnung als bei der vorhergehenden Nummer. Aus der einstigen Stoschischen Sammlung. Gleiche Scene auf der Paste Tölken VI 51.

5. Sard der Berliner Sammlung (Tölken VIII 79). **Eselskopf** mit Glocke. Fein und natürlich. Aus der Stoschischen Sammlung. Ebenfalls mit Glocke ver-

sehen ist der Eselskopf des Berliner Karneols bei Tölken VIII 80 auf unsrer Tafel XXV 16. Dagegen hat dieser letztere noch einen Vogel auf der Nase, einen Mohnkopf über der Stirne und unten eine Gerstenähre. Hinsichtlich der Glocke, welche bei den Eseln im Altertum sehr gebräuchlich gewesen sein muſs, vgl. Tafel XVII 13.

6. Karneol des Thorwaldsenmuseums in Kopenhagen 1362. Bepackter Esel. Aus den wie es scheint geflochtenen Clitellae ragt eine Amphora und rechts und links ein Vogel (Huhn und Gans?) hervor. Hübsch erdacht und ausgeführt.

7. Serpentin der Berliner Sammlung 4609. Eseltreiber, einen störrischen Esel vorwärts schiebend. Sehr alt und roh archaisch, aber höchst charakteristisch. Aus Cypern.

8. Sard des brit. Museums. Silen reitet trunken, in der Linken den Thyrsus, an dessen unterem Ende ein Kranz hängt, in der Rechten einen Kantharos haltend, auf einem Maulesel. Ganz vorzüglich. Aus der Sammlung Blacas. Vgl. Faun auf einem Esel reitend: Pariser Achat 1653.

9. Karneol der Berliner Sammlung (Tölken III 994), etwas fragmentiert und in Gold restauriert. Derselbe Gegenstaud wie Nr. 8, gleichfalls vortrefflich ausgeführt; nur fehlt der unten am Thyrsus hängende Kranz. Aus der ehemaligen Stoschischen Sammlung.

10. Karneol der Wiener Sammlung 224. Silen in langem weiberartigem Rock und nach Weiberart auf einem Esel oder Maulesel reitend, spielt rückwärts gewendet die Doppelflöte. Der Thyrsus ist hinten quer herübergesteckt. Perleneinfassung. Die Ausführung ist etwas leicht.

11. Sard des brit. Museums. Bacchische Scene. Silen reitet trunken auf einem Esel, der in üppiger Freude mit dem Schwanze wedelt und schreiend den Kopf in die Höhe streckt, wie wenn er die Mänade vor ihm im Nacken belecken wollte. Die Mänade schreitet leierspielend vor dem Eselreiter einher und drückt sich an einen Schlauch an, aus welchem ein vor ihr auf dem Boden knieender Satyr Wein in eine Trinkschale flieſsen läſst. Hinter dem Eselreiter geht ein zweiter Satyr einher, die rechte Hand auf des Reitenden Schulter legend, mit der erhobenen Linken einen Kranz über dessen Haupt haltend. Wie die Bacchantin sich an den Weinschlauch anprefst, so macht er es mit dem Esel. Mit der rechten Hand stützt sich Silen auf die Schulter des gehörnten Pan, der zur Rechten des Esels in geduckter Stellung und zu dem Reitenden emporblickend erscheint. Alle sechs Figuren, einschlieſslich den Esel, sind miteinander in möglichst nahe Berührung gebracht. Fast über die ganze Scene breitet ein Baum, wahrscheinlich ein Rebstock, seine Zweige. An einem seiner Zweige hängt ein Tamburin. Das Ganze ist vortrefflich ausgeführt und fein erdacht. Der trunkene Silen auf einem Esel reitend auch auf den Berliner Gemmen Tölken III 993—996. Esel von Silen geritten und von Amor geschoben: Karneole bei Lippert, Daktyliothek I 396. 397.

12. Antike Paste des Berliner Museums (Tölken VI 196). Ein Mann läſst einen bekleideten Esel tanzen. Aus der ehemaligen Stoschischen Sammlung. Eine ähnliche Scene, wobei statt des Esels zwei Pferde auftreten, auf einer cyprischen Gemme bei Cesnola, Cyprus Tafel 30. Über Tanzenlehren der

14*

Pferde s. Aelian nat. anim. VI 10. Unsere Paste ist auch bei Lippert, Daktyliothek II 446 abgedruckt und besprochen. Das Tanzenlehren eines Esels kommt bei Lucianus und Apuleius vor.

13. Karneol der Wiener Sammlung 1057. Vorderteil eines **Esels** aus einem Schneckenhause kommend. Der Esel hat wie bei Nr. 5 eine Glocke.

14. Karneol der Sammlung Postolacca zu Athen. Ebenfalls ein **Esel**, der aus einer Schnecke herausspringt. Ohne Glocke, aber mit Beischrift coφῶc. Gleiche Scene auf dem Berliner Jaspis Tölken VIII 300 und auf dem Berliner Karneol VIII 301.

15. Karneol der Berliner Sammlung (Tölken VIII 83). **Arabisches Kamel mit Füllen** vor ihm. Nicht besonders. Aus der einstigen Stoschischen Sammlung. Vgl. Keller, Tiere des klass. Altertums 29 Anm. 83.

16. Karneol der Berliner Sammlung (Tölken VIII 81). **Arabisches Kamel**, auf welchem der Treiber mit einem Stecken sitzt. Einst im Besitz des Baron Stosch.

17. Karneol der Pariser Sammlung 2162. Ein **zweihöckriges Kamel**, dessen hinterer Höcker aber, weil es von seinem Besitzer schlecht ernährt wurde, verschwunden ist, wird an einem Strick geführt von einem **Hunde oder Schakal**. Auf seinem Rücken sitzt ein vierfüfsiges Tier mit kurzem Schwanz, welches mit den Vorderfüfsen einen Stecken trägt: wahrscheinlich soll es ein **Äffchen** vorstellen; es ist aber so unnatürlich ausgefallen, dafs man es vielleicht lieber als **Hund** auffafst. Auch das Kamel ist wenig natürlich ausgefallen, weitaus am besten der Schakal, Fuchs oder Hund, welcher die Gruppe führt. Vgl. Keller, Tiere des klass. Altert. 35 Anm. 137. Auf der gleichen Seite dieses Buches ist auch ein guter Holzschnitt einer Gemme des brit. Museums mit einem ruhenden zweihöckerigen Kamel gegeben. S. darüber S. 332 Anm. 130.

18. Jaspis aus Mykene, gewifs sehr alt. In der Sammlung der archäolog. Gesellschaft zu Athen. **Edelhirsch** mit grofsem Geweih und vielen Flecken, ein **Hirschkalb** säugend. Das Geweih pafst weder zu den Flecken (des Damhirsches) noch zu den Functionen einer Hirschkuh, auch ist die Stellung unnatürlich. Doch haben wir die Gemme wegen der Altertümlichkeit aufgenommen. Hinsichtlich des falschen Geweihes der Hirschkuh vgl. Keller, Tiere des klass. Altertums 98 Anm. 215.

19. Achat des brit. Museums 116. **Damhirsch**, hüpfend. Das Schaufelhorn ist zwar unverkennbar, aber nicht natürlich gezeichnet.

20. Achat des brit. Museums 118. Sinkender **Damhirsch**, mit einem Pfeil in den Rücken geschossen. Feine, naturwahre Arbeit des besten Stiles. Aus der ehemaligen Sammlung Castellani.

21. Sard des Berliner Museums 4643. Von einem Scaraboid abgesägt und sehr alt, aus der besten griechischen Zeit. **Damhirsch** auf dem Boden Futter suchend, vortrefflich gemacht.

22. Karneol der Berliner Sammlung 4474. Ein starkmähniger **Löwe** ist von vorn auf einen **Damhirsch** gesprungen und packt ihn hinten am Rückgrat. Merkwürdige Ausfüllung des Kreises, besser gelungen als bei Nr. 18. Sehr alt,

edler archaischer Stil. Aus Athen. Kampf des Lichts mit der Finsternis, Keller, Tiere des klass. Altertums 76 Anm. 16.

23. Achatchalcedon der Berliner Sammlung 4623. Ein **Damhirsch** ohne Geweih, aber männlichen Geschlechts, ist auf die Vorderfüße gesunken; ein starker **Jagdhund** ist auf ihn gesprungen und beißt ihn ins Genick. Alt. Aus Athen. Die Geweihlosigkeit des männlichen Hirsches ist nicht natürlich, vgl. Nr. 18. Gleichartige Scene auf dem Pariser Chalcedon 1918. Hübsch ist die Variation, wo eine Hirschkuh von einem Hunde an einem Hinterfuße gepackt wird: Paste bei Tölken VIII 58.

24. Karneol der Berliner Sammlung 4559. Stehender **Edelhirsch**. Gut, sehr alt.

25. Karneol der Berliner Sammlung (Tölken VIII 53). Stehender **Edelhirsch**, mit dem rechten Hinterfuße sich kratzend. Hübsche Composition.

26. Karneol der Ermitage in St. Petersburg 289. **Edelhirsch oder Reh**. Aus Kertsch. Antiquités du Bosph. Cimm. Tafel 16, 9.

27. Chalcedon der Berliner Sammlung 4556. Ein **Edelhirsch** im Begriff sich aufzurichten. Alt und schön.

28. Sard-Scaraboid der Pariser Sammlung 1935. Ein **Edelhirsch** in gleicher Situation wie Nr. 27. Sehr archaisch mit Knöpfen statt der Fußenden, Kniee u. s. w. Vgl. Tafel XVI 24.

29. Sard des brit. Museums. Vier starke **Hunde** zerreißen paarweise einen auf den Boden geworfenen **Edelhirsch**. Ganz ähnlich Tafel XV 42, nur daß auf unserer Tafel der den Wald bezeichnende Baum fehlt, welcher ohne Zweifel zur Originalerfindung gehört hat.

30. Karneol der Pariser Sammlung 1923. Ein **Löwe** ist von hinten auf einen zu Boden gestürzten **Edelhirsch** gesprungen und zerbeißt ihm den Nacken. Stricheinfassung. Vgl. besonders die Erläuterung zu Tafel XIV 30.

31. Antike Paste der Berliner Sammlung (Tölken VI 27). Ein Jäger reitet mit einem Speer bewaffnet dahin, unter dem **Pferde** ist ein in viel zu kleinem Verhältnis gezeichneter **Edelhirsch**, dem ein Wurfspeer im Genick steckt. Wie es scheint, spätere römische Arbeit. Über die Hirschjagd zu Pferd mit dem Wurfspeer s. Keller, Tiere des klass. Altertums 85 Anm. 9 und 11.

32. Karneol der Berliner Sammlung (Tölken III 587). Amor schießt mit dem Pfeil auf einen stark verkleinerten **Edelhirsch**. Aus der einstigen Stoschischen Sammlung.

33. Goldring der Ermitage in St. Petersburg 236. Victoria einen **Damhirsch** (?) opfernd. Aus Südrußland. Schöne Arbeit. Publiciert als Stier opfernde Nike in Antiquités du Bosph. Cimm. Tafel 18, 4. Über den **Damhirsch** als Opfertier vgl. Keller, Tiere des klass. Altert. 75. Über den Edelhirsch in dieser Beziehung s. S. 90 des gleichen Buches.

34. Sard der Berliner Sammlung (Tölken VI 66). Ein alter Mann, wie es scheint ein Bauer, der einen Korb mit Obst trägt und vielleicht vom Einkaufen heimkommt, reicht einem kleinen **Reh** einen Zweig. Niedliche Erfindung, die Ausführung könnte eleganter sein. Vgl. Keller, Tiere des klass. Altertums 103, auch 89 f.

35. Chalcedon-Siegelring der Pariser Sammlung 1170. **Hirsoh** an einem **Baume** stehend und, wie es scheint, davon fressend. Parthisch oder neupersisch.

36. Grauer Chalcedon der Pariser Sammlung 1187, 2. **Hirsoh und Hirsohkuh** hintereinander. Parthisch oder neupersisch.

37. Sard-Siegelring der Pariser Sammlung 1174. **Hirsoh** liegend. Vor ihm die zwei Knöpfe des 'Kosti'. Parthisch oder neupersisch.

38. Sard-Kegel der Pariser Sammlung 1176. Ebenso, aber etwas schlechter. Die Geweihform dieser Hirsche gleicht in auffallendster Weise den Hirschen auf den Jagdbildern der altassyrischen Reliefs, z. B. auf Nr. 103 des brit. Mus.: Hirschjagd mit Pfeilen aus Kujundschik von der Zeit Assurbanipals. Es scheinen **Edolhirsohe** zu sein; das Geweih des mesopotamischen Damhirsches ist ganz anders.

39. Chalcedon der Berliner Sammlung (Tölken I 102). Horus-Harpokrates; neben ihm ein Altar und ein vielleicht zum Opfer bestimmter Hirsch mit dem richtigen Geweih des **Berberhirsohes**. Eine Mosaikabbildung des Berber-hirsches s. bei Keller, Tiere des klass. Altertums 82.

40. Gebrannter Achat des brit. Museums. Halbcylinder. Zwei stehende **Gasellen**, die eine den Kopf zurückwendend und das Maul öffnend. Zwei **Bäume** sind angedeutet. Sehr altertümlich. Furtwängler und Löschcke, myken. Vasen Tafel E, 14.

41. Chalcedon der Pariser Sammlung 1047. Eine **Gaselle** scheint die Vorder-füsse zu erheben, um sich vom Boden aufzurichten. Das Ende des Horns ist sehr sonderbar. Feine Arbeit.

42. Grüner Porphyr des brit. Museums. Vorderteil einer **Antilope** von derselben Art wie Nr. 53 und Hinterteil eines **Löwen** in verdrehter Stellung zu einem ganz verkrümmten Monstertiere vereinigt; s. Revue arch. 1874 Tafel 12, 4.

43. Linsenförmiger Krystall des brit. Museums aus Ialysos 107. **Antilope bu-balis** stehend, mit rückgewendetem Kopfe sich am Rücken beleckend. Vor ihr eine **Palme**. Unten zwischen den Füßen des Tieres ein unklarer Gegen-stand, wohl nur ein Defekt des Steines, schwerlich ein Schild. Das Tier ist mit Naturwahrheit gezeichnet. Altertümlich. Revue archéolog. 1878 Tafel 20, 8.

44. Gestreifter Achat der Berliner Sammlung 4483. **Oryx leucoryx** am Boden liegend, die Zunge herausstreckend, ein Schwert in das Genick gebohrt, links ein **palmenartiger**, ziemlich unnatürlicher **Baum**; der Boden ruht auf wie es scheint ägyptischen Säulenkapitälen. Sehr alt.

45. Hämatit aus Kreta im brit. Museum 74. Zwei **Kuhantilopen** (?) und ein nackter Mann, außerdem allerlei Symbole, darunter ein **Palmsweig** und ein schräges Kreuz. Roh, mit den bekannten archaischen Knöpfen an den Ge-lenken der Tiere. Vermutlich einst als Talisman gebraucht.

46. Achat des brit. Museums 60. **Wolf, Panther (oder Löwe) und Gaselle.** Die beiden ersteren machen sich ihr Opfer streitig. Der Wolf ist sehr lebendig und nicht eben schlecht, während der Panther (oder Löwe) ziemlich miß-lungen ist. Die Gazelle ist vielleicht als schon erwürgt aufzufassen. Im

Catalogue of gems wird der Wolf als Ochse aufgefafst, was u. a. wegen der Lage des Schwanzes unstatthaft erscheint. Wolf und Löwe im Streit um ein Schaf treten bei Babrius fab. 105 auf. Vgl. Keller, Tiere des klass. Altertums 160 Anm. 33.

47. Achat des brit. Museums 73. Ein mit Schwert und Spiefs bewaffneter Mann stöfst seinen Spiefs einer Antilope (vielleicht leucoryx) oder einem Steinbock (nach Munro einem Hirsch, deer) in die Kehle; letzterer ist in einer sonderbar verkünstelten Stellung gezeichnet. Der Mann ist aufser mit einem Speer auch mit einem Schwert bewaffnet. Archaisch. Revue arch. 1878 Tafel 20, 6.

48. Jaspis(?) der Sammlung Triphylis zu Rithymna auf Kreta. Steinbock oder Gaselle von einem Löwen zerfleischt. Knöpfe statt der Fufsenden, Augen n. s. w. Sehr archaisch; merkwürdig ist die Vereinigung von Raumausnützung und charakteristischer Zeichnung. Gefunden in Kreta. Keller, Tiere des klass. Altertums 42 Anm. 42.

49. Karneol der Berliner Sammlung 4519. Zwei nebeneinander ruhende Gasellen; links eine eigentümliche, vielleicht afrikanische oder arabische Pflanze. Sehr alt und charakteristisch. Vielleicht aus Athen.

50. Schwarzer Jaspis-Scaraboid der Pariser Sammlung 1180. Steinbock, ein Junges säugend; davor ein Sistrum(?), nach Chabouillet die Frucht des Mandragoras; die gleiche Pflanze findet er auf dem Pariser Serpentinkegel 1218. Beischrift I V. Wahrscheinlich römisch-ägyptisch, nach Chabouillet aus der Epoche der Sassaniden.

51. Karneol mit weifsem Chorzug, Nr. 4488 der Berliner Sammlung. Zwei rückwärts schauende Gasellen, deren Körper bei der Brust zusammenzufliefsen scheinen. Aus Palisia. Sehr alt.

52. Bandachat der Berliner Sammlung 4479. Zwei Gasellen: von der hintern sieht man nichts als Hals und Kopf; in der Mitte des Hintergrundes steht ein sehr unnatürlicher Baum. Aus Korinth. Sehr alt.

53. Roter Jaspis der Berliner Sammlung 4492. Liegende Antilope von derselben Art wie Nr. 42, den Kopf rückwärts gedreht. Aus Böotien. Sehr alt.

54. Bandachat der Berliner Sammlung 4482. Gaselle, von einem Speer ins Genick getroffen, zu Boden sinkend. Aus dem Peloponnes. Sehr alt.

55. Bandachat der Berliner Sammlung 4484. Zwei, wie es scheint gestürzte, das Maul aufsperrende Antilopen antipodisch gestellt. Aus Megalopolis. Sehr altertümlich.

Tafel XVIII.

1. Jaspis aus Mykene in der Sammlung der archäologischen Gesellschaft zu Athen. Zwei Gasellen säugen je ein Junges. Altertümlich, ohne Perspektive.

2. Achatchalcedon der Berliner Sammlung 4622. Ein schreitendes Wildschaf. An ein Gnu läfst sich wegen der Richtung der Hörner und wegen der Beschränkung des Gnu auf Südafrika nicht wohl denken. Sehr alt, aus Megara.

3. Karneol der Berliner Sammlung 4498ª. Wildsiegenbock an einem Baume stehend. Sehr alt, aus Griechenland.

4. Karneol des Thorwaldsenmuseums in Kopenhagen 1400: **Bockskopf**, gut gemacht.

5. Braune Paste der Berliner Sammlung 3365. Links **Ziegenkopf**, rechts **Widderkopf**, beide links schauend.

6. Bandachat des brit. Museums. **Ziegenbock** schreitend, davor ein **Strauch**. Feine Arbeit.

7. Roter Jaspis der Ermitage in St. Petersburg 1014. **Ziege** mit reichem wolligem Fell und ziemlich langen, wenig gebogenen Hörnern; davor ein **Strauch**. Aus Olbia. Vielleicht also eine im antiken Südrußland einheimische Ziegenrasse.

8. Roter Jaspis der Pariser Sammlung 1954. **Ziegenbock** in die Höhe springend, um sich eines **Palmzweigs** zu bemächtigen, der auf einer kleinen Anhöhe befestigt ist. Nicht besonders gut. Die Scene findet sich auch sonst.

9. Roter Jaspis der Pariser Sammlung 1952. Zwei **Ziegenböcke** einander stofsend, ebenso auf den Berliner Pasten Tölken VIII 113. 114 und auf den Berliner Gemmen Tölken VIII 112. VII 236. Weitere gleichartige Darstellungen sind aufgezählt bei Stephani C. R. 1869, 19. 21. 65. 67. 68. 74. 238.[1]

10. Achatonyx der Berliner Sammlung (Tölken III 1033). Ein knieender Satyr melkt eine **Ziege**, welche ihm davonlaufen will. Niedliche Composition. Aus der einstigen Stoschischen Sammlung. Allerlei Darstellungen des Ziegenmelkens gesammelt bei Stephani C. R. 1869, 26. 54. 65. 70. 74. 84. 89. 238. Pariser Gemmen 1909. 1910. Berliner Gemmen Tölken VI 42. 49. VII 191. Onyx des Dr Richter bei Lippert, Daktyliothek II 937. Münchener Gemmen 367. 374. Gemme des Freiherrn von Ludwigstorff aus Carnuntum.

11. Sard der Lewisschen Sammlung in Cambridge. Ein nackter Mann sitzt auf einem Steinhaufen und melkt eine **Ziege**. Rechts eine aufspringende **Ziege** und mehrere sehr klein dargestellte **Ziegen**, welche gleichfalls davonspringen. Über der Scene wölbt sich ein **Baum**, an welchem zwei **Äpfel** zu hängen scheinen.

12. Jaspis der Wiener Sammlung 866. Ein Hirte im Cucullus sitzt auf einem Steinhaufen und ist im Begriff, eine **Ziege** zu melken. Über der Scene wölbt sich ein **Laubbaum**. Rechts Beischrift IM, wohl die Anfangsbuchstaben des Siegelbesitzers.

13. Plasma der Wiener Sammlung 861. Ein Hirte in der Hirtentracht steht da, vor ihm ein an einem **Baume** hinaufspringender **Ziegenbock**; ohne Zweifel hat er die Absicht, Schößlinge abzufressen. Die an einem Baume hinaufspringende Ziege ist nicht selten auf Gemmen, z. B. auch Berlin Tölken III 883. VI 34—38. Pariser Sardonyx 279. Ziege, eine Weinrebe abfressend: Pariser Sardonyxkamee 36. Ziege, ein Bäumchen abfressend: Pariser Gemmen 1906—1908.

14. Karneol der Berliner Sammlung (Tölken III 1254). Victoria zieht mit beiden Händen einen **Ziegenbock** zu sich, wahrscheinlich um ihn zu opfern. Tölken erkennt in dem Tiere einen Hasen. Bock, von Pan an den Hörnern gezogen: Karneol bei Tölken 1119.

15. Roter Jaspis der Berliner Sammlung (Tölken III 1117). Pan schreitet energisch daher, in der Rechten ein Zieklein haltend, in der Linken einen Baumzweig und die Nebris. Auf dem Boden liegt ein umgestürztes Weingefäfs. Tölken erkennt in dem Tier ein Rehböckchen. Aus der einstigen Stoschischen Sammlung.

16. Karneol der Berliner Sammlung (Tölken III 1031). Auf einen starken Bock mit schwachem Bart und leierförmigen, ziemlich langen Hörnern hat sich rittlings ein Satyr gesetzt und hält ihn am Halse. Der Bock, der wie eine Katze dasitzt, mit untergeschlagenen Hinterfüfsen und aufrecht gestemmten Vorderfüfsen, sieht nach seinem Reiter zurück. Tölken glaubt, der Bock breche unter seinem Reiter zusammen; indessen macht weder der Reiter noch der Bock den Eindruck grofsen Unbehagens. Einst in der Stoschischen Sammlung. Das Reiten auf einem Bocke ist eine häufige Darstellung; Belege bei Stephani C. R. 1869, 25. 27. 37. 43. 44. 62. 64. 67. 70. 72. 74. 79. 83. 85. 86. 88. 93. 117.

17. Karneol der Berliner Sammlung (Tölken III 996). Silen, trunken mit Thyrsus auf einem langbärtigen Ziegenbock reitend, und von einem kleinen Hunde angebellt.

18. Sard des brit. Museums. Amor reitet auf einem gezäumten grofsen langwolligen Ziegenbock. Das Gleiche auf den Berliner Gemmen Tölken III 506—508. Nr. 15—18 sind alle sehr hübsch erfunden und ausgeführt.

19. Sard des brit. Museums. Amor, Zügel und Peitsche haltend, führt mit zwei Böcken in einem Wagen. Die Ausführung ist ziemlich roh, die Haltung der Böcke steif. Gleiche Scene: Pariser Goldring 2537 und sonst. Über Benutzung der Ziegen zum Fahren s. die Belege bei Stephani C. R. 1869, 43. 62. 64. 67. 73. 84. 86. 88.

20. Sard des brit. Museums. Ein nackter kleiner Knabe, vielleicht Bacchus, reitet auf einem Ziegenbock, den ein nackter Jüngling, vielleicht ein Satyr, am Zaume führt. Letzterer hält in der Linken einen Stab, der Knabe streckt die rechte Hand empor, als wollte er Lebewohl zuwinken. Niedliche Gruppe. Ganz ähnlich auf einem spätgriechischen Achatonyx der älteren (echten) Poortalesschen Sammlung, abgebildet in Munros Horaz S. 305. Auch dort streckt der nackte reitende Knabe die eine Hand in die Höhe.

21. Steatit des brit. Museums 49 (eichelförmig). Sonderbar verkümmerter, scheints zusammenstürzender Steinbock. Sehr archaisch, mit Perlenrand. Revue arch. 1874 Tafel 12, 3.

22. Jaspis(?) der Triphylisschen Sammlung in Rithymna auf Kreta. Langhörniger Steinbock, sehr charakteristisch gemacht. Das Tier will sich, wie es scheint, eben aufrichten, oder es ist im Begriff, sich zu legen oder niederzustürzen. Altgriechisch. Gefunden in Kreta.

23. Bandachat der Berliner Sammlung 4481. Gestürzter Steinbock, sehr alt und roh, im Stil der sogenannten Inselsteine. Die vom Scheitel bis zum Schwanz reichende Rückenmähne sieht man naturgetreuer in Nr. 36, ebenso die ganze übrige Gestalt. Gerade eine Vergleichung von Nr. 36 zeigt aber aufs be-

stimmteste, daß hier nichts anderes als ein Steinbock gemeint ist. Hätte das Tier nicht die Mähne, so könnte man an Antilope leucoryx denken. Unserem Steinbock hier steckt ein Wurfspeer im Rücken. Aus Abrosime im Peloponnes. Keller, Tiere des klass. Altertums 48.

24. Krystall des brit. Museums 57. Zwei aufspringende, rückwärts sich anschauende Ziegen, vielleicht wilde. Altertümliche, aber hübsche Composition.

25. Sard des brit. Museums. Zwei sich voneinander abwendende Wildziegen; die Vorderfüße sind höher gestellt als die Hinterfüße; als Standpunkt ist also wohl ein felsiges Terrain gedacht. In den Kopfpartien recht natürliche und gute, in den Fußpartien unbeholfene Arbeit.

26. Steatit des brit. Museums. Springender, mit den beiden Hinterfüßen stehender Steinbock. Höchst charakteristisch gemacht, in altertümlichem Stil. Aus Melos. Einst in der Burgonschen Sammlung. Keller, Tiere des klass. Altertums 39.

27. Steatit der Berliner Sammlung 4508. Steinbock in sonderbarer Stellung — hüpfend? — den Kopf zurückwendend. Sehr alt, von den griechischen Inseln.

28. Jaspis(?) der athen. Sammlung aus Mykene. Eine sich erhebende Gazelle(?) mit einem Strauch davor. Oben ein Dreiblatt. Altertümlich.

29. Jaspis(?) der athen. Sammlung aus Menidi. Zwei Gazellen nebeneinander; die hintere wendet ihren Kopf rückwärts. Altertümlich.

30. Steatit des brit. Museums aus Kreta. Löwe, hinter ihm die Vorderhälfte eines Steinbocks (Paseng), welcher davon springen will. Rohe, sehr altertümliche Composition. Der Kopf des Löwen ist ganz mißglückt. Keller, Tiere des klass. Altertums 42 Anm. 42.

31. Eichelförmiger Sard des brit. Museums 53. Vier Wildziegen nebeneinander stehend, drei mit erhobenen Köpfen, eine fressend; sehr naturgetreu gemacht. Sehr alt. Aus Kreta.

32. Hornstein der Berliner Sammlung 4444. Steinbock in einem durch drei Bäume, wahrscheinlich Nadelholzbäume, angedeuteten Walde schreitend. Aus Cypern. Sehr alt und ziemlich roh.

33. Chalcedon des brit. Museums (ägyptische und assyrische Abteilung). Zahmer oder wilder Ziegenbock, sich umschauend und aufrichtend. Naturgetreu und fein gemacht.

34. Sard des brit. Museums. Gestürzter Steinbock oder Wildziege. Naturgetreu und fein gemacht. Keller, Tiere des klass. Altertums 48 Anm. 83.

35. Weißer Chalcedon der Pariser Sammlung 1098, 2. Springender Steinbock mit gewaltigem kreisrundem Horn. Hübsch und naturgetreu.

36. Goldintaglio des brit. Museums. Pasengbock mit Pasengweibchen. Ein wahres Meisterstück, bis ins einzelnste naturwahr und künstlerisch vollendet. Der bei Keller, Tiere des klass. Altertums 340 Anm. 86 citierte Ring.

37. Chalcedon des brit. Museums (ägyptisch-assyrische Abteilung). Jagd eines berittenen parthischen oder neupersischen Bogenschützen auf einen in die

Höhe springenden **Steinbock**. In Holzschnitt bei Keller, Tiere des klass. Altertums 47 Fig. 10; vgl. Lajard, Mithra Tafel 53, 8. Eine etwas verschiedene Jagd eines Persers auf einen Steinbock bietet der Berliner Achatonyx Tölken 1 190.

38. Sard des brit. Museums. Der Gott Bes (mit Federn auf dem Kopfe) kehrt von der Jagd zurück mit einer **Gaselle** auf dem Rücken. Sein starker **Jagdhund** springt neben ihm. Stricheinfassung. Ägyptisch. Schön ausgeführt.

39. Weifser Chalcedon der Pariser Sammlung 1208, 2. Am Boden ruhender **Steinbock**; daneben ein sehr ungeschickt gemachter Baum(?). Parthisch oder neupersisch.

40. Durchbohrter Chalcedonkegel der Pariser Sammlung 1191. Am Boden ruhender **Steinbock**. Dabei Stern (— Sonne) und Halbmond. An der Form der Hörner erkennt man deutlich den **eigentlichen Steinbock**, nicht Paseng.

41. Weifser Chalcedon der Pariser Sammlung 1207, 3. Stehender **Steinbock** mit Stern und Halbmond als Beizeichen. Pehlewiumschrift. Gleichfalls wie das Vorhergehende sehr charakteristisch, wenn auch barbarisch, gemacht.

42. Sardonyx der Pariser Sammlung 1258, 2. Rechts und links von einem **Palmbaum**(?) steht je ein **Steinbock**. Unter den Beizeichen erkennt man den Halbmond. Der Stern wird ursprünglich nicht gefehlt haben. Viel roher als Nr. 40 und 41.

43. Achat-Scaraboid der Pariser Sammlung 1185. **Steinbock** am Boden liegend, vor ihm Palmen(?), vgl. Nr. 42; hinter ihm ein vierstrahliger Stern; oben Pehlewiinschrift. Roh barbarisch. Beim Photographieren leider falsch auf die Platte gelegt.

44. Karneol der Berliner Sammlung (Tölken II 84). Sehr schöner **Widderkopf**. Stricheinfassung. Einst in der Stoschischen Sammlung.

45. Gemme der Lewisschen Sammlung in Cambridge. **Widderkopf** etwas anderer Art als Nr. 44. Der Widderkopf hatte prophylaktische Bedeutung.

46. Chalcedon der Lewisschen Sammlung in Cambridge. Stehender oder langsam schreitender **Widder**, darüber ein zehnstrahliger Stern. Das Siegel bezeichnete also das Sternbild des Widders, unter welchem der Inhaber geboren war, oder es bezog sich auf den Segen der Minerva, mit welchem das Sternbild des Widders verknüpft wurde: Proclus zu Plat. Timaeus 30 E: Δημιουργική τις οὖν ἡ θεός [Athene] καὶ ἀφανὴς ἅμα καὶ ἐμφανὴς ἐν οὐρανῷ τε λῆξιν ἔχουσα καὶ τὴν γένεσιν καταλάμπουσα τοῖς εἴδεσι. καὶ γὰρ τῶν ζῳδίων ὁ κριὸς ἀνεῖται τῇ θεῷ καὶ αὐτός ὁ ἰσημερινὸς κύκλος.

47. Paste der Berliner Sammlung 3310. **Widder** stehend, mit langem Hals; er blickt auf ein oberhalb seines Schwanzes sitzendes **Vögelchen** zurück. Vor ihm ein **Stelsvogel**, vielleicht ein **Storch**.

48. Blaue opake Paste der Berliner Sammlung 3300. Ein **Widder** schreitet rechtshin; vor ihm **Ähren**; hinter ihm ein **Laubbaum**, auf welchem ein Vögelchen, ohne Zweifel ein **Singvogel**, sitzt. Gut gemacht.

49. Sardonyx der Wiener Sammlung 1056. **Widderhals** und -kopf aus einem **Schneckenhause** kommend, vgl. Tafel XVII 13. 14. Die Arbeit ist nicht übel.

15*

50. Gelbe Paste der von Launaschen Sammlung in Prag. Ein **Widder** steht da, den Kopf dem Beschauer zugewendet; neben ihm sitzen zwei kleinere **Hunde**, welche somit als **Schäferhunde** aufzufassen sind. Aus der einstigen Bartholdyschen Sammlung in Rom.

51. Karneol der Berliner Sammlung (Tölken III 505). Amor auf einem starken **Widder** reitend. Ziemlich rohe Arbeit. Die Vorstellung selbst ist außerordentlich selten. Außer unserem Beispiele kennt Stephani C. R. 1869 S. 90 bloß noch ein Relief: annal. dell' inst. arch. XIX tav. d' agg. E. Um so bekannter sind die Beziehungen des Widders zu Aphrodite, s. Gerhard, Aphrodite als Widdergottheit, archäol. Zeit. 1862 S. 304 ff.

52. Sard des brit. Museums 672. Minerva reitet auf einem **Widder**, in der Rechten eine **Eule**, in der Linken einen Stab (Speer? Scepter nach Munro) haltend. Spätere, nicht besonders gelungene Arbeit. Einst in der Sammlung Townley. Auch diese Vorstellung ist selten. Stephani C. R. 1869 S. 123 kennt außer unserem Steine nur noch drei sichere Gemmen mit der gleichen Scene. Das Wolltier gehört Minerva als Schirmerin der Industrie.

53. Sard des brit. Museums. Odysseus, auf einem Felsstücke sitzend, betastet den **Widder** am Kopfe. Einfassung mit kleinen Strichlein. Klassisch-schöne Arbeit. Ein Gegenstück dazu findet sich auf einer Berliner Gemme römischen Stils, wo der geblendete Polyphem den Widder betastet, unter dem sich Odysseus anklammert. In Holzschnitt bei Munro, Horaz S. 203. Stephani scheint die Echtheit dieser letzteren Gemme zu bezweifeln, C. R. 1869 S. 38, führt aber allerlei Vasenbilder, Reliefs u. s. w. an, wo diese Gruppe dargestellt ist.

54. Chalcedon des brit. Museums 160. **Stier**, den Kopf rückwärts wendend, altertümlich.

55. Achatkegel der Pariser Sammlung 1200. **Junge Kuh**, über welcher ein Halbmond. Die Füße erinnern zwar eher an einen Pavian als an ein Huftier. Vor dem Tier steht eine Pflanze, an welcher es zu fressen scheint. Die Alten fabelten von Pferden mit einer Art menschlicher Füße: Julius Cäsar soll ein solches besessen haben, Sueton Jul. 61.

56. Jaspis der archäologischen Gesellschaft zu Athen. Zusammengestürztes **Rind**, dem ein Pfeil oder Wurfspeer mitten im Hirne steckt. Alt und gut.

57. Sard der Berliner Sammlung 4614. **Wisent**, zu Boden gedrückt, mit dem Knie eines Vorderfußes die Erde berührend. Vortrefflich ausgeführt und gewiß auch componiert. Leider ist der Stein stark beschädigt. Sehr alt, mit einem Kranze kleiner Vierecke eingefaßt. Aus Tanagra. Von der Inschrift, welche den Künstler bezeichnet haben kann, sind nur die drei Schlußbuchstaben ΔΟΣ erhalten. Diese Gemme und die Münze auf Tafel III 27 bieten eine sehr willkommene Ergänzung der äußerst seltenen sonst bekannten antiken Abbildungen des Auerochsen, s. Keller, Tiere des klass. Altertums 61.

58. Karneol-Siegelring der Pariser Sammlung 1205. **Zebu** am Boden ruhend. Rohe Ausführung, doch charakteristisch. Parthisch oder neupersisch.

59. Karneol-Siegelring der Pariser Sammlung 1244. Ein gewaltiger **Löwe** mit reichlicher Mähne ist von vorn auf einen **Buckelochsen** gesprungen; letzterer ist nach vorn zu Boden gesunken. Charakteristisch, aber barbarisch roh ausgeführt. Der Stil ist wie bei der vorhergehenden Nummer. Keller, Tiere des klass. Altertums 66 Anm. 11.

60. Chalcedon im Besitze Imhoofs. Stehender **Zebu** mit Pehlewiinschrift und Stern und Halbmond, vgl. Nr. 40. 41. 42. Weit besser, natürlicher gezeichnet als Nr. 59.

61. Achat-Siegelring der Pariser Sammlung 1202. **Dasselbe**, aber mit längerer Beischrift und ohne Mond und Stern; auch ist der Buckel des Tieres hier viel gröfser als auf der vorhergehenden Gemme.

Tafel XIX.

1. **Chalcedon** des brit. Museums. Drei **Stierköpfe** und sechs **Stiervorderfüfse** (drei Stierprotomen) sind im Kreise herum zu einer Figur **zusammengestellt**. Dabei eine Mondsichel. Der Stil ist steif und eckig. Der Stein diente ohne Zweifel zu abergläubischem Gebrauche.

2. Achat des brit. Museums 68. Zwei **Gasellen** vom Boden sich erhebend, zwischen ihnen unten ein unklares kleines Tier, vielleicht ein **Hund** (oder eine **Meerkatze**, nach E. von Martens), oben zwischen ihnen der **Kopf eines Rindes** von der besonders in Ägypten häufigen **Langhornrasse**. Nicht übel, alt.

3. Steatit des brit. Museums 65. **Rindskopf** mit herabhängenden langen Hörnern.

4. Karneol der Berliner Sammlung 4616. Schreitender **Stier**. Gerades, nicht besonders langes Horn (im Original da, wo in der Phototypie von der Stirne ausgehend eine hellere Stelle angegeben ist, deutlich zu sehen; in der Phototypie leider undeutlich, im übrigen ist jedoch die Phototypie ganz getreu), schlanker Bau, nicht dicker Kopf. Sehr alt und schön. Vielleicht aus Athen.

5. Paste der Berliner Sammlung (Tölken VIII 103). Schreitende **Kuh**, schwerer Schlag mit nicht langen leierförmigen Hörnern und ziemlich dickem Kopf. Aus der einstigen Stoschischen Sammlung.

6. Bandachat oder Sard des brit. Museums. Langsam vorwärts ‚schreitendes **Kalb**. Vorzüglich, aus der besten Zeit.

7. Karneol der Pariser Sammlung 1959, 2. Ein kurzhörniger **Stier** von starkem Körperbau und sehr gut genährt schreitet auf einen Altar zu, auf welchem ein Feuer brennt: offenbar also ein Opferstier. Recht gut gemacht.

8. Chalcedon nach Lipperts Daktyliothek II 1030. Gleichfalls ein **Opferstier**; unten am Boden Opferkrug und Opferschale.

9. Bergkrystall-Scaraboid des brit. Museums 122. Schreitender **Stier** mit etwas gesenktem Kopfe. Sehr gut. Alt.

10. Sard des brit. Museums. Stolz dahinschreitender bacchischer **Stier** mit einem Thyrsus. Schön gemacht; eigentümlich hübsch ist der um den einen Hinter-

fufs sich wickelnde Schweif. Von dem berühmten prachtvollen bacchischen
Stier der Pariser Sammlung Nr. 1637 mit der interpolierten Beischrift
YΛΛOY haben wir leider keinen Abgufs erhalten. In Holzschnitt dar-
gestellt findet er sich bei Munro, Horaz S. 70. Unter den hier abgebildeten
Gemmen stimmt er am meisten mit Nr. 12 und 11.

11. Sard des brit. Museums. Stofsender Stier, mit einer menschlichen Maske
an der Seite des Halses und einem Halbmond mitten am Leib an den Rippen.

12. Chalcedon mit eingesprengtem gelbem Jaspis der Berliner Sammlung 4636.
Kurzhörniger Stier mit sehr starkem Körperbau und breiter mächtiger Stirn
rüstet sich zum Stofse. Sehr alt und schön naturwahr, mit vorzüglich aus-
geprägter Muskulatur. Aus Griechenland.

13. Achat des brit. Museums. Stier zur Abwehr gerüstet. Vortrefflich.

14. Sard des brit. Museums. Stofsender Stier.

15. Karneol des Thorwaldsenmuseums in Kopenhagen 1372. Zwei Rinder nebeneinander, so dafs eines fast verdeckt ist. Das vordere frifst Gras. Gute
Arbeit.

16. Sard des brit. Museums. Zwei Kühe nebeneinander laufend, so dafs die eine
fast verdeckt ist. Gute Arbeit.

17. Paste der Berliner Sammlung 3259. Zwei Rinder hintereinander. Das
vordere liegt, das hintere steht. Natürliche Composition. Ähnlich auf dem
Berliner Karneol Tölken VIII 92 und der Paste VIII 93; aufserdem noch
ein Baum auf dem Berliner Chalcedon Tölken VIII 97.

18. Gelber Jaspis der Berliner Sammlung (Tölken III 243). Triptolemos mit
zwei Rindern pflügend; unter ihm eine sehr unkenntliche Schlange. Nicht
gut ausgeführt. Aus der einstigen Stoschischen Sammlung. Ein Bauer mit
zwei Rindern pflügend: Berliner Paste Tölken III 246; mit vier Rindern
pflügend: Serpentincylinder in Paris Nr. 931.

19. Karneol der Sammlung Evans in Oxford. Ein Mann mit einem rinder-
bespannten Bauernwagen, auf welchem ein grofser Schlauch sich befindet.
Die Rinder liegen ruhend vor dem Wagen, die Deichsel steht in die Höhe
hinauf, auf dem Schlauche steht ein bellender Hund, hinten läfst der Mann
die Flüssigkeit, vermutlich Wein, aus dem Schlauche in einen Krug laufen;
von links her breitet ein Baum sein Laubdach über die ländliche Scene.
Niedliche Composition. Aus Tarent.

20. Karneol des Thorwaldsenmuseums in Kopenhagen 1504. Langsam schreitende
Kuh, an einem Zweig mit Trauben fressend. Dahinter ein Laubbaum mit
zwei Singvögeln darauf. Gute Arbeit.

21. Hellamethystfarbige Paste der von Lannaschen Sammlung in Prag. Zwei-
rädriger Karren mit einem Schlauch, von zwei laufenden Rindern gezogen;
im Hintergrunde ein Laubbaum. Einst im Besitze Bartholdys zu Rom.

22. Onyx der Wiener Sammlung 930. Kuh auf der Weide schreitend; von linksher
ein Baum mit blätterreichen Ästen.

23. Karneol der Kasseler Sammlung II 9. Ein schreitender Stier mit allerlei
Symbolen; vor ihm zwei Ähren, über seinem Kopf ein Haupt mit Strahlen-

kranz, über seinem Rücken ein **Halbmond** umgeben von **sieben Sternen**. Gnostisch-astrologische Gemme aus der einstigen Sammlung Capello; daher auch abgebildet im Prodromus iconicus sculptilium gemmarum etc. de museo Antonii Capello, Venet. 1702 Nr. 188. Bei dem umstrahlten **Haupt** wird man an Helios, bei den sieben Sternen an die Plejaden zu denken haben, welche sowohl die Zeit des Säens als den Sommer verkündigten, s. Friedrich, die Weltkörper 137. Sieben Sterne über einem Stier als Plejaden gedeutet s. bei Köhler, kleine Abhandlungen zur Gemmenkunde Teil II S. 89. Tafel 7 (III). Ähren und Rinder sind oft vereinigt, z. B. Pariser Karneol 1968. Berliner Karneol Tölken VIII 94 u. s. f.

24. Chalcedon der Berliner Sammlung 4664. Schreitende **Kuh**, gut genährt, doch nicht übermäßig fett, mit ziemlich kurzen, leierförmigen Hörnern. Der Kopf läuft in eine ziemlich schmale Schnauze aus. Composition und Ausführung vorzüglich. Alt. Aus Constantinopel.

25. Sard des brit. Museums. Laufende **Kuh**, etwas schlanker als Nr. 24; gleichfalls vorzüglich, aus der besten klassischen Zeit.

26. Schwarzer Jaspis der Berliner Sammlung 4613. **Kuh** eigentümlicher Rasse rückwärts schauend und das saugende **Kalb** beleckend. Naturwahre Scene, archaische Ausführung, Stricheinfassung.

27. Bergkrystall-Scarabäus im Besitze Imhoofs. Stehende **Kuh** mit saugendem **Kalb**. Archaisch, Stricheinfassung. Aus Arkadien.

28. Onyx des königlichen Museums in Kopenhagen. **Kuh** mit leierförmigen Hörnern, stehend und ihr **Kalb** säugend. Darüber 'M'. Römische Arbeit.

29. Paste der Berliner Sammlung 3252. Eine **Kuh** unter einem **Obstbaum** läßt ihr **Kalb** trinken und säuft selbst aus einem Kübel. Hübsche Composition.

30. Karneol der Pariser Sammlung 1969. **Kuh** mit leierförmigen Hörnern, ihr **Kalb** saugen lassend. Die Kuh mit dem saugenden Kalbe ist ein sehr beliebtes Motiv der Gemmenschneider, vgl. den Achatonyx Moszynski bei Lippert, Daktyliothek II 1035; den Karneol ebenda II 1036; den Sardonyx ebenda II 1034; die Berliner Gemmen Tölken VIII 98—101; die Pariser Gemmen 1968. 1969. 1970; den Pariser Goldring 2627; Wiener Karneol 936 und 940; blaue Paste von Lannus 214. Nicht selten ist wie hier Nr. 29 ein Baum dabei; auch ein Hirte: Wiener Karneol 867. Keller, Tiere des klass. Altertums 66.

31. Sard des brit. Museums. In einer felsigen und waldigen Gegend stehen zwei **Rinder**. In dem Felsen scheint sich der Eingang zur Hirtenwohnung zu befinden; oder soll er eine Pansgrotte oder ähnliches andeuten?

32. Sard des brit. Museums. Herakles, mit flatterndem Löwenfell, den kretischen **Stier** bändigend. Klassisch-schöne Gruppe. Zum Teil in sehr verschiedener Situation zeigen Herakles mit dem Stiere die Gemmen bei Lippert, Daktyliothek I 576 (Karneol), bei Tölken IV 77. 78 (Paste und Sardonyx), bei Chabouillet 878 (Hämatit).

33. Chalcedonkegel der Pariser Sammlung 1042. **Löwe**, von vorn einen **Stier**, wahrscheinlich **Wildstier**, überfallend. Barbarisch rohe Ausführung.

34. Sard des brit. Museums. Die gewöhnliche Gruppe des **Löwen** bacchischen von hinten überfüllt und zerreißt. Hier steht der Löwe auf den Beischrift von welchem aus er also wohl auf seine Beute gelauert hat. .chnitt dargut. **Stricheinfassung.** ·ebildeten

35. Sard des brit. Museums. **Stieropfer** vor der Statue Juppiters. Der P'n knecht führt das Tier herbei; hinten schreitet ein Priester, in der Lin.>ke die Trinkschale haltend. Klassisch-schön. ¬.

36. Sard des brit. Museums. Zwei römische Krieger bringen dem Mars ein **Rind** zum Opfer herbei, ohne Zweifel infolge eines Sieges. Auf dem Altar brennt das Feuer, dahinter ist eine Statue des Mars. King, zu Munros Horaz S. 408 vermutet in dem vorderen Krieger wegen der auf seinem Schild angebrachten Venus den Aeneas. Schön ausgeführt. Vielleicht (nach King) Kopie eines antiken Originals durch moderne Meisterhand. Aus der Sammlung Blacas. Auch die Berliner Sammlung hat verschiedene Pasten und Gemmen mit Stieropfern: Tölken III 1459, 1460, 1464—1467. Häufig ist Victoria die opfernde, z. B. Lipperts Daktyliothek I 695, 696, 698. Tölken III 1249—1253.

37. Heliotrop der Berliner Sammlung (Tölken I 195). Unförmlicher **Elefant** mit dem Sonnenzeichen über ihm. Parthisch oder neupersisch.

38. Karneol der Berliner Sammlung. **Elefant** laufend, vor ihm ein kleines unklares Säugetier.

39. Gebrannter Sard des brit. Museums (identische Scene auf der violetten antiken, einst Stoschischen, jetzt Berliner Paste Tölken III 230). Zwei **afrikanische Elefanten** (der vordere deutlich weiblichen Geschlechts) mit ihren Kornaks ziehen den Wagen, die sogen. teusa, der Ceres am Erntefest, beziehungsweise der im Kostüm einer Ceres dargestellten älteren Faustina. Die Größenverhältnisse sind unrichtiger als bei Nr. 43. Einst in der Sammlung Praun. Die gleiche Scene findet sich auf Consecrationsmedaillen der Faustina. Unsere Gemme ist etwas vergrößert in Holzschnitt wiedergegeben im Horaz von Munro S. 173, nicht ohne mehrfache Ungenauigkeiten, wie man sich aus unserer authentischen Phototypie überzeugen wird. In Wirklichkeit ist die Gemme entschieden hübscher als die Munrosche Holzschnittkopie. Wahrscheinlich sind in Nr. 39, 41 und 43 alle beiden Elefanten als weiblich anzunehmen. Sie symbolisieren die Ewigkeit.

40. Sard des brit. Museums. Ein **Schweinchen** läßt sich von einem **Elefanten**, dessen Bau an ein Schwein erinnert, in einem Wagen ziehen.

41. Antike Paste der Berliner Sammlung (Tölken VIII 27). Zwei **afrikanische Elefanten** (der vordere ist deutlich weiblich) mit Türmen, die mittelst starker Gurte befestigt sind, ziehen einen Streitwagen, auf welchem Mars mit brennender Fackel steht. Unten im Abschnitt C. F. Aus der einstigen Stoschischen Sammlung. Von dem gleichen Künstler rührt ohne Zweifel die bei King, handbook of engraved gems zu S. 81 abgebildete Gemme her, von welcher zu Nr. 45 die Rede ist. Ein Kriegselefant, der einen Feind packt, auf dem Pariser Sardonyx 1911.

42. Antike Paste der Berliner Sammlung (Tölken VIII 26). Ein **Elefant** i
Hochsattel, davor der Kornak mit seinem Stabe. Der Elefant hat am Ha
eine Glocke und umfaßt mit dem Rüssel einen vor ihm stehenden **Bau**
um ihn auszureißen. Interessante Composition. Aus der einstigen Stoschiscl
Sammlung.

43. Achatonyx der Berliner Sammlung (Tölken III 231). **Zwei afrikanische I
fanten** (der vordere deutlich weiblichen Geschlechts) ziehen die Ceresstat
beziehungsweise die ältere Faustina. Der Führer hat den deutlichen Elefant
stachel. Auch der Wagen der vergötterten Julia Augusta wurde bei i
Circusspielen von Elefanten gezogen: Sueton. Claud. 11.

44. Schwarzer Jaspis der Pariser Sammlung 1912. Schön ausgeführter **K**
eines afrikanischen Elefanten. Beischrift AVRE, vielleicht — Aureliau
auf den Namen des Siegelbesitzers sich beziehen:l.

45. Sard des brit. Museums. **Afrikanischer Elefant** (Vorderteil) mit erhoben
Rüssel aus einer **Schnecke** oder einem **Nautilus** herauskriechend. Das Glei
auf einem Wiener Jaspis 1058; auf einem Berliner Achatonyx Tölken V
305; auf einem Berliner roten Jaspis Tölken VIII 306; auf einem Pari
Jaspis 2146; auf der bei King, handbook of engraved gems zu S. 81
gebildeten Gemme, wo merkwürdigerweise der gleiche Künstler wie
unserer Nr. 41 sich mit C F bezeichnet hat. Eine weitere Variante ist
der von Lannaschen Sammlung: eine Paste, auf welcher der herauskriechei
Elefant einen Zweig im Rüssel hält. Eine Ähre hält er im Rüssel auf d
Berliner Achatonyx Tölken VIII 308 und auf dem dortigen roten Ja
Tölken VIII 307; eine Fackel hält der herauskriechende Elefant im Rü
auf dem Berliner Achatonyx Tölken VIII 309. Auch ein Stern ist zugef
auf dem erwähnten Stücke Tölken VIII 307.

46. Jaspis der Berliner Sammlung (Tölken VIII 34). Ein **Nashorn** wird
einem Mann mit einer Peitsche getrieben. Es richtet sein Horn gegen ei
kleinen **Hund**. Was oberhalb des Hundes dargestellt war, ist verder
vielleicht war es ein in die Luft geschlenderter **zweiter Hund**. Das Nash
ist nicht schlecht ausgefallen, aber auffallend klein im Vergleich zum Treil
Einst im Besitze des Baron Stosch.

47. Sard des brit. Museums. Springender **Eber**, äußerst lebendig und sehr sch
Leider ist der Stein etwas verderbt.

48. Chalcedon der Berliner Sammlung 4506. **Eber** stehend und den Kopf
Erde neigend. Archaisch und sehr alt.

49. Onyx der Lewisschen Sammlung in Cambridge. Rennender **Eber** mit
Umschrift Certus, was wahrscheinlich Name des Besitzers war. Gut gema

50. Paste der Berliner Sammlung 3096a. Ein **Eber** hockt in einem Dicki
auf den Hinterfüßen. Gut und natürlich. In Florenz ist ein sehr schö
hockender Eber und eine Kopie davon im South-Kensington-Museum.

51. Terracotta des brit. Museums. **Eber** springend mit phönicischer Umschr
Unter den assyrischen und ägyptischen Altertümern des brit. Museums.

52. Bräunlicher Achat des kön. Museums in Kopenhagen. **Eber** (wahrscheinlich **Hauseschwein**) stehend, ihm gegenüber ein **Hahn**; zwischen beiden fünf kleine runde Körper, vielleicht Futter; links von dem Schwein ein **Füllhorn**, über ihm eine Keule, rechts vom Hahn ein Caduceus. Vgl. den Berliner Karneol Tölken VIII 119: Hahn mit Ähre im Schnabel, dabei ein Schwein.

53. Sard des brit. Museums. **Eber** mit straff gespannten Füßen zur Abwehr gerüstet. Ein **Hund** packt ihn von hinten herbeispringend an den Vorderfüßen.

54. Dunkelgelbe Paste der von Lannaschen Sammlung in Prag. Gleiche Scene wie Nr. 53; die Darstellung des **Ebers** und des **Hundes** scheint aber hier noch etwas besser gelungen. Aus dem Besitze Bartholdys in Rom. Parallele Darstellung auf einem Sardonyx der Berliner Sammlung Tölken VIII 129.

55. Karneol der Wiener Sammlung 983. Ein zur Abwehr gerüsteter **Eber** wird von einem **Hunde** von hinten in den rechten Hinterfuß gebissen. Unfein ausgeführt.

56. Grüne Paste im Besitze Imhoofs. Ein **Eber**, von mehreren Wurfspeeren durchbohrt und von **zwei Hunden** angefallen, deren einer ihm von hinten auf den Rücken gesprungen ist. Eine Eberjagd, wo zwei Hunde dem Wild auf den Rücken gesprungen sind, ist auf der Münchener Vase 647. Ein Hund auf dem Rücken des Ebers: Münchener Vase 333. Zwei Hunde jagen einen Eber: Berliner Karneol Tölken VIII 130.

57. Weißer Onyx der Münchener Sammlung 438. **Eber** stehend gegen einen ihn angreifenden **Hund**, im Hintergrund ein Laubbaum zur Andeutung des **Waldes**. Ziemlich derbe Ausführung. Einst in der Sammlung Steiglehner.

58. Karneol der Wiener Sammlung 245. Ein soeben herangesprungener **Eber** stellt sich wie zum Kampfe auf. Stricheinfassung.

59. Karneol der Wiener Sammlung 880. In einem durch einen **Laubbaum** angedeuteten Wald fängt ein Jäger zu Fuß mit vorgehaltenem Speer einen riesigen **Eber** ab. Sein **Hund** springt auf den Eber los, der wütend die Borsten sträubt: hirtis saetis denuntiat iram (Halieut. 60). Die Composition ist gut erdacht, aber ungeschickt ausgeführt. Die Eberjagd mit der Stoßlanze findet sich öfters und zwar schon auf Gemmen ältesten Datums (Peloponnes), Milchhöfer, Anfänge der Kunst 92.

60. Sapphirin-Chalcedon-Scarabäid der Pariser Sammlung 1095. Parther zu Fuß in der kriegerischen Tiara, unterstützt von seinem **Hunde**, fängt einen **Eber** mit dem Speere ab. Nach Chabouillet fällt die Gemme ungefähr in die Zeit zwischen 222 v. Chr. und 222 n. Chr.

61. Chalcedon-Siegel der Berliner Sammlung (Tölken I 192) Parthischer Reiter sticht mit der Lanze einen gegen ihn aufspringenden **Eber**. Auch springt sein **Hund**, ein starkes, glatthaariges, nicht sehr großes Tier mit vorwärts gerichteten spitzen Ohren gegen den Eber an. Aus der ehemaligen Stoschischen Sammlung. Der Perserkönig auf der Eberjagd: Neapler Vase, ann. dell' instit. arch. t. XV p. 102.

62. Chalcedon des brit. Museums (unter den ägyptischen und assyrischen Altertümern). Nach der andern Seite hin die gleiche Scene wie Nr. 61, aber ohne Hund. Beide Stücke, Nr. 62 und Nr. 61 sind in ihrer Art fein ausgeführt und bilden Parallelen zur Steinbockjagd Tafel XVIII 37. Die Pferde sind gleichartig und eigentümlich geschirrt und gezäumt; ihre rundliche Kopfbildung und die sonderbare Knüpfung des Schweifes, die mit Franzen verzierten Sättel, die eigentümlichen Hauben und Hosen der Reiter sind beachtenswert. Eine im Stil ganz gleichartige parthische Eberjagd, ausgeführt von zwei Hunden ohne Jäger, sehen wir auf einem Chalcedon-Scaraboid der einstigen Sammlung Blacas, abgebildet im Holzschnitt im Horaz von Muuro S. 199: der Eber und die Hunde sind ganz gleichartig gemacht wie auf unseren Stücken.

63. Bandachat des brit. Museums. Jugendlicher nackter, nur am Rücken von der Chlamys bedeckter Jäger zu Fußs, wahrscheinlich wie auch Nr. 59 Meleager, fängt im sumpfigen Dickicht einen Eber mit dem Speere ab. Der Jäger und das mannshohe Röhricht, offenbar Arundo donax L., sind vorzüglich gemacht, der Eber ist durch einen Sprung im Stein sehr entstellt, scheint aber auch in der Conception nicht gelungen gewesen zu sein. Im ganzen jedoch ist es eine feine römische Arbeit. Einst in der Sammlung Blacas. In Holzschnitt abgebildet bei Munro, Horaz S. 125. Röhricht bezeichnet auch sonst das Terrain einer Eberjagd (Stoschische Paste der Berliner Sammlung bei Tölken IV 164. Helbig, pompej. Wandbilderkatalog 1585. Dütschke, antike Bildw. in Oberitalien I S. 44 f.).

64. Sardonyx der Berliner Sammlung (Tölken VI 26). Ein nackter Reiter auf einem Pferde galoppierend hält in der Rechten einen Speer; rechts ein Eber, den er angreifen will; hinter demselben zur Andeutung des Waldes ein Baum. Beischrift LVPVS: Name des Siegelbestellers. Römischer Stil. Ein südrussischer Karneol in der Ermitage zeigt eine ganz gleichartige Scene: Stephani C. R. 1870 S. 227, Tafel 6, 33. Auch Vasen (Berlin) und Reliefs (Xanthos) bieten die Eberjagd zu Pferd.

65. Sard des brit. Museums. Herakles die Keule in der Rechten schwingend, in der Linken ein Schwert haltend, das in der Scheide steckt; neben ihm der erymanthische Eber. Prächtige archaische Figuren im edelsten altertümlichen Stil. Stricheinfassung. Auch auf der Münchener Vase 394 (erymanthischer Eber) hat Herakles das Schwert an der Seite; die Keule sehen wir auch auf Bildern der kalydonischen Jagd in Anwendung, Gerhard, auserlesene Vasenb. Tafel 327; noch andere Bildwerke dafür zählt Stephani C. R. 1867 S. 68 auf.

66. Sard des brit. Museums. Bacho, gut gemacht.

67. Bergkrystall der Ermitage in St. Petersburg. Bacho, nicht Obel. Aus dem Kubangebiet, aus dem sechsten Tumulus der 'sieben Brüder'. Stephani C. R. 1876 Tafel 3, 33. Ähnlich, aber nach links laufend ein Sard-Scarabäus des Dr. Nott, Impr. Gemm. I 52. Vielleicht meinte der Erfinder der Zeichnung die Sache von Krommyou, welche Theseus erlegte.

Tafel XX.

1. Karneol der Pariser Sammlung 1944. **Mastschwein** r. stehend, gut und natürlich. Seine Rasse unterscheidet sich u. a. dadurch von den sonst auf dieser Tafel abgebildeten, dafs es mit dichten Haaren besetzt zu sein scheint. Die Römer unterschieden in der That zwei Rassen: Sues densae und sues glabrae.

2. Sard-Scarabäus des brit. Museums. Weibliches **Schwein** linkshin schreitend. Fein gemacht. Stricheinfassung. Beischrift ΠΑΟΚ. Aus der einstigen Sammlung Townley.

3. Sard des brit. Museums. Weibliches **Schwein** schreitend, mit stark ausgeprägten Zitzen. Aus der ehemaligen Sammlung Blacas. Vielleicht Symbol der εὐτοκία, über welchen Vorzug sich Hund und Schwein streiten in der äsopischen Fabel 409 H.

4. Brauner Sard(?) des brit. Museums. Weibliches **Schwein**, auf den Hinterfüfsen rechtshin hockend, unter einem **Laubbaume**. Nicht übel. Aus der einstigen Sammlung Cracherode.

5. Gelbe Paste der von Lannaschen Sammlung in Prag. Weibliches **Schwein** auf den Hinterfüfsen hockend. Naturgetreu. Einst im Besitze Bartholdys in Rom.

6. Onyx der Wiener Sammlung 1081. Sitzendes weibliches **Schwein**, unter einem **Laubbaume**.

7. Paste der Berliner Sammlung 3280. Stehendes weibliches **Schwein**; vor ihm ein kleiner Gegenstand, welchen es zu fressen scheint. Gut, aber durch einen Streifen entstellt.

8. Jaspis des brit. Museums. Zwei **Schweine** aufeinander; das vorstehende weiblich. Gut und natürlich.

9. Sard des brit. Museums. Zwei nebeneinanderstehende **Schweine**; das vordere weiblich, das hintere zu wenig sichtbar. Mit eigentümlichen fast schnabelförmig zulaufenden Rüsseln.

10. Sard des brit. Museums. Drei **Schweine** nebeneinander. Das mittlere drängt sich, auf den Hinterfüfsen stehend, zwischen die beiden anderen hinein. Das vorn stehende, ist deutlich weiblichen Geschlechts. Sehr naturgetreu gemacht.

11. Schwarze Paste der Berliner Sammlung 3281. Weibliches **Schwein** stehend; auf seinem Rücken zwei einander zugekehrte kleine **Vögel**, vielleicht **Staare**.

12. Karneol der Berliner Sammlung. Weibliches **Schwein** mit **Ferkeln**, deren eines von einem **Wolf** verzehrt wird. Zur Bezeichnung der Landschaft ein **Laubbaum**. Unten im Abschnitt Gelo. Römische Arbeit. Der Wolf ist mehr angedeutet, als ausgeführt. Die Gemme liefert eine Ergänzung zu Keller, Tiere des klass. Altertums 160 Anm. 27—31.

13. Karneol der Pariser Sammlung 1951. Weibliches **Schwein**, dahinter **Ziege**, **Ziegenbock** und **Kuh**, auch ein **Baum** mit Laub und kleinen Früchten. Das Schwein ist von derselben schmalrüsseligen Rasse wie Nr. 9. Die drei Tier-

arten werden sonst zum Zweck von Opfern verbunden; über die τριττύα aus
Stier, Ziegenbock und männlichem Schwein handelt Wachsmuth, hellen.
Altertumskunde II 553.

14. Karneol der Wiener Sammlung 506. Amor sitzt auf einem zahmen Schwein,
das er mit Zügel und Peitsche lenkt. Nicht übel. Im britischen Museum
ist unter den grofsgriechischen Terracotten cas. 59 eine Klapper (rattle) in
Form von Amor auf dem Schwein. Ein Karneol der Stoschischen Sammlung (Winckelmann 418) zeigt Amor mit Peitsche auf einem Wildschwein,
ihm gegenüber steht ein anderer Amor, der das Tier anreizt.

15. Beryll des brit. Museums. Delphin, vorzüglich naturgetreu gemacht.

16. Bergkrystall der Berliner Sammlung 3704 a. Delphin über Meereswogen.
Die Kopfbildung ist unnatürlich. Der Glaube an diesen runden vorn auf-
geworfenen Kopf des Delphins scheint aber im Altertum sehr verbreitet gewesen zu sein. Grofse Künstler scheinen den Delphin nach dieser Richtung
hin 'stilisiert' zu haben. Vgl. Keller, Tiere des klass. Altertums 233.

17. Topas der Berliner Sammlung (Tölken VIII 278). Delphin auf Meereswogen.
Gleichfalls nicht sehr natürlich, doch entschieden besser als Nr. 16. Einst
im Besitze des Baron Stosch.

18. Roter Jaspis der Lewisschen Sammlung in Cambridge. Hund und Delphin
einander feindlich gegenüberstehend. Darüber IA(J. Vgl. Tafel I 44. Jedenfalls
als Amulett dienend, wofür die Farbe des Steines und die Inschrift sprechen.

19. Schwarzer Jaspis des brit. Museums. Links ein abwärts stehender Delphin,
rechts ein stolz aufgerichteter Adler, in der Mitte eine Säule. Die Darstellung bezieht sich auf die Wettrennen, s. Keller, Tiere des klass. Altertums 233 Anm. 260. Auf unserer Tafel ist eben die dort erwähnte Gemme.
Der Delphin ist hier gut gemacht, wie auch der Adler. Perlen- oder Punkt-
einfassung.

20. Achatonyx der Berliner Sammlung (Tölken III 207). Ein Delphin windet
sich um einen Dreizack: zwei Attribute und Symbole Poseidons.

21. Grüner Jaspis der Berliner Sammlung (Tölken III 557). Amor steht gebückt
vor einem Delphin und der dreizackigen Harpune. Nach Tölkens vielleicht
richtiger Vermutung will er den Delphin kirren, neben welchem der Dreizack
Neptuns aufgerichtet ist. Einst im Besitze des Baron Stosch. Ähnliche
Scene auf der Berliner Paste Tölken III 558.

22. Sapphirin-Chalcedon der Lewisschen Sammlung in Cambridge. Amor mit
Peitsche auf einem Delphin reitend. Flott gemacht, doch scheint Amor etwas
unnatürlich tief zu sitzen. Keller, Tiere des klass. Altertums 223 Anm. 187.

23. Jaspis der Berliner Sammlung (Tölken III 539). Gleicher Gegenstand, aber
hübsch variiert. Einst im Besitz des Baron Stosch. Eine dritte Variation
bietet der Karneol der Wiener Sammlung 511.

24. Karneol der Berliner Sammlung (Tölken III 542). Amor mit dem Dreizack
auf einem sehr dickköpfigen Delphin. Die Gestalt des Delphinkopfes erinnert an einen altgriechischen Helm. Keller, Tiere des klass. Altertums

223 Anm. 188. Allerlei andere Berliner Beispiele von Amor als Delphinreiter bei Tölken S. 148 und 149 (= III 539 ff.).

25. Karneol der Münchener Sammlung 91. Amor auf dem Delphin reitend und mit der Fischgabel stofsend. Einst im Besitze Steiglehners.

26. Gelbe Paste der von Lannaschen Sammlung in Prag. Amor reitet auf einem Delphin über Meereswogen hin, in der Rechten eine Peitsche haltend. Über die Stirn des Delphins läuft sehr unnatürlicher Weise eine Art Kamm. Einst im Besitze Bartholdys.

27. Jaspis der Wiener Sammlung 512. Amor fährt über das Wasser auf einem Delphin, von dessen Maul aus ein Gegenstand ausgespannt erscheint, wie man ihn auf den Vorderteilen der Schiffe oft aufgerichtet sieht, ohne Zweifel um die Brise darin zu fangen. Sein oberes Ende hält ein über Amor schwebender kleiner geflügelter Genius. Amor selbst spielt die phrygische Flöte. Flotte Arbeit. Vgl. Keller, Tiere des klass. Altert. 223 Anm. 194. Stephani, C. R. 1864, 228. Ungenau in Holzschnitt wiedergegeben und gewifs unrichtig erklärt (der aufgerichtete Gegenstand soll der Schwanz eines Fisches sein) bei King, natural history of gems S. 81 und 367.

28. Karneol der Wiener Sammlung 515. Ein Schiff, auf welchem zwei geflügelte Genien stehen, wird von zwei Delphinen gezogen, welche einer der Genien mit Leitseil und Peitsche regiert. Keller, Tiere des klass. Altertums 233 Anm. 193 und 184.

29. Karneol der Berliner Sammlung (Tölken III 555). Amor auf einem von zwei Delphinen gezogenen Wagen fahrend. Der Wagen hat eine eigentümliche, eirunde Gestalt. Wasser ist nicht angedeutet. Aus der einstigen Stoschischen Sammlung. Andere Beispiele der gleichen Scene: Berliner Sammlung Tölken III 556. 568. Keller, Tiere des klass. Altertums 223 Anm. 192.

30. Amethyst der Berliner Sammlung (Tölken II 91). Poseidon, in langer Kleidung, mit Hut und spitzem Barte, lenkt vorgebeugt mit langer Peitsche zwei seinen Wagen ziehende Delphine. Archaisch. Aus der ehemaligen Stoschischen Sammlung. Keller, Tiere des klass. Altertums 223 Anm. 185, wo unsere Gemme citiert ist.

31. Paste der Berliner Sammlung (Tölken II 95). Taras, der Sohn Poseidons, (oder Phalanthos), auf dem Delphin durch die Wasserwogen reitend, höchst eigentümliche Situation: er kniet auf dem sich bäumenden Tiere und umfafst es mit den Armen am Halse. Oben Ο϶Ϩ, angeblich nach Tölken 'Thers' in etruskischer Schrift. Perlencinfassung. Archaisch schön, wahrscheinlich nach einem statuarischen Meisterwerke. Einst in der Sammlung des Baron Stosch. Vgl. Keller, Tiere des klass. Altertums 223 Anm. 183.

32. Paste der Berliner Sammlung (Tölken II 161). Hero und Leander. Vor letzterem schwimmen zwei Delphine, deren Köpfe sichtbar sind. Hero hält ihm vom Turme aus die brennende Lampe entgegen. Stricheinfassung. Aus der einstigen Stoschischen Sammlung. Ähnliche Scene von einem Karneol bei Lippert, Daktyliothek II 92. Keller, Tiere des klass. Altertums 222 Anm. 160.

33. Karneol der Berliner Sammlung (Tölken III 191). Galatea, von einem Delphin getragen, führt zu Polyphem, der auf einem Felsen sitzend die Laute spielt. In der Linken hält Galatea das Ende ihres Schleiers. Aus der einstigen Stoschischen Sammlung. Illustration zu Keller, Tiere des klass. Altertums 223 Anm. 175.

34. Antike Paste der Berliner Sammlung (Tölken VII 103). Schiff in Gestalt eines Delphins, mit einem Maste und eingezogenem Segel; zwei Schiffsleute sind mit dem Tauwerk beschäftigt. Aus der einstigen Stoschischen Sammlung. Illustration zu Keller, Tiere des klass. Altertums 425 Anm. 194. Ähnliche Darstellung auf der Berliner Paste Tölken VII 104 und auf dem Karneol Tölken VII 105. Vgl. auch den Pariser Jaspis 1696.

Vögel.

35. Granat der Pariser Sammlung 1974. Kopf des Steinadlers, Aquila fulva. Sehr natürlich und fein, ein Meisterstück. Vgl. Keller, Tiere des klass. Altertums 275.

36. Paste der Berliner Sammlung 3545. Adlerkopf.

37. Karneol der Pariser Sammlung 1972. Adlerkopf.

38. Roter Jaspis des brit. Museums. Schöner, kunstvoll gemachter Kopf des Steinadlers, Aquila fulva, dabei ein Thyrsus. Vgl. Keller, Tiere des klass. Altertums 274 Anm. 367.

39. Steatit des brit. Museums 30. Adler über einem Löwen schwebend, der sich nach ihm umsieht. Der Adler scheint den Löwen packen zu wollen. Sehr altertümlich roh. Münzen von Salamis auf Cypern zeigen das gleiche Motiv, Brandis, Münzwesen in Vorderasien 362. Adler und Löwe bei einem bärtigen Gotte: Pariser Hämatitcylinder 790.

40. Jaspis aus Menidi in der Sammlung der archäologischen Gesellschaft zu Athen. Adler mit sehr weit ausgebreiteten Schwingen, eine Wildziege, Hirschkuh oder dergl. zerreifsend. Sehr altertümlich, aber gut.

41. Karneol der Pariser Sammlung 1975. Adler mit gesenktem Kopfe auf einem erbeuteten-Tiere stehend. Ganz vorzüglich.

42. Roter Jaspis der Münchener Sammlung 16. Adler einem auf dem Rücken liegenden Hasen die Gedärme ausziehend. Lebendig und charakteristisch, wenn auch nicht sehr fein. Aus der Sammlung Steiglehner. Varianten der Scene sind sehr häufig auf Gemmen (Paris, Berlin, München, Leipzig).

43. Paste des brit. Museums. Zwei Adler und ein Hirschkalb. Ein Adler hackt nach dem Bauche des am Boden liegenden Hirschkalbes, der zweite Adler sitzt ruhig daneben. Sorgfältige Zeichnung der Haare und Federn, aber die vielen Bläschen des Glasflusses stören sehr den Genufs des Bildes.

44. Sard des brit. Museums. Adler mit ausgebreiteten Schwingen auf einem erlegten Hirschkalb stehend, welches auf dem Rücken liegt. Schön charakteristisch gemacht, wenn auch viel weniger naturgetreu als Nr. 43.

45. Karneol der Pariser Sammlung 1977. **Adler** stehend, einen erlegten **Hasen** in den Klauen, einen Kranz im Schnabel. Beischrift NF V. Nicht besonders. Siegessymbol, s. Keller, Tiere des klass. Altertums 216 f.

46. Gemme der Lewisschen Sammlung in Cambridge. **Adler** einem rücklings liegenden **Hasen** die Gedärme ausreißend.

47. Opake schwarze Paste mit weißem Querstreifen, Sammlung von Lanna in Prag. Ein **Adler**, im Begriff triumphierend die Schwingen zu lüften, auf einem **Eberkopfe**. Einst im Besitze Bartholdys zu Rom.

48. Sard des brit. Museums. **Adler** mit einer **Schlange** in den Klauen dahinfliegend. Die Schlange sperrt das Maul auf und scheint sich also noch wehren zu wollen. Recht schön. Gleichartig Berliner Paste Tölken III 143 und Karneol III 144. Keller, Tiere des klass. Altertums 247 Anm. 137. Adler mit Schlange im Schnabel in einem Symplegma: Berliner Achatonyx Tölken VII 361.

49. Farblose Paste der von Lannaschen Sammlung in Prag. Ein **Adler** steht im heftigen Kampfe gegen eine starke **Schlange**, welche seinen rechten Fuß umschlungen hält und ihren Kopf gegen den seinigen erhebt. Schöne Composition. Einst im Besitze Bartholdys zu Rom. Keller, Tiere des klass. Altertums 247 Anm. 138.

50. Roter Jaspis der Münchener Sammlung 10. **Adler** auf einem **Hasen** sitzend, welcher rücklings auf einem Altare liegt. Im Felde rechts ein Stern.

51. Pras der Pariser Sammlung 1979. **Adler** mit einem **Kranz** im Schnabel und zwei **Palmblättern**(?) in den Klauen. Adler mit Kranz im Schnabel und Palme in den Klauen: Pariser Karneol 2129. Adler mit Lorbeerkranz und Palmzweig auch auf den Berliner Gemmen Tölken III 137--141. 146—153 und auf dem Karneol bei Lippert, Daktyliothek II 1057 und sonst. Keller, Tiere des klass. Altertums 245 Anm. 113.

52. Gemme nach Lipperts Daktyliothek I 43. Ganymedes auf dem **Adler** sitzend oder wahrscheinlicher Apotheose eines Jünglings, Keller, Tiere des klass. Altertums 252. Hübsche und eigentümliche Composition, vielleicht aber nicht antik, sondern aus der Renaissance; namentlich der Kopf des Jünglings ist bedenklich.

53. Steatit des brit. Museums 81. Roh archaisch. Prometheus vom **Adler** zerfleischt: so faßt es auch Milchhöfer, Anfänge der Kunst S. 89; Murray möchte lieber an einen vom Geier zerfleischten Leichnam denken. Die menschliche Figur will weder auf das eine noch auf das andere recht passen. Ceteris paribus dürfte eine mythologische Deutung vorzuziehen sein. Adler und Prometheus: Berliner Gemmen Tölken III 43—45. Lippert, Daktyliothek II 4. Keller, Tiere des klass. Altertums 255.

54. Achatonyx der Berliner Sammlung (Tölken III 120). Der **Adler** entführt den Ganymedes; eine Feder entfällt seinen Schwingen; der **Hund** des Ganymedes sucht sie zu haschen. In der Art des Leochares. Einst im Besitz des Baron Stosch. Ähnlich die Berliner Pasten Tölken III 121. 122 und der Sardonyx 123. Keller, Tiere des klass. Altertums 274 Anm. 361.

55. Paste der Berliner Sammlung (Tölken III 159). Zeus als riesiger Adler mit Asterie. Liebliche Composition, sehr gelungene Raumausfüllung. Keller, Tiere des klass. Altertums 250. Tölken denkt an Hebe.

56. Gelbe Paste der von Lannaschen Sammlung in Prag. Raub des Ganymedes in der Art des Leochares. Gut gemacht, nur ist leider das Gesicht des Ganymedes auf der Paste undeutlich. Einst im Besitze Bartholdys. Vgl. Pariser Goldohrenring 2579.

57. Achatonyx der Berliner Sammlung (Tölken III 127). Ganymedes tränkt den Adler mit Nektar. Einst im Besitze des Baron Stosch. Eine schönere Variation des gleichen Gegenstandes ist auf einem Sardonyx des brit. Museums, Keller, Tiere des klass. Altertums 275. Tränken des Adlers durch Ganymedes: Pariser Karneol 1430. ' Lippert, Daktyliothek I S. 19.

58. Hämatit des brit. Museums. Zwei ägyptische Geier stehen oberhalb eines Löwen, der über eine erlegte Gaselle springt. Über den Geiern ist die geflügelte und geschwänzte Sonnenscheibe. Ein ägyptisches Amulett. Die Geier sind unverkennbar. Zwei Geier, Löwe, Huftiere u. s. w. auf einem Pariser Siegel aus weißem Marmor 1270.

59. Schwarzer Jaspis der Münchener Sammlung 24. Sperber die Flügel ausbreitend. Über ihm ein Serapiskopf mit Strahlenkranz und Modius. Gleichartig: Berliner Karneole Tölken I 60. 61. Auf dem Berliner Karneol Tölken I 72 ist auch noch der Kopf der Isis über dem Vogel.

60. Karneol-Kamee, altägyptisch, nach Lipperts Daktyliothek I 893. Der heilige Sperber, auf dem Kopfe trägt er die Krone des Osiris, unten ist die Sonne, rechts sieht man die beiden Flügel, welche gewöhnlich an der Sonnenscheibe sind. Solche Sperber sieht man auf den Berliner Gemmen Tölken I 1. 135. 136. 139; dem Pariser Hämatit bei Chabouillet 789 u. s. w.

61. Paste der Berliner Sammlung 3548. Eule der Athene (Steinkaus), das Gesicht dem Beschauer zugekehrt, auf einem panathenäischen Ölkruge stehend. Gleichfalls auf einem Ölgefäße: Berliner Jaspis Tölken III 350.

62. Karneol der Berliner Sammlung (Tölken III 330). Athene steht in kriegerischer Rüstung auf einem Wagen und lenkt zwei Eulen, welche vor ihn gespannt sind. Einst im Besitze des Baron Stosch. Auch auf Münzen.

63. Sard des brit. Museums. Uhu auf einer Kugel sitzend.

Tafel XXI.

1. Karneol der Berliner Sammlung (Tölken VIII 204). Schreitender indischer Papagei, besonders kenntlich an den aufwärts gekrümmten Schwanzfedern, hält zwei Cymbelschalen im Schnabel, mit denen er spielt. Aus der einstigen Stoschischen Sammlung. Ebenso Berliner Karneol VIII 205; dabei noch zwei ineinander gelegte Hände: Berliner Karneol Tölken VI 77.

2. Jaspis der Wiener Sammlung 1030. Der gleiche Gegenstand kleiner. Auf beiden Steinen ist auch der Streif um den Hals sehr deutlich. Dieß ist der Psittacus torquatus von Centralasien. Die zwei langen gekrümmten Schwanz-

federn erwähnt Apuleius in den Florida. Bekannt ist die Elegie Ovids auf den Papagei der Corinna — vielleicht der Julia. Aus den Cymbeln sind zwei Nüsse gemacht auf dem in Munros Horaz S. 259 in Holzschnitt gegebenen Sard Kings; vom Verzehren von zwei Kirschen redet Chabouillet, Pariser Gemmen 1985. 1987. 1989. Auch bei Chabouillet 1986 und Lippert II 1060 (betr. einen Sardonyx des Grafen Vitzthum) ist vom Kirschenessen die Rede.

3. Achat der Pariser Sammlung 1990. **Papagei** auf einem **Zweige** laufend, von dessen **Beeren** er fressen will. Sehr fein. Hier und Nr. 4, wo ein Halsbandstreifen nicht sichtbar ist, kann man an den **Psittacus Alexandri** von Ceylon denken, welchem dieses Merkmal fehlt. Papagei auf einem Zweige, den Tölken als Lorbeerzweig deutet: Berliner Amethyst VIII 203.

4. Weißer Chalcedon der Pariser Sammlung 2137 A. **Papagei** eine Maus, deren Schwanz er mit dem Maul gepackt hat, in die Höhe ziehend. Überschrift **MAS**.

5. Karneol der Züricher Sammlung. **Rabenartiger Vogel** lenkt mit einem im Schnabel festgehaltenen Zügel zwei **papageienartige Vögel**, welche seinen Wagen ziehen. Aus Neapel.

6. Grüne Paste der von Lannaschen Sammlung. Laufender **Rabe**. Einst im Besitze Bartholdys zu Rom.

7. Sardonyx der Pariser Sammlung 1982. Schreitender **Rabe**; vor ihm eine **Pflanze**.

8. Onyx der Wiener Sammlung 1036. **Rabe** auf einem Dreifuß, links **Delphin** mit dreizackiger Gabel, rechts **Füllhorn**. Statius Theb. III 506 nennt den Raben: comes obscurus tripodum.

9. Sard des brit. Museums. **Rabe** auf einem Köcher und Bogen, eine **Wage** im Schnabel haltend; oben Blitzbündel. Völlig gleichartig der Karneol bei Lippert, Daktyliothek I 197. Die Wage wird als Himmelzeichen und wohl eher auf die Tag- und Nachtgleiche (Manilius I 267) als auf die Gerechtigkeit zu beziehen sein. Bogen und Köcher gehen selbstverständlich auf Apollo, dem der Rabe heilig war.

10. Smaragdplasma der Berliner Sammlung (Tölken (VIII 177). **Rabe** auf einem von zwei **Haubenadlern** (**Spizaëtus**) gezogenen Wagen fahrend; doch ist zu beachten, daß der Haubenadler ein süd- und mittelafrikanischer Vogel ist. Man hat auch schon an Eulen statt der Haubenadler gedacht. Die Arbeit ist zu unpünktlich, um etwas Sicheres zu behaupten. „Gehaubte Falken", wie die Vögel von Tölken benannt werden, gab es im klassischen Altertum nicht. Aus der einstigen Stoschischen Sammlung. Vielleicht nicht antik.

11. Bergkrystall der Pariser Sammlung 1991. Zwei **Krähen**, ganz vorzüglich. Ebenfalls 'deux corbeaux' nach dem Katalog auf dem Pariser Sard-Scarabäus 1992.

12. Antike Paste der Berliner Sammlung (Tölken III 782). **Rabe** auf einem **Lorbeerzweig**; auch auf dem Berliner Karneol Tölken III 790.

13. Violette Paste der Berliner Sammlung 3651. **Rabe**, auf einem **Zweig** mit vielen kleinen ganz runden **Beeren**.

14. Gemme der Pariser Sammlung 1264, 2. **Rabe** auf einem **Zebu** hockend, welcher am Boden sitzt. Barbarisch, parthisch oder neupersisch. Ähnlich: Rabe auf einem Steinbock (Mouflon nach Chabouillet), Pariser Karneol 1266.

15. Violette antike **Paste** der Berliner Sammlung (Tölken V 78). Faustulus, die **Wölfin**, die Zwillinge, ein **Weinstock**, darauf ein kleiner Vogel, welcher ohne Zweifel den **Specht** der heiligen Sage vorstellen soll. Beischrift EVPROPVS. Einst in der Stoschischen Sammlung. Vgl. die Stoschische antike Paste bei Tölken V 83: Wölfin mit den Zwillingen, Baum mit Specht, umher der Zodiacus. Der Vogel ist auf dieser zweiten Paste noch kleiner und undeutlicher. Auch auf der Paste Tölken V 79 finden wir die Scene. In beiden letztgenannten Stücken deutet man die Pflanze als den Wildfeigenbaum. Ebenso auf dem Pariser Chalcedon 1531.

16. Sardonyx der Pariser Sammlung 1984. **Singvögelchen.** Nach Chabouillet ein Sperling.

17. Sard der Pariser Sammlung 1993. **Wachtel**(?) auf einer **Ähre** stehend.

18. Jaspis der archäologischen Gesellschaft zu Athen. **Singvogel.**

19. Karneol der Berliner Sammlung (Tölken III 496). Drei Amoren, deren jeder einen Stecken hält, machen sich mit einem über ihnen fliegenden **Vogel** zu schaffen, welchen zwei von ihnen mit ihren Stäben (Leimruten?) zu berühren scheinen. Rechts steht eine Herme. Tölken meint, sie halten den Vogel an einem Faden. Die Zeichnung unseres Steines spricht aber nicht dafür. Aus der einstigen Stoschischen Sammlung.

20. Hellblaue Paste der von Lannaschen Sammlung in Prag. **Schwalbe.** Einst im Besitze Bartholdys in Rom.

21. Antike Paste der Berliner Sammlung (Tölken II 139). Jason sucht den kolchischen **Drachen** zu kirren, der sich um eine Säule windet, auf welcher der Zaubervogel **Wendehals**, Iynx, sitzt. Unten liegt das goldene Vliefs. Stricheinfassung. Einst im Besitz des Baron Stosch. Die gleiche hübsche Scene befindet sich, nur mit einem stehenden, nicht liegenden, Widder, auf einem Baudachat des Dr. Nott, Impronte Gemmarie I 75, auch in Holzschnitt bei Munro, Horaz S. 192. King S. 434 denkt bei dem Vogel an einen Raben, was aber mit seinem Holzschnitte durchaus nicht stimmt. Ebenso spricht Chabouillet bei einem gleichartigen Pariser Karneol 1792 von einem Raben (neben Kadmos). Lippert Daktyliothek II 69. 70 (Stoschischer Achatonyx und Karneol) redet von Bachstelzen. An den Wendehals dagegen denkt Tölken sowohl hier als zu den gleichartigen Nr. IV 144—146 und zu III 443.

22. Nicolo der Pariser Sammlung 2130. Eine **Taube** steht auf einer Cista, wahrscheinlich der Cista mystica, an welcher links ein **Bocks**-, rechts ein **Rindskopf** angebracht sind. Die auf Geräten sitzenden Tauben sind bei den Gemmenschneidern beliebt: Berliner Karneol bei Tölken VII 189. Paste bei Tölken VIII 259. Pariser Sardonyx-Kamee bei Chabouillet 38 u. s. w.

17*

23. Karneol der Berliner Sammlung 3044. Vermutlich ein **Fasan**. Der Stein stammt wahrscheinlich aus dem Orient. Auch auf einem Pariser orientalischen Kegel aus Sonnenstein bei Chabouillet 1230.

24. Chalcedon der Pariser Sammlung 1999. **Rebhuhn mit Jungen**, sich ängstlich duckend; sehr gut gemacht. Auch unter den Kameen der Pariser Sammlung ist ein Rebhuhn: Achat bei Chabouillet 142.

25. Karneol-Siegelring der Pariser Sammlung 1268. Ein **Adler** hat sich auf einen **Pfau** gesetzt und hackt ihn in den Kopf. Der Pfau hält einen **Zweig** im Schnabel. Parthisch oder neupersisch, roh, aber beide Tiere sind gut charakterisiert.

26. Sard des brit. Museums. Laufender **Pfau**; über ihm fliegt ein **Schmetterling**, welcher ihn am Zaume hält. An den Füßen des Pfaues zwei unklare Gegenstände, deren einen er mit dem linken Fuße festhält.

27. Bergkrystall der Berliner Sammlung 3641. Laufender **Pfau**, einen **Zweig** mit einer kleinen **Obstfrucht** im Schnabel haltend.

28. Antike Gemme nach Lipperts Daktyliothek I 322. Mercur hat eben dem Argus den Kopf abgeschnitten, er hält in der Rechten die Harpe, in der Linken das abgeschnittene Haupt und den Schlangenstab. Jo springt als **Kuh** davon; der **Pfau**, in dessen Schweif Juno des Argus hundert Augen versetzt, sitzt auf einem **Baume**.

29. Paste der Berliner Sammlung 3564. **Hahn** stehend, den Kopf etwas zurückwerfend und offenbar krähend. Starke Rasse, dickhalsig, kurzschwänzig. Ein krähender Hahn ist auch auf dem Berliner Karneol Tölken VIII 218.

30. Sard-Rhomboid der Pariser Sammlung 1226. Schreitender **Hahn**, einen Ring mit drei **Perlen** im Schnabel haltend; dabei Pehlewibeischrift. Ähnlich der Pariser Jaspis 1227.

31. Braune Paste der Berliner Sammlung 3563. Stehender **Hahn**, schlankere Rasse als Nr. 29.

32. Braune weißgestreifte Paste der von Lannaschen Sammlung in Prag. Schreitender **Hahn**. Einst im Besitze Bartholdys zu Rom.

33. Karneol der Berliner Sammlung (Tölken III 490). Amor läßt neben einer bärtigen Herme, hinter welcher ein Palmzweig hervorragt, zwei **Hähne** kämpfen, wobei er den einen mit seinem Stabe berührt. Niedliche Scene. Einst in der Stoschischen Sammlung. Sehr schlechte und den Sinn merkwürdig verändernde Variante davon nach einer Jaspis-Gemme römischer Arbeit bei King, handbook of engraved gems Taf. zu S. 361 Fig. 28. Parallelen bei Tölken: Berliner Gemmen III 491. 492 und Paste 493.

34. Paste der Berliner Sammlung (Tölken VIII 40). Zwei kämpfende **Hähne**, vorzüglich.

35. Jaspis der Wiener Sammlung 1008. Zwei **Hähne** laufen gegeneinander; zwischen ihnen ein ruhig nagendes **Mäuschen**.

36. Paste der Berliner Sammlung 3632. **Hahn** hinter einer **Henne** herlaufend.

37. Achatonyx der Berliner Sammlung (Tölken VIII 242). **Hahn**, der eine **Henne** treten will.

38. Jaspis des brit. Museums. **Hahn** eine **Henne** tretend. Sehr merkwürdige, archaisch sehr schöne Arbeit. Beischrift ΜΕΤΝΑ, was vielleicht rückläufig gemeint ist. Perleneinfassung.

39. Karneol der Sammlung Charamis in Athen. **Hahn** auf **Henne**; darüber rechts Stern, links Mondsichel. Feine Arbeit, wenn auch weit weniger kunstvoll als Nr. 38.

40. Karneol der Berliner Sammlung (Tölken VIII 245). **Hahn** auf **Henne**, im Gebüsch. Aus dem Besitz des Baron Stosch. Noch eine Darstellung der gleichen Scene, in vorzüglicher Ausführung, bietet der Karneol der Berliner Sammlung Tölken VIII 243, abgebildet im Jahrbuch des archäol. Instit. III (1888) Tafel 3, 13 mit Künstlerschrift ⟨Υλ⟩ου oder ⟨Αὐ⟩λου. Eine andere Darstellung auf der Berliner Paste VIII 244. Die Berliner Paste ist abgegossen bei Lippert, Daktyliothek II 1062.

41. Antike Paste der Berliner Sammlung (Tölken VIII 222). **Hahn** mit einer **Schlange** kämpfend, die er mit den Füßen gepackt hat. Einst in der Stoschischen Sammlung.

42. Karneol der Berliner Sammlung (Tölken VIII 226). Ein **Hahn** gewöhnlichen Schlags scheint im Gebüsch in feindseliger Absicht gegen eine **Heuschrecke** und eine **Krabbe** anzulaufen. Artige Composition. Einst in der Stoschischen Sammlung

43. Karneol der Münchener Sammlung 474. **Hahn** hält eine **Maus** am Schwanz; sie zappelt unnatürlich in der Luft.

44. Karneol der Berliner Sammlung (Tölken VIII 224). **Hahn** eine **Maus** am Schwanz im Schnabel haltend. Die Situation der Maus ist etwas natürlicher als in der vorhergehenden Nummer. Aus der altkurbrandenburgischen Sammlung. Gleiche Scene auf der Berliner Paste Tölken VIII 225. Ähnlich der Berliner Karneol Tölken VIII 232 und der Berliner Achatonyx Tölken VIII 230. Ein weiteres Stück, wobei der Hahn aus einer Schnecke hervorkommt, ist der Berliner Karneol bei Tölken VII 311.

45. Plasma der Wiener Sammlung 1016. **Hahn** an einem mit **Obst** und dergl. gefüllten **Füllhorn** pickend. Neben dem Füllhorn **Ähren.**

46. Roter Jaspis der Münchener Sammlung 470. Eine **Maus** kutschiert und wird von zwei eifrig laufenden **Hähnen** gezogen. Drei Hähne ziehen eine Maus auf dem Berliner Karneol Tölken VIII 256. Vgl. die Tiere in umgekehrter Rolle Tafel XVI 20.

47. Karneol der Berliner Sammlung (Tölken III 487). Ein am Boden sitzender Amor sucht eine **Traube** vor einem begehrlichen **Hahn** zu retten. Sehr niedlich. Einst im Besitze des Baron Stosch.

48. Karneol der Berliner Sammlung (Tölken III 488). Ein etwas plumper Amor hält einem vor ihm stehenden **Hahn** eine Vermahnung. Einst in der Stoschischen Sammlung.

49. Karneol der Berliner Sammlung (Tölken VI 82). Ein Knabe, am Boden kauernd, hält mit beiden Händen zwei **Kampfhähne**; in seiner rechten Hand bemerkt man einen **Palmzweig.** Sehr hübsch. Einst im Besitz des Baron Stosch. Gleiches Sujet auf dem Berliner Karneol Tölken VI 83.

50. Karneol der Berliner Sammlung (Tölken III 482). Amor auf einem **Hahn** reitend, vor ihm unbestimmtes Symbol. Aus der einstigen Stoschischen Sammlung. Gleiches Sujet auf der Berliner Paste Tölken III 483.

51. Roter Jaspis der Berliner Sammlung (Tölken VIII 255). Ein **Papagei** lenkt einen von zwei **Hähnen** gezogenen Wagen. Einst im Besitz des Baron Stosch.

52. Roter Jaspis der Berliner Sammlung (Tölken VIII 251). **Hahn** einen Wagen ziehend, den ein **Siebenschläfer (Haselmaus)** lenkt. Derber Stil. Aus der einstigen Stoschischen Sammlung.

53. Roter Jaspis der Berliner Sammlung (Tölken VIII 252). Gleichfalls ein **Hahn**, welcher einen **Siebenschläfer** oder eine **Maus** zieht. Weniger komisch, aber schöner als Nr. 52. Ebenfalls aus der ehemaligen Stoschischen Sammlung.

54. Karneol des Dr. Riggauer in München. Zwei Amoren mit der Unterweisung eines **Hahns**, ohne Zweifel eines Kampfhahns, beschäftigt. In Rom gekauft. Vgl. unsere Nr. 48.

Tafel XXII.

1. Achatonyx der Berliner Sammlung 3552. **Ibis** eine **Maus** haschend. Ein Ibis mit Caduceus, auf seinem Kopf eine kleine Harpokratesfigur tragend, als heiliger Vogel von Thot (= Hermes), auf einem Lapis lazuli bei Munro, Horaz S. 330. Thot war ursprünglich Mondgott, der Ibis war ihm wegen seines der Mondsichel vergleichbaren Schnabels heilig, außerdem wohl wegen seines Nutzens durch Vertilgung von 'Schlangen, Heuschrecken und Raupen' (Diodor. Sic. I 87), wozu nach unserer Gemme auch die Mäuse kommen.

2. Bandachat der Berliner Sammlung 4526. **Kranich** auf Einem Fuße stehend und den Schnabel in die Höhe streckend. Aus Athen. Sehr alt und schön.

3. Karneol der Berliner Sammlung (Tölken VIII 187). **Storch** mit einer **Schlange**, vermutlich **Ringelnatter, Tropidonotus natrix**, im Schnabel. Aus der ehemaligen Stoschischen Sammlung. Das gleiche auf einem römischen Mosaik von Aventicum aus dem Jahre 209 n. Chr., Haller, Helvetien unter den Römern II 274. Sie galten in Thessalien wegen der Schlangenvertilgung für unverletzlich, Pseudaristot. mirab. ausc. 23 (22).

4. Nicolo der Pariser Sammlung 1983. **Storch** den Schnabel senkrecht empor-streckend und klappernd. Recht gut.

5. Karneol des Freiherrn von Ludwigstorff in Deutsch-Altenburg. **Storch** mit **Eidechse** im Schnabel. Ausgegraben a. 1883 auf dem Boden des alten Carnuntum.

6. Karneol der Berliner Sammlung (Tölken VIII 196). **Reiher** mit ausgebreiteten Flügeln auf eine **Schlange** zulaufend, die sich vor ihm aufringelt. Sehr lebendig. Aus der ehemaligen Stoschischen Sammlung. Tölken bezeichnet den Vogel nicht richtig als Kranich. Das gleiche Sujet auf einem Mosaik der Hadriansvilla, Penna, viaggio pittorico della Villa Adriana Tafel 130.

7. Achatonyx der Berliner Sammlung (Tölken VIII 192). **Storch** den Lituus blasend. Aus der ehemaligen Stoschischen Sammlung. Ebenso VIII 191. 193. Ähnlich der Berliner Karneol Tölken VIII 198, wo ein Kranich dargestellt sein soll. Ein trompetender Storch: Berliner Paste bei Tölken III 354.

8. Karneol der Berliner Sammlung (Tölken VIII 189). Zwei **Störche**. Mühsam, aber ziemlich ungeschickt gemacht. Aus der ehemaligen Stoschischen Sammlung. Zwei Störche bedeuten Eintracht, cf. Inven. 1, 116.

9. Chalcedon-Scaraboid der Ermitage in St. Petersburg. Fliegender **Reiher, Ardea cinerea**, mit Beischrift des Verfertigers: $\Delta E \Xi AME NO\Sigma$ $E\Gamma OIE XIO\Sigma$ 'Dexamenos der Chier hat es verfertigt'. Ein ausgezeichnetes Stück im Original; leider war der zu Gebote stehende Abguſs mittelmäſsig. Der Schopf am Kopfe des Vogels z. B. ist im Original ganz deutlich, ebenso beide Füſse. Ein Abdruck nach einem viel besser gelungenen Abguſs steht im Jahrbuch des archäol. Instit. III (1888) Tafel 8, 9. Die Gemme stammt aus einem Grabe bei Kertsch.

10. Karneol nach einem Abdruck in der Sammlung Postolaccas. **Reiher** stehend und die Flügel ausbreitend. Stricheinfassung. Aus Macedonien. Sehr hübsch. Auf dem Revers des Steines ist eine stehende Aphrodite, mit der erhobenen Rechten ihr Gewand haltend, die Linke auf ein Brunnenbecken gestützt.

11. Achatchalcedon der Berliner Sammlung 4624. **Reiher**, auf Einem Fuſs stehend. Alt. Aus dem Peloponnes. Vortrefflich.

12. Brauner Sard der Berliner Sammlung (Tölken VIII 197). **Kranich** mit einer **Eidechse** im Schnabel. Schön. Aus der einstigen Stoschischen Sammlung. Storch mit Eidechse im Schnabel: Berliner Achatonyx bei Tölken 188.

13. Braune Paste der von Lannaschen Sammlung in Prag. **Storch** und **Ziege**; im Hintergrund ein **Baum**. Einst im Besitze Bartholdys zu Rom.

14. Gelbbraune Paste der von Lannaschen Sammlung in Prag. Irgend ein **Sumpfvogel**, vielleicht **Reiher**, eine **Muschel**, **Fusus** oder **Tritonium**, ausfressend.

15. Jaspis der Wiener Sammlung 1025. Das gleiche, doch hat der Vogel hier keinen Federbusch, so daſs hier an **Himantopus**, **Strandreiter**, gedacht werden kann. Beischrift $\exists \exists T H \forall \lambda$ — Κρῆτες; wahrscheinlich in dem Sinne, daſs sie alles plündern, was an ihr Gestade kommt.

16. Schwarzer Jaspis der Pariser Sammlung 1997. **Hahn** stehend, gehört zur vorhergehenden Tafel. Dabei die Buchstaben M, I, D.

17. Plasma (Jaspis der Alten) des brit. Museums. **Kranich** einen schildbewehrten Pygmäen bedrängend. Niedlich. Vgl. Berliner Gemmen Tölken IV 427—429.

18. Karneol der Berliner Sammlung 4461. **Delphin** und **Kormoran, Phalacrocorax carbo**, einander beiſsend. Sehr alt. Aus Smyrna.

19. Paste der Berliner Sammlung 3648. Unklarer Vogel mit dicken Füſsen, **Pelikan**(?), **Gans**(?) oder **Strandreiter**(?). Rohe archaische Arbeit.

20. Antike Paste der Berliner Sammlung (Tölken VIII 202). Ein **Schwan** (Gans nach Tölken) geht mit ausgebreiteten Flügeln auf eine **Schlange** los, die unter einem **Strauche** liegt. Recht hübsch. Aus der ehemaligen Stoschischen Sammlung.

21. Chalcedon der Berliner Sammlung (Tölken II 106). Amor steht mit Peitsche und Leitseil auf einem von zwei **Schwänen** gezogenen eigentümlichen, etwas muschelartig aussehenden, doch mit Rädern versehenen Wagen und führt

über die Meereswogen dahin. Die Schwäne schwimmen nicht, sondern laufen oben auf dem Wasser. Perleneinfassung. Aus der Stoschischen Sammlung. Zwei Schwäne am Wagen Amors auch auf den Berliner Gemmen Tölken III 479—481.

22. Braune Paste der Berliner Sammlung 3647. Zwei hintereinander schwimmende Schwäne. Zwei Schwäne auch auf der Berliner Paste Tölken VIII 201.

23. Glaspaste der Sammlung Mezio in Syrakus. Leda mit dem Schwan auf einem Steine sitzend. Sehr schöne, wenn auch etwas raffinierte Composition. Feinster Stil. Vgl. Keller, Tiere des klass. Altertums 288.

24. Smaragdplasma der Berliner Sammlung (Tölken III 112). Leda auf einem Altar sitzend. Der Schwan sieht mehr wie eine Gans aus. Einst in der altkurbrandenburgischen Sammlung.

25. Grüner Jaspis der Münchener Sammlung 26. Leda mit dem Schwan, am Boden kauernd. Er scheint sie in die Brust zu beißen wie in Nr. 23. Der eine Flügel des Schwans ist verzeichnet. Aus der Sammlung Steiglehner.

26. Sard des brit. Museums. Leda mit dem Schwan, auf einem im Freien aufgeschlagenen Bette kauernd. Sie schlingt den rechten Arm um den Nacken des Schwans, welcher sie mit gierigen Augen küßt. Links ein Baum; unten die Inschrift: ΕΡΜΑ / ΙϹΚΟ//. Der letzte Buchstabe ist nicht deutlich. Es dürfte der Name des Künstlers sein. Der Stein ist aus der besten Zeit und zeugt von bedeutendem Talent.

27. Sard des brit. Museums. Leda mit dem Schwan, am Boden kauernd. Recht hübsch.

28. Karneol im Besitze des einstigen Prinzen Heinrich von Preußen, nach Lipperts Daktyliothek I 33. Leda mit dem Schwan, stehend. Andere Leda-Darstellungen: Berliner Sammlung Tölken III 101—111. 113. VII 201. 217. Lipperts Daktyliothek I S. 15. 16. Griechische Gemme in St. Petersburg bei Köhler, zur Gemmenkunde I 13.

29. Sardonyx des königl. Museums zu Neapel Nackter Knabe auf einem Schwan reitend. Er schwingt mit der Rechten eine Peitsche mit doppeltem Riemen und hält in der andern Hand die Zügel. Die Vorderseite dieser Gemme zeigt einen Amor mit Doppelflöte und eine Inschrift.

30. Bandachat des brit. Museums. Fliegende Gans. Wundervoll gemacht.

31. Violette Paste der von Lannaschen Sammlung in Prag. Nackte Frau, vielleicht Aphrodite, einer Gans zu fressen gebend oder schmeichelnd. Niedlich. Einst im Besitze Bartholdys zu Rom. Illustration zu Keller, Tiere des klass. Altertums 297 Anm. 87.

32. Chalcedon der Münchener Sammlung 475. Ein nackter Knabe hält eine Gans am Halse und holt mit einem Stecken aus, sie zu schlagen. Eigentümliche Variation der bekannten Gruppe vom Knaben mit der Gans. Die Ausführung ist roh. Einst im Besitze Steiglehners. Vgl. Keller, Tiere des klass. Altertums 296.

33. Serpentin-Rhomboid der Pariser Sammlung 1229. Rennender **Strauſs**; um ihn herum allerlei Symbole, darunter der Stern mit Äpfeln, welcher auf Abraxasgemmen vorzukommen pflegt. Orientalisch, vielleicht gnostisch.

34. Karneol der Berliner Sammlung (Tölken VIII 180). Ein **Strauſs** vor einem Wassergefüfs stehend, in welches aus einem Brunnen Wasser flieſst. Der Brunnen hat die Gestalt einer cannellierten Säule mit einem umgestürzten Wasserkruge oben; aus letzterem läuft das Wasser herab. Ob der Vogel ein Strauſs ist, steht nicht ganz fest, doch sieht er dieser Vogelart am meisten ähnlich und die mittlere Partie stimmt sogar sehr gut damit. Ein Kranich am Rand eines Labrums auf dem Berliner Sardonyx nach Tölken III 917.

35. Karneol der Berliner Sammlung (Tölken VI 152). Circusspiele, angedeutet durch vier **Rennwagen**, ein Schiff, **Strauſs**, **Wildesel**, **Panther**, **Hyäne**, **Bär**, **Wolf**, **Löwe**. Leider alles sehr klein. Aus der einstigen Stoschischen Sammlung.

36. Gelbgesprenkelter grüner Jaspis der Münchener Sammlung 120. Amor führt mit zwei **Strauſsen**. Aus dem Besitze Steiglehners.

Amphibien und Reptilien.

37. Karneol der Wiener Sammlung 1060. Leider beim Photographieren auf den Kopf gestellt. **Landschildkröte**, **Testudo Graeca**, umgeben von einem **Skorpion**, einem **Taschenkrebs**, zwei Sternen und einer Mondsichel.

38. Achatonyx der Berliner Sammlung (Tölken III 1196). Asklepios mit dem von einer lebendigen **Schlange** umwickelten Stabe, zu seinen Füfsen eine **Schildkröte**: **Testudo Graeca**, die **Landschildkröte**. Aus der ehemaligen Stoschischen Sammlung. Die Alten schrieben den Schildkröten sehr viele Heilkräfte zu (Nikander, Dioskorides, Plinius, Ovid, schol. Nikand. etc.). Nach Tölken vielleicht eine Andeutung der Insel Ägina, wo Asklepios einen Tempel hatte. Wieseler bei Müller D. a. K. II 60, 774 denkt an die Heilkraft der Musik.

39. Sard des brit. Museums. Nackter bärtiger Mann mit Seefahrershut auf einer **Schildkröte**, wahrscheinlich **Landschildkröte**, durch das Meer fahrend. Er füttert sie mit einem Zweige und hält in der Linken einen zweiten Zweig. Sehr fein ausgeführt und, was die Meereswogen betrifft, sehr eigentümlich. Stricheinfassung. Die Sage, auf welche das Bild geht, ist leider verschollen; möglicherweise betraf sie einen Gründer und Stammvater, der auf diese seltsame Art mit Hilfe des der Astarte (und Aphrodite Urania) heiligen Tieres über das Meer gefahren sein sollte, vielleicht einen äginetischen Heros; denn Ägina hatte die Schildkröte als Wappen. Das Reiten auf einer Schildkröte kommt wiederholt vor: Silen (Bronzefigur des brit. Museums cas. 38), Frau (etrusk. Kandelaber in Berlin), affenartige Figur (Thonfigur aus Melos im brit. Museum, Nr. 28 T. B.).

40. Antike Paste der Berliner Sammlung (Tölken V 25). Äschylus sitzend und mit beiden Händen eine Schale zum Munde führend. Über ihm schwebt ein **Adler**, welcher eine erbeutete **Schildkröte** auf seinem Kopfe zerschmettern

will. S. Keller, Tiere des klass. Altertums 257. Aus der einstigen Stoschischen Sammlung.

41. Sardonyx der Sammlung Postolacca in Athen. **Gecko, Platydactylus muralis**, nicht sehr deutlich, dabei vier undeutliche Buchstaben. Vor seinem Maule eine **Nacktschnecke, Limax**, welcher er wahrscheinlich nachstellt. Eine Mondsichel ist es sicher nicht, vgl. Nr. 37 und Tafel XXIV 43.

42. Sonnenstein (Girasol) der Pariser Sammlung 2193. **Nilwaran**, darüber **ΑΣΑΜΑΛΑϽ** — Salamaza. Gleichfalls eine Art Eidechse auf einem gnostischen Steine: Pariser Jaspis 2245. Das sonderbare durchstrichene **Z** findet sich auch auf anderen gnostischen Talismanen z. B. Pariser Pras 2186; es scheint specifisch gnostisch zu sein.

43. Nicolo der Pariser Sammlung 2002. **Eidechse.** Sehr natürlich und fein.

44. Gelber Jaspis der Berliner Sammlung (Tölken I 153). **Nilwaran**; rechts und links je eine Zeile sinnloser griechischer Buchstaben — auf der Rückseite des Steins ist ein Skorpion. Gewifs also ein Amulett. Auf einer andern Eidechsengemme der Berliner Sammlung (Achatonyx Tölken VIII 328) ist beigeschrieben: Lumina restituta, also für Wiederherstellung des Augenlichts, mit Bezug auf die Regenerationskraft dieser Tiere.

45. Steatit des brit. Museums. **Sterneidechse, Stellio vulgaris.** Roh altertümlich. Der Schwanz sollte etwas stachlig sein; die Querstreifen auf dem Rücken deuten Querreihen von Warzen an. Vgl. Tournefort, Reise in die Levante I Tafel 43.

46. Violette Paste der Berliner Sammlung 3139. **Krokodil.** Rechts und links je ein **kleiner Vogel**, vermutlich ein trochilus.

47. Sard des brit. Museums. Amor auf einer Nilbarke im Sumpfgebiet, welches durch die **Sumpfpflanzen** angedeutet ist, ein **Krokodil** jagend. Fein.

48. Jaspis des brit. Museums. Christus oder ein christlicher Heiliger in langem Gewande hält mit einer Hand einen **Fisch**, das Symbol Christi, über seinem Kopf, mit der andern macht er eine Geberde, als würde er predigen. Er steht auf einem nicht sehr deutlich gezeichneten **Krokodil**. Die christliche Figur ist offenbar an die Stelle des Horus-Harpokrates getreten, der auf Krokodilen stehend abgebildet wurde, z. B. auf dem ägyptischen Serpentin zu Paris 2758.

49. Braune Paste der Berliner Sammlung 3732. **Kröte, Bufo vulgaris**, beide Vorderfüfse auseinanderhaltend und nach einem **Fisch**, einer **Sparoide**, haschend, der über ihr zu schwimmen scheint.

50. Sard des brit. Museums. Eine **Kröte, Bufo vulgaris**, sucht von hinten auf eine **Schildkröte** zu steigen. Vorzüglich, fein und naturgetreu. Stricheinfassung. Schildkröte und Kröte oder Frosch verbunden, dabei die Inschrift **ΤΡΙΦΟ** auf einer Gemme bei Cades, grofse Abdrucksammlung 49, 31. Beide Tiere haben prophylaktische Bedeutung. Schlange, Schildkröte, Frosch (Kröte) und Eidechse auf einer Dolichenushand aus Bronze vom S. Bernhard. Haller, Helvetien unter den Römern II 517.

Tafel XXIII.

1. Weifsgebrannter Karneol der Berliner Sammlung (Tölken III 1202). Hygieia, in langem Chiton, läfst die Heilschlange aus einer Schale fressen. Einst im Besitze des Baron Stosch. Die schlangenfütternde Hygieia ist gewöhnlich auf den Gemmen: Lippert, Daktyliothek I 669—672 und sonst.

2. Sardonyx des Grafen Moszynski, nach Lipperts Daktyliothek I 957. Ein nackter Mann, vermutlich Machaon, der Sohn Äsculaps, sitzt träumerisch auf einem Felsen. An dem vor ihm im Boden steckenden Stabe ringelt sich eine Schlange empor. Eine Paste mit Machaon in etwas anderer Position: Berliner Sammlung Tölken III 1208.

3. Karneol nach Lipperts Daktyliothek I 960. Ein Mann in Priestertracht hält mit der Rechten eine Schlange über ein Altarfeuer; in der Linken scheint er eine Opferschale zu halten; hinter ihm eine Frau in langer Stola. Römische Arbeit.

4. Obsidian der Berliner Sammlung (Tölken III 1400). Ein nackter bärtiger Mann kniet vor einem kleinen Altar, der unter einem Laubbaume errichtet ist, an welchem ein Widderkopf hängt, und hält mit beiden Händen eine Schlange über das Altarfeuer. Hinter dem Manne steht eine Frau mit Tunica und Überwurf bekleidet, die mit den Händen eigentümliche Geberden macht: sie deutet mit der Linken auf ihre Stirn, mit der Rechten auf die Schlange. In der Mitte des Hintergrundes erhebt sich eine Herme des Pan. Aus der altkurbrandenburgischen Sammlung. Gleichartige Scene auf dem Smaragdplasma der einstigen altkurbrandenburgischen Sammlung: Berliner Sammlung Tölken III 1491. Eine Variante (Abgufs nicht ungegebenen Ursprungs im Besitze O. Kellers) gibt die ganz gleiche Scene, nur dafs der Altar breiter und niedriger ist. Unsere Gemme ist auch in Lipperts Daktyliothek I 981 abgegossen als 'Achat des Königs von Preufsen'. Ähnlich ein Stoschischer Karneol (Winckelmann, Stoschische Sammlung S. 473): 'Äsculap steht als Herme auf dem Altar, wo Feuer brennt, und ein bejahrter Mann, nackt und sehr schön geschnitten, opfert eine Schlange, die er ins Feuer legt.' Der Stein ist in der Berliner Sammlung Tölken 1492, doch spricht Tölken nur von einer bärtigen Herme, nicht wie Winckelmann von einer Äsculapherme. Die Scenen beziehen sich nach Tölken auf die in Griechenland sehr gebräuchlichen häuslichen Sühnopfer, zu deren Darbringung die abergläubischen Leute einen Orpheotelesten herbeiriefen, Theophrast. char. 16. Teilweise betreffen aber solche Scenen mit Schlangen-Brandopfer doch wohl eher Äsculap oder Hygieia, s. z. B. den roten Jaspis des Pescennius Niger Pariser Sammlung 2099 mit der Erklärung von Ch. Lenormant und Chabouillet.

5. Achatonyx im Besitze des einstigen geheimen Secretärs Tallou, nach Lipperts Daktyliothek I 958. Ein bärtiger halbbekleideter Mann sitzt vor einem Altar, über dessen Feuer er eine lebendige Schlange hält. Vgl. den aus der altkurbrandenburgischen Sammlung stammenden Karneol Berlin Tölken III

1493: Eine schon alternde stattliche Frau hält mit der rechten Hand eine Schlange über die Flamme eines niedrigen Altars.

6. Karneol im Besitze Imhoofs. Aesculapius mit der Aesculapschlange, Coluber flavescens, die sich an seinem Stabe hinaufwindet. Oft auf Gemmen (Berlin, Paris, Lipperts Daktyliothek u. s. w.). Die Häutung der Schlange ist Symbol der Verjüngung, der Erneuerung des Lebens. Auch Harpokrates führt den Schlangenstab.

7. Achatonyx der Berliner Sammlung (Tölken III 1496). Ein Schlangenbeschwörer, Psyller, hält vorsichtig eine sich windende Schlange am Schwanz in die Höhe. Aus der brandenburg-anspachischen Sammlung. Weniger gelungen ist der im ganzen ähnliche Schlangenwahrsager auf einem Sard der Sammlung Beverley, in Holzschnitt bei Munro, Horaz S. 151. Fünf weitere analoge Darstellungen auf dem Berliner Karneol Tölken III 1494 und auf dem dortigen Sardonyx Tölken III 1496, sowie auf den Pariser Karneolen 1690—1692.

8. Karneol der Münchener Sammlung 385. Minerva, deren Gesicht völlig vom Visierhelm bedeckt ist, sitzt auf einem Stuhle und hält in der rechten Hand eine Lanze, um welche sich eine Schlange windet. Neben ihren Füßen ihr Schild, der an der Wand zu lehnen scheint. Aus der einstigen Steiglehnerschen Sammlung. Die neben der Athene des Phidias sich aufrichtende Schlange ist allbekannt: sie stellte den Schutzgeist der athenischen Burg dar. Sie erscheint auf einem Berliner Jaspis Tölken III 304 und sonst.

9. Chalcedon-Onyx der Berliner Sammlung (Tölken III 1213). Auf einem runden Altar oder einem Korbe, der von einem Laubbaume überdacht ist, befindet sich eine Schlange, die im Begriff steht, ein Ei zu fressen. Aus der ehemaligen Stoschischen Sammlung. Zwei Schlangen und dazwischen ein Ei: Karneol und Paste der Berliner Sammlung Tölken III 1210. 1211. Auch die Schlangen Äsculaps pflegten in Körben, ähnlich einer Cista mystica, aufbewahrt zu werden, vgl. Wieseler zu Müller D. a. K. II 61, 792 b. Daß die Schlange gern Eier frißt, wußten die Alten (Aristot. h. a. VIII 6); sie wird auch sonst mit einem Ei im Maule dargestellt (Winckelmann, Stosch. Sammlung 474).

10. Karneol der Berliner Sammlung (Tölken I 134). Ein Ichneumon ist im Begriff, eine mit geschwollenem Halse sich aufrichtende Aspis, Naja Haje, afrikanische Schildviper, anzugreifen; beide sind von Wasserpflanzen umgeben. Schönes Stück, aus der einstigen Stoschischen Sammlung. Paralleldarstellungen Tafel XVI 6 und XV 48. ‚In Ägypten zu Herakleopolis war nach Älian der Ichneumon der Leto und Eileithyia geweiht.

Fische.

11. Jaspis der Berliner Sammlung (Tölken III 546). Amor reitet auf einem gezäumten Fische, wie es scheint aus der Familie der Sparoiden, welchen er mit der Peitsche antreibt. Er scheint Eile zu haben. Man kann bei dem Fische speciell an die Goldbrasse, Chrysophrys aurata, oder an einen Sargus denken. Einst in der Stoschischen Sammlung.

12. Achatonyx der Berliner Sammlung (Tölken VIII 289). Ein **Karpfen**; doch sind die oberen Flossen fälschlich weggelassen. Aus der brandenburgisch-anspachischen Sammlung.

13. Paste der Berliner Sammlung (Tölken III 677). Amor angelnd auf einem Triton, der ein Ruder und eine **Trompetenmuschel** hält. Unten **Aal, Sepia**, zwei **Delphine**. An der Angel scheint ein **Krebs** zu hängen. Aus der einstigen Stoschischen Sammlung. Amor als Angelfischer kommt öfters auf Gemmen vor, z. B. Lippert, Daktyliothek I 808 (Chalcedon). 809 (Karneol).

14. Hämatit des brit. Museums 80 (unter den ältesten griechischen Gemmen). Ein mit Beinkleidern versehener Mann zieht einen grofsen **Fisch**, den er mit der Angel gefangen hat, in die Höhe. Rohe, barbarische Arbeit.

15. Obsidian des brit. Museums (Tölken VI 52). Ein Fischer macht einen **Fisch** von der Angel los und legt ihn in sein Gefäfs. Niedlich gemacht. Aus der einstigen Stoschischen Sammlung.

Insekten und Skorpione.

16. Erhaben geschnittener Beryll-Scarabäus im Besitze Imhoofs. **Ateuchus sacer**, der in Ägypten heilige **Mistkäfer**: der Käfer galt als Symbol des Weltschöpfers, da aus der Kugel, welche er (aus dem Mist) formt und in die er seine Eier legt, lebendige Wesen hervorgehen.

17. Sard des brit. Museums. Eine **Biene** lenkt einen von zwei **Käfern** gezogenen Pflug.

18. Lapis lazuli der Berliner Sammlung (Tölken I 157). **Ateuchus sacer** mit Umschrift: αϕZαδεουαχου. Ohne Zweifel ein Amulett. Die Zeichnung des Käfers läfst sehr zu wünschen übrig. Aus der einstigen Stoschischen Sammlung.

19. Granat der Berliner Sammlung (Tölken III 723). **Tagschmetterling** (= Psyche) über einer **Rose** sitzend. Sehr hübsch. Die gleiche Scene, aber viel weniger gut, findet sich auf der Berliner Gemme 3696 a, aus Athen.

20. Granat der Berliner Sammlung (Tölken III 728). **Tagschmetterling** auf einem Geräte (Psyche auf einer Lampe?) sitzend. Es scheint der in Griechenland und Kleinasien gemeine **Citronenfalter** zu sein.

21. Karneol der Berliner Sammlung (Tölken VIII 348). Ein **Schmetterling** mit ungemein langen Vogelflügeln, rechts davon ein sonderbar gemachtes Füllhorn (?). Inschrift: **L. CRVS**. Sehr unnatürlich. Aus der ehemaligen Stoschischen Sammlung.

22. Karneol der Wiener Sammlung 747. Orpheus sitzt da und singt zur Laute. Zu seinen Füfsen liegt links ein **Reh**, rechts steht ein **Ziegenbock** und ein **Rabe**, ebendaher fliegt ein **Schmetterling** zu ihm heran. Sehr fein.

23. Paste der Berliner Sammlung (Tölken V 51). Ein **Mann**, Philosoph, liest, in einem Sessel sitzend; vor ihm ein **Schmetterling** auf einem Totenkopf. Er liest also über die Unsterblichkeit der Seele. Vgl. den Pariser Karneol 1719: Schmetterling über einem Totenkopfe, dabei ein Lorbeerkranz über

einer Lyra. Aus der ehemaligen Stoschischen Sammlung. Eine ähnliche
Scene auf einem Sard in der Sammlung Kings, wo aber der lesende Philosoph
eine Büste des Sokrates vor sich hat, abgebildet im Horaz von Munro S. 321.
Ein anderer Philosoph, vielleicht Pythagoras, studiert vor einer Sonnenuhr:
Sard der Sammlung Vidoni abgebildet bei Munro, Horaz 215. Vgl. auch
den Abguss eines Stoschischen Karneols bei Lippert, Daktyliothek II 359:
Plato-Herme mit Schmetterlingsflügeln am Nacken.

24. Chalcedon der Wiener Sammlung 516. Amor kniet auf einem korbartigen
    Wagen und treibt mit der Peitsche zwei eingespannte **Schmetterlinge** an.
25. Karneol der Berliner Sammlung (Tölken III 722). Amor auf dem von
    einem **Schmetterling** gezogenen Wagen fahrend findet sich am Ziele, was
    durch die Meta eines Circus vor dem Wagen angedeutet ist. Aus der ein-
    stigen Stoschischen Sammlung. Ob einer oder zwei Schmetterlinge gemeint
    sind, ist nicht deutlich.
26. Weissgebrannter Karneol der Berliner Sammlung (Tölken III 720). Zwei
    Schmetterlinge ziehen den auf einem Wagen sitzenden Amor. Am Boden
    eine **Ähre**. Aus der einstigen Stoschischen Sammlung. Das gleiche Motiv
    auf einer Vase römischer Arbeit aus indischem Sardonyx bei Köhler, zur
    Gemmenkunde I S. 82 Tafel 2. Unten ist statt der Ähre eine Blume.
27. Karneol der Berliner Sammlung (Tölken III 719). Zwei **Schmetterlinge**
    ziehen den Wagen Amors. Aus dem Besitz des Baron Stosch. Ähnlich die
    Paste der Berliner Sammlung Tölken III 721.
28. Schwarzer Jaspis nach Lipperts Daktyliothek I 783. Eros und Anteros reissen
    sich um Psyche als **Schmetterling**; vielleicht reissen sie ihr die Flügel aus.
    Links führt ein nackter Knabe auf einem **Delphin** über das Wasser davon.
    Hübsche Composition.
29. Onyx des königl. Museums in Kopenhagen. Zu einer laufenden **Schnecke,**
    Helix aspersa, fliegt eine **Mücke** herbei.
30. Karneol der Berliner Sammlung (Tölken VIII 356). Eine **Mücke** fliegt in
    eine Flamme, welche aus einer Urne emporschlägt. Rechts ist ein **Palm-**
    zweig, links ein **Oliven- oder Lorbeerzweig,** senkrecht über der Flamme ein
    sechsstrahliger Stern, um die Nacht anzudeuten.
31. Sard des brit. Museums. Um einen Ring (Hochzeitsring) herum, in welchem
    ein **Hase,** Sinnbild der Liebe, sitzt, sind ein **Viergespann** mit Wagenlenker,
    eine Schale oder Getreidemass (?), eine **Ähre,** eine **Heuschrecke,** das Zeichen ⊙,
    ein Minervenkopf; Beischrift W M C I. Die Heuschrecke ist ein bekanntes
    Apotropaion, sie sollte auch gewisse medicinische Kräfte besitzen: Locustarum
    suffitu strangurirae levantur (Plin.). King citiert aus Caylus rec. d'antiqu. VI
    Tafel 41 die Achatfigur einer Heuschrecke, an deren Basis die Worte ein-
    graviert sind: ἀκρίς, ἔχε πoῖp Τιcικράτουc (= serva inguen Tisicratis). King
    zu Munros Horaz S. 436. Ein Hase in einem Hochzeitsringe: Tölken VII
    148. 149. 151. 154. Lippert Daktyliothek II 939. 940. Heuschrecke
    (nach Tölken Cikade) auf einer Ähre bei einem Ringe: Berliner Karneol
    Tölken VII 153. Getreidemass bei einem Ringe: Berliner Karneol Tölken
    VII 152.

32. Sard des brit. Museums. **Schnarrheuschrecke**, von der Gattung **Acridium**, vielleicht **Wanderheuschrecke**, auf einer Ähre und ihrem Stengel laufend, über ihr fliegt ein kleiner **Schmetterling**. Die Heuschrecke ist sehr natürlich gemacht. Ein Bandachat der Sammlung Maskelyne, in Holzschnitt bei Munro, Horaz S. 254 zeigt eine Heuschrecke über drei Ähren. Unsere Darstellung ist aber weit gelungener.

33. Gebrannter Sard des brit. Museums. Skelett eines alten Mannes mit Reisehut, auf einen Stock gestützt, trägt wie eine schwere Last eine verhältnismäfsig riesige **Heuschrecke** auf dem Rücken. Hübsch.

34. Paste der Berliner Sammlung 3686. **Wanderheuschrecke** mit kurzen Fühlhörnern, natürlich gemacht, s. Abbildung bei Brehm, Tierleben [1]IX zu S. 550.

35. Durchbohrter Milchquarz der Berliner Sammlung 4528. **Heuschrecke**, vortrefflich gemacht. Sehr alt. Aus Griechenland. Es ist das grofse grüne **Heupferd**, Brehm [1]IX S. 558.

36. Karneol der Berliner Sammlung (Tölken III 500). Amor schleicht hinter einer **Heuschrecke** her, um sie zu haschen und in das links an einem **Baum** befindliche Heuschreckenhäuschen zu sperren. Vielleicht ist sie aus dem Häuschen entwischt. Sehr niedlich; die Heuschrecke ist allerdings zu grofs. Gemeint ist ohne Zweifel das **grofse grüne Heupferd**, welches noch heute von den Knaben gefangen und in Häuschen gehalten wird, vgl. Brehm [1]IX 559. Aus der einstigen Stoschischen Sammlung.

37. Leider beim Photographieren auf den Kopf gestellt. Heliotrop der Wiener Sammlung 1037. Eine **Heuschrecke** sitzt auf einem **Getreidehalm**; darunter links ein **Delphin** mit dreizackiger Gabel, rechts ein **Füllhorn** mit einem **Vogel** darauf, dazwischen **Sepia**.

38. Karneol der Berliner Sammlung (Tölken VIII 357). **Singcikade** auf dem Rücken liegend. Sehr gut. Aus der einstigen Stoschischen Sammlung. Von Tölken als Puppe eines Wasserinsekts gedeutet. Vgl. XXV 18.

39. Amethyst des Fürsten Strozzi, nach Lipperts Daktyliothek II 1069. **Fliege** oder **Biene** auf **Blumen** sitzend.

40. Nicolo der Pariser Sammlung 2009. **Biene** (?) und zwei **Ameisen** auf dem Rücken liegend. Dahinter drei **Ähren**. Gut gemacht.

41. Sard des brit. Museums. Zwei **Bienen** ziehen einen Pflug, der von einer **Heuschrecke**, welche eine Peitsche schwingt, gelenkt wird.

42. Sard des brit. Museums 2036. **Heuschrecke**, anthropomorphisiert als Amazone mit Schlachtbeil in der Rechten und Halbmondschild in der Linken. Niedliche Erfindung und gute Ausführung. Aus der ehemaligen Sammlung Townley.

43. Rubin der Wiener Sammlung 1039. **Heuschrecke** oder **Cikade** (?), stark anthropomorphisiert, steht auf zwei Beinen, die phrygische Flöte blasend, vor einer Säule, auf welcher ein **Vogel** sitzt. Vgl. sehr den Berliner Karneol Tölken VIII 335; nach Tölken eine Cikade, die Doppelflöte blasend, vor einer Sonnenuhr.

44. Karneol der Berliner Sammlung (Tölken VIII 338). Das Skelett einer **Cikade** rührt tanzend die Lyra. Sehr niedlich und eigenartig. Aus der einstigen

Stoschischen Sammlung. Cikade auf einer Lyra sitzend, nach Tölken auf den Berliner Gemmen VIII 336. 337.

45. Karneol der Berliner Sammlung 3699. **Ameise** mit **Getreidekorn.** Zu beiden Seiten ein Stern. Fritsch denkt an **Mantispa pagana.** Ameisen mit einem Getreidekorn im Maule sind häufig, z. B. Pariser Nicolo 2009. Berliner Karneol Tölken VIII 362. Achatonyx Tölken VIII 363.

46. Karneol der Wiener Sammlung 1038. Ein **Halsbandpapagei** fährt auf einem von zwei **Ameisen** gezogenen Wagen. Perspektive und Größenverhältnisse sind vernachlässigt wie auch auf der Pflugscene Tafel XXIV 3. Gleiche Scene, doch statt des Papageis vielleicht ein anderer Vogel auf dem Berliner Jaspis Tölken VIII 361. Vgl. ferner Tafel XVI 20.

47. Karneol der Berliner Sammlung (Tölken II 85). **Sandwespe,** nur wenig stilisiert, vgl. die Abbildung bei Brehm ²IX S. 282. Aus der Stoschischen Sammlung.

48. Amethyst der Berliner Sammlung (Tölken VIII 356). **Biene,** gut gemacht. Aus der Stoschischen Sammlung.

49. Karneol der Berliner Sammlung (Tölken VIII 352). Kopf einer **Biene.** Aus der Stoschischen Sammlung. Vgl. den Berliner Achatonyx Tölken III 1428: 'Astræa oder Erigone, das Himmelszeichen der Jungfrau, geflügelt und mit einem Modius oder symbolischen Zeichen in Gestalt eines Bienenkopfes auf dem Haupt.'

50. Roter Jaspis der Berliner Sammlung (Tölken VIII 359). **Bettwanze, Cimex lectularius** nach v. Martens, **Larve des Ameisenlöwen** nach Fritsch. Für beide wäre der Leib ein wenig zu dünn. Der Ameisenlöwe war den alten Schriftstellern unbekannt. Er wird nach v. Martens zuerst 1697 erwähnt. Aus der altkurbrandenburgischen Sammlung.

Tafel XXIV.

1. Sard der Pariser Sammlung 2010. **Ameise.**

2. Roter Jaspis der Münchener Sammlung 437. **Ameise.** Auf der Rückseite ein springender Edelhirsch.

3. Sard der Berliner Sammlung (Tölken III 261). Zwei dickköpfige ungeflügelte **Ameisen** ziehen einen Pflug. Wegen Perspektive und Größenverhältnis vgl. Tafel XXIII 46, sonst aber ist die Erfindung und Ausführung nicht übel.

4. Gelbgestreifter brauner Jaspis der Münchener Sammlung 44. Thronende bekränzte Ceres, in der Rechten einen Büschel **Ähren** haltend, zu welcher eine **Ameise** emporläuft. Spät, nicht fein. Aus dem Besitze Steiglehners.

5. Karneol der Münchener Sammlung 50. Ceres stehend, mit einem Kranz(?) auf dem Kopfe, in der Linken zwei Ähren, in der Rechten einen Teller mit **Früchten** haltend. Rechts im Feld eine große **Ameise** ein Getreidekorn tragend, links die Beischrift CAP. Spätrömisch, roh.

6. Gelbgefleckter schwarzer Jaspis der Münchener Sammlung 47. **Gleiche Scene,** etwas hübscher und ohne Beischrift. Aus der einstigen Sammlung Steig-

lehner. Gleiche Scene auch auf den Berliner Gemmen Tölken III 222.
223. 227.

7. Jaspis der Berliner Sammlung 3690. **Geflügelte Ameise**, eine Ähre im Maule
tragend. Sehr niedlich. Eine geflügelte Ameise befindet sich nach Chabouillet auch auf dem Pariser Nicolo 2009 und auf dem Berliner Karneol
Tölken II 85.

8. Sard des brit. Museums. Auf einem Lager ruhende, nur an den Beinen be-
deckte weibliche Figur mit einem vor ihr stehenden **Kranich** spielend. Eine
geflügelte Ameise fliegt auf ihre rechte Hand zu. Die Ameise ist sehr gut
gezeichnet, aber viel zu grofs, wie überhaupt die Gröfsenverhältnisse nicht
sehr gelungen sind.

9. Sard des brit. Museums. Eine **Skorpionfliege, Panorpa**, den Bogen spannend.
Sehr fein. Genau genommen ist es eine einem Skorpion etwas ähnlich gemachte **Skorpionfliege**. Das St. Petersburger Kabinett enthält eine analoge
Scene, gleichfalls sehr fein gemacht: Schlange, einen Bogen spannend. Sie
ist leider, durch ein blofses Misverständnis, beim Photographieren weggelassen worden.

10. Gelber Jaspis der Lewisschen Sammlung in Cambridge. **Scorpio (Ortho-
dactylus) olivaceus** Karsch, in Sicilien und Griechenland vorkommend. Sehr
gut und fein.

11. Jaspis der Wiener Sammlung 1042. **Scorpio (Buthus) occitanus** mit Beischrift O. C. E.

12. Gelber Jaspis der Berliner Sammlung (Tölken I 153), Rückseite: **Scorpio
(Isometrus) maculatus** Geer, eine nordafrikanische Art. Aus der Stoschischen
Sammlung.

13. Sardonyx im Besitze Imhoofs. Fortuna stehend mit dem Steuerruder in der
Rechten und dem Füllhorn in der Linken. Unter ihren Füfsen ein **Skorpion,
Scorpio (Euscorpius) flavicaudus** Geer, der gewöhnliche südeuropäische Skorpion. Rings herum Pehlewischrift. Rohe spätorientalische Arbeit. Aus einer
ehemaligen Sammlung in Aleppo, wohin der Stein ohne Zweifel aus dem fernen
Osten gekommen ist. Der Skorpion findet sich auf orientalischen Steinen neben
allerlei Gottheiten, so nach Chabouillet neben Mithra (Pariser Gemme 2031.
2032), neben Nebo, dem chaldäischen Mercur (Pariser Gemme 717), bei Belus
(752), unter Nergal (855), bei Hermes-Serapis (2203). In Ägypten war er der
Göttin Selk oder Serk heilig. Über astrologische Beziehungen zwischen dem
Skorpion und den partes genitales s. Berthelot, collection des anciens alchi-
mistes grecs I 205.

14. Blutjaspis-Rhomboid der Pariser Sammlung 1238. Roh gemachter **Skorpion**,
dessen Species nicht zu deuten ist, rechts unten neben dem Schwanze ein
Knopf. Gewifs ein Amulett. Neupersisch (nach Chabouillet).

15. Gelbe Paste der von Lannaschen Sammlung in Prag. **Scorpio (Euscorpius)
flavicaudus**. Einst im Besitze Bartholdys zu Rom.

16. Jaspis der archäologischen Gesellschaft zu Athen. **Scorpio (Euscorpius)
flavicaudus**.

17. Wassergrüne Paste der von Launaschen Sammlung in Prag. Zecke, Ixodes (griech. κρότων) und Larve eines Schwimmkäfers, Dytiscus. Aus dem Besitze Bartholdys zu Rom. Infolge früherer andersartiger Deutung hierher gestellt statt zu den Insekten.

Krustentiere.

18. Karneol der Berliner Sammlung 3726. Peneus caramote.

19. Roter Jaspis der Berliner Sammlung 3707. Delphin und Peneus caramote.

20. Smaragdplasma der Berliner Sammlung (Tölken VIII 318). Peneus caramote, mit seinen Fühlfäden ein Fischlein anlockend. Einst im Besitz des Baron Stosch. Vgl. den Sardonyx der Berliner Sammlung Tölken VIII 319: nach Tölken ein Fisch und ein Meerkrebs.

21. Chalcedon der Wiener Sammlung 1048. Peneus caramote.

22. Roter Jaspis der Münchener Sammlung 130. Amor führt mit zwei Peneus-krebsen (?). Aus der Sammlung Steiglehners.

23. Roter Jaspis der Berliner Sammlung (Tölken III 554). Amor führt auf einem von zwei Langusten, Palinurus (ital. ragosta, vom lateinischen locusta), gezogenen Wagen. Tölken interpretiert sie als 'Meerbarben, der Venus geweihte Fische'. Aus der Stoschischen Sammlung. Vgl. Keller, Tiere des klass. Altertums 223 Anm. 186.

24. Karneol der Pariser Sammlung 2005. Xantho florida, auch Xantho poressa genannt.

25. Karneol im Besitze Imhoofs. Achtfüßiger Taschenkrebs Pinnoteres. Fein gemacht.

26. Karneol der Münchener Sammlung 456. Pisa, Maja oder Eriphia, eine kleine runde Muschel fangend. Ungenau gemacht. Aus der Sammlung Steiglehner.

27. Blaue opake Paste der Berliner Sammlung 3712. Achtfüßiger Taschen-krebs Pinnoteres veterum Bose.

28. Sard des brit. Museums. Krabbe, wahrscheinlich Eriphia spinifrons Herbst, antik Pagurus.

29. Schwarzer Jaspis des Thorwaldsenmuseums in Kopenhagen 1475. Das obere ist ein langschwänziger Krebs, aber sehr ungenau gemacht; das untere ein Pagurus, Eriphia spinifrons.

30. Roter Jaspis der Berliner Sammlung (Tölken III 208). Gonoplax rhomboides (v. Martens) oder Grapsus (Fritsch) von einem Dreizack durchbohrt. Aus dem Besitz des Baron Stosch. Krabbe bei einem Dreizack: Berliner Sardonyx Tölken III 210.

31. Lapis lazuli der Berliner Sammlung (Tölken I 157), Rückseite. Grapsus marmoratus Fabr. (nach Tölken 'Spinne') mit der kabbalistischen Umschrift ΟΒΛΩΘΩ, was an das oft vorkommende Ablanathanalba erinnert. Aus der Sammlung des Baron Stosch.

32. Karneol der Wiener Sammlung 1661. Links Garneele, rechts Languste, Palinurus: die steif nach rückwärts über den Leib gehaltenen Fühler und

der rauhe Körper sind charakteristisch. Oben ein kleiner **Tintenfisch, Sepiola Rondeletti**, unten eine **Xantho florida**, auch **Xantho poressa** genannt.

33. Sardonyx der Berliner Sammlung (Tölken III 538). Amor, vor einem Felsen stehend und in der Hand einen Stab haltend, stöfst mit dem Dreizack nach einem **Pagurus, Eriphia spinifrons.** Aus dem Besitz des Baron Stosch. Gleiche Scene: Berliner Jaspis Tölken III 543.

34. Gelbe Paste der von Lannaschen Sammlung in Prag. **Krebsscheere, Vogel** und **Widderkopf** nebeneinander. Einst im Besitze Bartholdys zu Rom. Krabbenscheeren und -beine einer Maske auf dem Berliner Jaspis Tölken VII 292. Krabbenscheeren als Kopfzierde von Wassergöttern männlichen und weiblichen Geschlechts: Drexler in Roschers mythol. Lexikon 1585.

35. Sardonyx der Pariser Sammlung 2012. Eine flüchtig gezeichnete **Languste, Palinurus,** vom Rücken aus gesehen; die beiden oberen Striche sind die dicken hornförmigen Fühler.

Schaltiere.

36. Onyx der Münchener Sammlung 457. Vielleicht **Cassidaria echinophora** L., eine der gröfseren und häufigeren Meerschnecken im Mittelmeer, die auch gegessen wird; dabei ein unklares Objekt: kleine Kugel mit Stäbchen daran.

37. Braune opake Paste der Berliner Sammlung 3738. **Murex trunculus,** aus welcher Purpur gewonnen wurde, und darin eine **Fliege.** Die Muschel ist sehr gut gemacht, namentlich die Öffnung und der Kanal nebst dem Nabel sind ganz korrekt.

38. Sard des brit. Museums. **Esel** aus einem **Murex trunculus** hervorspringend. Beischrift ΡΟΥΦΙΩΝ. Auch hier ist die **Purpurmuschel** gut gemacht. Aus der ehemaligen Sammlung Hertz. Die gleiche Scene auf dem Berliner Jaspis Tölken VIII 300. Vgl. auch unsere Tafel XVII 13. 14.

39. Achatonyx der Berliner Sammlung (Tölken VIII 298). Nach Fritsch ein **Trochus,** vielleicht **Trochus niloticus,** nach v. Martens wahrscheinlich die zu Nr. 36 erwähnte **Cassidaria echinophora,** umgeben von drei unbestimmbaren **Fischen.** Einst im Besitz des Baron Stosch.

40. Smaragdplasma der Berliner Sammlung (Tölken III 416). Venus, nach Art der mediceischen, in einer riesigen stilisierten **Pectenmuschel, Pecten Iacobaeus** L., wie in einer Nische stehend. Einst im Benitze des Baron Stosch.

41. Antike Paste der Berliner Sammlung (Tölken III 427). Venus auf einem von zwei **Tauben** gezogenen **Muschelwagen;** hinter dem Wagen Amor. Aus dem Besitz des Baron Stosch. Auch diese Muschel ist die **grofse Kammmuschel, Pecten Iacobaeus** L., Capa Santa in Venedig. Muschelwagen Amors: Berliner Sammlung Tölken III 556. 572. 578. 579.

42. Violette Paste der Berliner Sammlung 3741. **Schnecke, Helix aspersa,** und **Blumenknospe** mit **Stengel.** Die Schnecke scheint den Stengel abfressen zu wollen.

43. Grüner Jaspis der Kasseler Sammlung II 97. **Stellio vulgaris, Sterneidechse**, im Bereich des ägäischen Meeres häufig. Zu beachten sind die Stacheln am Hinterkopfe. Sie läuft auf eine **Nacktschnecke, Limax**, los.

Cephalopoden.

44. Jaspis der archäologischen Gesellschaft in Athen. Sehr altertümliche sonderbare Figur, wahrscheinlich ein stark stilisierter **Octopus macropus** Risso — **ruber** Raf.: also die von Cicero ad famil. IX 16 mit polypus Iovi miniano similis gemeinte rote Polypeuart.

45. Dunkelgelbe Paste der von Lannaschen Sammlung in Prag. **Octopus** einen **Fisch** umschlingend. Einige Arme mit den becherförmigen Saugnäpfen sind deutlich, rechts oben ist der runde Rumpf des Polypen, links unten der Kopf, links oben der Schwanz des umschlungenen Fisches (von Martens). Einst im Besitze Bartholdys zu Rom.

46. Steatit des brit. Museums 11. **Octopus vulgaris** und zwei **Delphine**. Die Augen des **Polyps** treten etwas zu stark hervor; diese Art unterscheidet sich von der in Nr. 44 gemeinten durch kürzere und stärkere Arme.

47. Karneol der Berliner Sammlung (Tölken VIII 284). **Palaemon, Sepia** und **Wels**(?), nach Tölken vielmehr ein **Astacus**, nach v. Martens vielleicht ein schlecht geratener **Mugil**. Einst im Besitze des Baron Stosch. Drei Mollusken und ein Fisch sind auch zusammengestellt nach Chabouillet auf dem Pariser fischblasenförmigen Steine 1045.

Pflanzen.

Tafel XXV.

1. Karneol der Berliner Sammlung (Tölken VII 244). Ein **Füllhorn** mit **Obst** und herabhängenden **Trauben**; unten eine **Narcisse** und ein Spielball. Aus der einstigen Stoschischen Sammlung. Eine Narcisse in der Hand des Narcissus auf dem Pariser Karneol 1791. Vgl. Nr. 27 unserer Tafel.

2. Gelbe Paste der von Lannaschen Sammlung in Prag. Ein geflochtener Korb ist mit **Beerfrüchten**, vielleicht **Weintrauben**, angefüllt, welche hoch aufgetürmt sind und auf beiden Seiten herunterhängen. Rechts und links sitzt ein kleiner Vogel, ohne Zweifel ein **Singvogel**, und pickt an den Beeren. Vögel auf Füllhörnern sitzend: Berliner Karneol Tölken VI 78.

3. Achat der Berliner Sammlung (Tölken II 109). Nach Tölken ist es eine ziemlich rohe Nachbildung einer auch sonst auf Gemmen vorkommenden Scene: 'Amor aus einer **Granatblüte** aufsteigend und mit jeder Hand einen Zweig mit einer Blütenknospe fassend' (so auf der Stoschischen Paste bei Tölken II 108). Hier sieht der aufsteigende Flügelgott mehr weiblich aus, seine Arme hält er zwecklos in die Luft und die Pflanze sieht mehr einer **Aloë vulgaris** als der Granate ähnlich (Willkomm). Aus der einstigen Stoschischen Sammlung.

4. Antike Paste der Berliner Sammlung (Tölken III 759). Die fliehende Daphne wird in einen Lorbeerbaum verwandelt. Wahrscheinlich nach einem statuarischen Meisterwerke. Aus der einstigen Stoschischen Sammlung.

5. Sardonyx der Berliner Sammlung (Tölken III 1264). Nemesis stehend, mit grofsen Flügeln, hält in der Linken ein Eschenblatt; mit der Rechten macht sie die bekannte Geberde, fafst das Gewand vor ihrer Brust, zieht es aufwärts und schaut mit ernstem Blick in ihren Busen. Einst in der Stoschischen Sammlung. Ähnlich Berliner Sammlung Tölken III 1261. 1266. Lippert Daktyliothek I 714. King, zum Horaz von Munro 398 glaubt, dafs die Esche der Vergeltungsgöttin gegeben worden sei wegen der Speere, die man aus ihrem Stamme fertigte. Es ist übrigens zu beachten, dafs auch Bubastis, die ägyptische Nemesis, mit dem Eschenblatt in der Linken dargestellt wird: Berliner Paste Tölken I 80.

6. Karneol des königl. Museums in Kopenhagen. Dattelpalme mit je einem unverhältnismäfsig grofsen Dattelfruchtzweig rechts und links. Beigeschrieben I, Υ, Ꙁ.

7. Braungelbe Paste der von Lannaschen Sammlung in Prag. Palmbaum mit eigentümlichem Stamm und je einem Dattelzweig rechts und links. Auch steht auf beiden Seiten je ein Korb, aus welchem sich eine Schlange emporringelt. Einst im Besitze Bartholdys zu Rom.

8. Weifsgestreifter Karneol der Berliner Sammlung (Tölken I 178). Vor einem Palmbaum mit kugelförmiger Basis, wie der 'Lebensbaum Hom' gebildet zu werden pflegt, steht ein nackter Perser mit Tiara auf dem Kopfe. In der Linken hält er einen Krummstab, die Rechte hält er hoch hinauf; er scheint ernst oder feierlich zu reden; ohne Zweifel sagt er ein Gebet her. Roh orientalisch. Aus der einstigen Stoschischen Sammlung.

9. Lapis lazuli der Berliner Sammlung. Frucht (Granatapfel?) mit zwei Knospen.

10. Braune Paste der von Lannaschen Sammlung in Prag. Eichenzweig von Quercus coccifera L. mit Eicheln und Stechblättern. Seltene Darstellung. Aus der ehemaligen Bartholdyschen Sammlung zu Rom.

11. Karneol der Berliner Sammlung 4104. Epheublatt; links der Buchstabe T. Das Stück ist leider beim Photographieren auf den Kopf gestellt worden.

12. Karneol des Museums in Palermo. Venus ruhend unter einem Myrtenbaum; um sie herum drei Amoretten, deren einer fächelt, während ein anderer leierspielt.

13. Antike Paste der Berliner Sammlung (Tölken III 763). Marsyas an die Föhre gebunden. Einst in der Stoschischen Sammlung.

14. Paste der Berliner Sammlung 4093. Ölbaum; rechts und links ein Stab, der schief im Boden steckt. Die Stäbe sollen vielleicht eine Schutzvorrichtung für den Ölbaum andeuten; es gab Landschaften, wo von Staatswegen für die Erhaltung der Ölbäume gesorgt wurde.

15. Dunkellilafarbige Paste der von Lannaschen Sammlung. Der Hesperidenbaum von der Schlange umwunden. Man bemerkt mehrere Äpfel oder

Quitten. Schon in der Hesperidengruppe des Theokles war nach Pausanias die Schlange dargestellt, wie sie den **Apfelbaum** von Cedernholz umringelt.

16. Karneol der Berliner Sammlung (Tölken VIII 80). **Eselskopf,** schreiend, mit einer Glocke am Hals; über seinem Wirbel ein **Mohnkopf**; auf der Nase ein **Sperling**; unten **Gerstenähre.**

17. Gelbe Paste der von Lanna'schen Sammlung in Prag. **Getreidegarbe,** am Boden **Stroh.**

18. Karneol aus dem Besitz des Baron Stosch, nach Lipperts Daktyliothek II 1070. **Singvikade** rücklings liegend auf einem **Platanenblatt,** von **Platanus orientalis** (Distelblatt nach Lippert).

19. Karneol des königl. Museums in Kopenhagen. **Eppichblatt,** auf welchem eine **Cikade** sitzt.

20. Paste der Berliner Sammlung 4100. **Rebenblatt.**

21. Paste der Berliner Sammlung (Tölken III 627). Amoren bei der **Weinlese.** Eine **Biene** fliegt gegen eine Traube, ein **Schmetterling** flattert auf der anderen Seite, unten am Baum sitzt ein **Kaninchen** und nascht an den gepflückten **Trauben.** Sehr hübsche Composition voll Abwechslung und Humor, wenn auch Perspektive und Größenverhältnisse mangelhaft sind. Einst in der Stosch'schen Sammlung.

22. Opake schwarze Paste der von Lanna'schen Sammlung in Prag. Abgekürzte und verkleinerte **Variante der vorhergehenden** Nummer. Gleichfalls recht hübsch. Einst im Besitze Bartholdys zu Rom.

23. Amethyst der Berliner Sammlung (Tölken III 620). Amor von einem überhangenden **Weinstock Trauben** pflückend und in einen Korb legend. Niedlich. Einst in der Stosch'schen Sammlung.

24. Roter Jaspis der Berliner Sammlung (Tölken III 622). Zwei Amoren einen **Obstbaum** leerend; einer steigt an der Leiter empor, der andere streckt die Hände in die Höhe, um das fallende Obst aufzufangen. Einst im Besitz des Baron Stosch.

25. Quergestreifter Sardonyx der Berliner Sammlung (Tölken III 917). Eine Frau in langem Gewande scheint einen **Blumentopf** zu tragen. (Tölken denkt an ein Gefäß mit Flammen.) Aus der altkurbrandenburgischen Sammlung.

26. Gestreifter Sardonyx der Berliner Sammlung (Tölken I 158). **Allium moly** (nach Willkomm). Aus dem Besitze des Baron Stosch.

27. Sardonyx der Berliner Sammlung 4096a. **Narcisse.**

Fabelhafte Tiere und Mischwesen.

28. Plasma der Lewis'schen Sammlung in Cambridge. Ein mit untergeschlagenen Füßen ruhender **Centaur** umarmt freundlich einen neben und hinter ihm sitzenden bärtigen Mann. Mit dem linken Arme hält er einen großen Humpen. Hinter beiden sieht ein Thyrsus hervor. Stricheinfassung. Hübsch.

29. Jaspis im Besitze Imhoofs. Der himmlische **Steinbock, Capricornus,** mit **Füllhorn,** Ruder, Stange und Stern. Der Capricornus war Horoskop des

Kaisers Augustus, daher Symbol von Glück und Herrschaft, findet sich defswegen auch unzähligemal auf Gemmen der Kaiserzeit. Mit Füllhorn z. B. auch Berlin Tölken III 1442—1444.

30. Nicolo des brit. Museums. Kampf zwischen einem Löwen und einem schild- und schwertbewehrten Centauren. Gleiches Sujet auf dem Achatonyx der Berliner Sammlung (Tölken IV 177). Ovid. met. XII 429. S. auch Stephani C. R. 1867 S. 113.

31. Schwarzer Jaspis der Lewisschen Sammlung in Cambridge. Sogen. Abraxasgemme zu magischen Zwecken. Eine zusammengesetzte Figur aus Eselskopf, Mittelleib eines menschlichen schwert- und schildbewehrten Kriegers und Schlangenfüfsen, die in Lanzenspitzen auslaufen. Ringsherum die Buchstaben ΔΔℲΦᒪ. Der Eselskopf gehört eigentlich dem Typhon. Ein ganz gleichartiger eselsköpfiger und schlangenfüfsiger Dämon mit Panzer, Schild und Dolch auf einem Hämatit der Sammlung Waterton, abgebildet bei King, handbook of engraved gems Tafel zu S. 97 Fig. 7. Unsere Abraxasgemme ist ungewöhnlich fein gearbeitet, daher wohl aus einem der ersten christlichen Jahrhunderte.

32. Roter Jaspis der Lewisschen Sammlung in Cambridge. Abraxas, mit Hahnenkopf und Schlangen statt der Füfse, in der Rechten eine Peitsche, in der Linken einen Schild haltend. Auf dem Schild steht Iao, unter der Figur ist das Zeichen ᗺ. 'Iao', 'Abrasax', 'Sabaoth' u. dergl. sind die gewöhnlichen Inschriften auf diesen gnostischen Talismanen. Oft ist auch eine absichtlich unaussprechbare Reihe von Buchstaben eingeschnitten, welche den unaussprechbaren Namen des höchsten Wesens bezeichnen soll. Ganz ähnliche Abraxasgemmen mit Panzer, Schild, Peitsche, Hahnenkopf, Schlangenfüfsen bei King a. a. O. Fig. 1. 3. 4. 5. Vgl. die Berliner Abraxasgemmen Tölken IX 114—117. 126. Pariser Gemmen bei Chabouillet S. 282 ff. Matter, histoire critique du gnosticisme, volume supplémentaire. Die Buchstaben des Wortes Abrasax ergeben als Zahlzeichen gefafst die Summe 365, also die Tage des Jahres.

33. Steatit des brit. Museums. Ein Centaur mit Pferdeleib und merkwürdigem Haarzopf, beide Arme ausstreckend und den Kopf zurückwendend. Roh archaisch.

34. Chalcedon des brit. Museums. Der Centaur Nessos in sehr altertümlicher Weise gebildet, bestehend aus einem ganzen Menschen und der an denselben gewachsenen Hinterhälfte eines Pferdes, hält die geraubte Deianeira in den Armen und liebkost sie. Steifer archaischer Stil, aber pünktliche Arbeit. Stricheinfassung. Aus der Sammlung Castellani. In Holzschnitt in Munros Horæ S. 192. Centauren mit vollständigen Menschenleibern auch auf den Münchener Vasen 151. 380. 957 u. sonst.

35. Jaspis des brit. Museums. Hercules schlägt mit der Keule nach dem gegen ihn anspringenden dreiköpfigen Cerberus. Dabei zwei Bäume. Barbarisch roh.

36. Karneol der Berliner Sammlung (Tölken II 24). Dreiköpfiger Hund, Cerberus. Die drei am Halse zusammengewachsenen Köpfe wendet er dem Be-

schauer zu. Knöpfe an den Gelenken, Fufsenden, Kopfenden. Archaisch. Aus der ehemaligen Stoschischen Sammlung.

37. Steatit des brit. Museums 25. Sehr altertümliche schreitende Chimära, bestehend aus einem Löwen mit aufgesperrtem Rachen und erhobenem einen Vorderfufse und aus dem Vorderteil eines Steinbocks, welcher in der Mitte des Rückens angewachsen scheint. Besonders interessant ist das riesige Steinbockshorn. Wahrscheinlich aus Kreta. Die andere Seite des Steines zeigt zwei antipodisch zusammengefügte Pegasusvorderteile (unsere Tafel XXVI 14): an der Absicht des Künstlers, die Chimära darzustellen, kann somit nicht gezweifelt werden. Beide Seiten sind abgebildet bei Milchhöfer, Anfänge der Kunst S. 81. Vgl. Keller, Tiere des klass. Altertums 337 Anm. 58 a.

38. Bandachat des brit. Museums. Löwe mit Ziegenhörnern und ziegenartigem Halse. Eine Art Chimära? Ob der Schweif in einen Schlangenkopf endigt, ist nicht klar zu sehen. Vgl. Keller a. a. O. Anm. 58.

39. Karneol der Wiener Sammlung 1073. Chimära flammenspeiend. Die Zeichnung der Beine erinnert an archaische Manier.

40. Krystall-Scaraboid des brit. Mus. Chimära, mit Beischrift XAIPE, wovon der linke Teil des X übrigens zerstört ist. Die Mähnenhaare des Löwenkopfes zeigen archaische Steifheit. Vgl. den etruskischen Karneol-Scarabäus in St. Petersburg: Chimära, zum Sprunge geduckt, Köhler, zur Gemmenkunde II S. 191.

41. Sard des brit. Museums. Bellerophon in den Lüften auf dem Pegasus reitend und mit der Lanze nach der auf der Erde laufenden Chimära zielend. Der mittlere ziegenartige Teil der letzteren ist ganz mißglückt.

42. Karneol der Berliner Sammlung (Tölken III 1082). Delphin mit bürtigem Menschengesicht. Roh archaisch mit Knöpfen. Aus der einstigen Stoschischen Sammlung. Gleichartig die Münchener Gemme 478. Vgl. auch die Berliner Paste: Tölken 1083. Andeutung der von Bacchus in Delphine verwandelten tyrrhenischen Seeräuber.

43. Paste der Berliner Sammlung (Tölken I 196). Zwei Einhörner beim siebenarmigen Leuchter, der auf einem grofsen herzförmigen Wasserkrug steht, einer gewöhnlichen Hieroglyphe des Landes Ägypten. Roh. Jüdisch-ägyptisch. Aus der ehemaligen Stoschischen Sammlung.

44. Bergkrystall des brit. Museums 72. Zwei mit dem Rücken gegeneinander gekehrte aufrecht sitzende (oder liegende?) Huftiere; zwischen beiden ein Baum. Knöpfe statt der Augen u. s. w. Sehr altertümlich, unbeholfen und undeutlich. Einhörner?

45. Steatit des brit. Museums 82. Herakles im Lederkoller, den Köcher auf dem Rücken, kämpft gegen den 'Meeresalten', ἅλιος γέρων, der als Fisch mit Menschenkopf dargestellt ist. Dabei zwei Delphine. Sehr roh altertümlich. Aufklärung über das an sich höchst rätselhafte Bildwerk gibt ein paralleles Bronzerelief mit Beischrift aus Olympia. Beide Bildwerke sind nebeneinander gegeben in Milchhöfers Anfängen der Kunst S. 185. Text und nochmaliges Bild der Gemme S. 84.

46. Chalcedon der Pariser Sammlung 1293, 2. Äufserst roh gemachter **geflügelter Stier mit riesigem bärtigen Menschenkopfe**, rechtshin schreitend. — Geflügelter Stier mit Menschenkopf auch auf den orientalischen Kegeln der Pariser Sammlung 978 (neben dem heiligen Baume Hom) und 1293.

47. Achat-Karneol der Pariser Sammlung 1145, 2. **Geflügelter Löwe**, roh, wie es scheint am Boden sitzend. Die Pariser Sammlung ist besonders reich an Gemmen mit geflügelten Löwen: 1036. 1037. 1038. 1071. 1072. 1085. 1086. 1087. 1308. 2673—2684. Auch Berlin besitzt etliche Stücke (archäol. Zeit. 1879 S. 106. 1880 S. 39).

48. Sardonyx des brit. Museums. **Geflügelter Löwe**, rennend. Unter ihm ein achtfüfsiger **Skorpion**. Sehr fein und schön. Das Motiv stammt aus Assyrien, wo der geflügelte Löwe das regelmäfsige Attribut Nergals, des Kriegsgottes, war. Es bedeutet die Vereinigung gröfster Stärke und Schnelligkeit.

49. Sard des brit. Museums. **Geflügelte** und **gehörnte Löwin**, springend. Sehr hübsch. Ganz der gleiche Gegenstand, aber in geduckter, zum Losspringen gerüsteter Stellung, auf einem Achat der Sammlung Beverley, in Holzschnitt im Horaz von Muuro S. 75. Ähnlich ein Berliner Chalcedon-Achat Tölken II 78, auch ein Sardonyx in Berlin Tölken IV 422.

50. Sard des brit. Museums. **Geflügeltes Schwein** hockend. Fein gemacht. Geflügelte Schweine auch auf den Berliner Pasten Tölken III 272—274. Der Vorderteil eines geflügelten Ebers auf einem Scarabäus aus Mytilene, archäol. Zeit. 1879 S. 106. Es war das Wappen von Klazomenai. Für orientalische Erfindung spricht die Zusammenstellung von Löwe und geflügeltem Eber, Stephani C. R. 1864 S. 178.

51. Sard des brit. Museums. Kampf zwischen **Greif** und **Gigant**. Vortreffliche Arbeit, leider links etwas verderbt.

52. Sardonyx-Kamee mit der Beischrift **ΑΘΗΝΙΩΝ**, jetzt zu Neapel. Juppiter die **Giganten** überwältigend. Der Gott hält das Scepter in der Linken und holt mit der Rechten aus, um die Blitze zu schleudern; die beiden Jochpferde stürmen geradeaus, die Nebenpferde aber bäumen sich in die Höhe; unten am Boden wälzen sich zwei schlangenfüfsige Giganten: einer liegt tot niedergestreckt, der andere macht noch einen Versuch, sich mittelst seiner Fackel zu wehren. Das Ganze ist wundervoll erfunden und ausgeführt. Man beachte namentlich die an die pergamenischen Skulpturen erinnernden **Schlangenköpfe** an den Füfsen der Unholde. Auch die **Rosse** sind meisterhaft: bei den athenischen Pompen brachte man die Rosse künstlich zum Bäumen, weil diefs ein prachtvoller Anblick sei, Xenophon Reitkunst 11, 1; vgl. Diogenes Laert. VI 7. Auch Furtwängler in den Jahrb. des deutschen archäol. Instit. III 1888 ist die Übereinstimmung des Stils der Gemme mit den pergamenischen Reliefs aufgefallen und er schliefst daraus S. 216 geradezu, dafs Athenion am pergamenischen Hofe gearbeitet habe.

53. Sard des brit. Museums 1232. Ein im Kampf (natürlich gegen Juppiter) begriffener **Gigant**, in der Rechten einen Stab oder Speer, in der Linken ein Löwenfell haltend. Seine Hände scheinen mit einer Art Metallkapseln

(Handschuhen) geschützt zu sein. Sehr schön ausgeführt, aber von zweifel-
hafter Echtheit. Beischrift ΔΙΟC. Aus der Sammlung Blacas. Variante
davon nach einer antiken Paste in den Impr. Gemm. I 63 — Horaz von
Munro 109 — Catalogue of gems 1231 Tafel H. Zweite, aber sehr anders-
artige Variante Catalogue of gems 553 Tafel F. Unsere Gemme ist u. a.
durch die Handschildchen und durch die Beischrift Dios', welche sie dem
hochberühmten Steinschneider Dioskurides zusprechen soll, verdächtig.

54. Karneol nach Lipperts Daktyliothek 1 76. Glaukos, in der Rechten eine
Harpune schwingend, in der Linken ein Ruder haltend. Unten vor ihm
schwimmen zwei Delphine, auf welche er Jagd zu machen scheint.

55. Goldener Sard der Lewisschen Sammlung in Cambridge. Fischmensch mit
Helm, eine Trophäe in der Rechten, einen Delphin in der Linken haltend.
Das Mischwesen hat den Vorderleib eines Mannes, die Vorderfüfse eines
Pferdes, Bauch und Schwanz und Bauchflossen eines Fisches. Von Glaukos
unterscheidet es sich wesentlich durch die Pferdevorderfüfse. Vgl. Tafel XIII
38. Schöne Arbeit.

56. Steatit des brit. Museums 86. Sehr altertümlicher Greif, rückwärts blickend.

57. Achat des brit. Museums. Sitzender Greif mit Skorpionsschwanz. Oben
Mondsichel. Gleichartig dürfte die geflügelte Sphinx mit Skorpionsschwanz
auf dem Pariser Achat-Chalcedon 910 sein. Skorpion und Mond sind bei-
einander auf dem Jaspis bei Lippert, Daktyliothek II 1068

58. Sard des brit. Museums. Ungeflügelter Greif und Schlange bekämpfen einander in einem durch einen Baum angedeuteten Wald. Der Greif ist Symbol
Apollos. Ziemlich anders in Stellung und Gestalt ist der geflügelte schlangen-
bekämpfende Greif auf der Pariser Achatonyx-Kamee 16, abgebildet bei
Müller, D. a. K. I 40, 174. Ein ungeflügelter Greif auf dem Pariser Achat-
onyx-Intaglio 1163.

59. Schwarzer Jaspis der Lewisschen Sammlung. Ein weiblicher Greif hält mit
den Vorderfüfsen ein Rad. Umschrift ΖWCΙΤΗC. Klein, aber recht
hübsch. Bei den Ägyptern galt der Greif als hieroglyphisches Zeichen der
gröfsten Geschwindigkeit: damit stimmt das Symbol des Rades, welches ursprünglich ein Sonnensymbol war, später aber, wie bei Nemesis — Adrasteia,
ein Zeichen der Geschwindigkeit geworden ist.

60. Heliotrop der Wiener Sammlung 1074. Derselbe Gegenstand, ohne Beischrift. Ebenso: Berliner Gemmen Tölken III 1274. 1275.

61. Braunweifser Sardonyx der Berliner Sammlung (Tölken IV 420). Ein Greif
zerreifst einen Damhirsch, den er von hinten überfallen hat. Hübsches
Stück. Die Symbolik bedeutet den Sieg des Lichts über die Finsternis.
Keller, Tiere des klass. Altertums 76. 350.

62. Paste des brit. Museums. Gleicher Gegenstand, nur nach der andern Seite
hin. Gleichfalls hübsch gearbeitet. Vgl. den Achatonyx bei Lippert,
Daktyliothek II 1022 und den Karneol bei Tölken IV 419.

63. Roter Jaspis der Lewisschen Sammlung in Cambridge. Gryllus: geflügeltes
Maultier mit Hahnenfüfsen, bärtiger Maske auf der Brust und Elefantenkopf

als Hinterteil; mit einem Fuße hält er einen **Palmzweig**. — Der Elefantenkopf wird gerne zu Symplegmen verwendet: Berliner Sammlung Tölken VII
362. VIII 29—33. Lippert, Daktyliothek II 988. 989. Wiederholt hält dann
der Elefantenrüssel den Palmzweig. Ein Gryllus mit Elefantenrüssel, von
Amor geritten, auf dem Stoschischen Jaspis Berlin Tölken III 654.

64. Roter Jaspis aus Beirut im Besitze von F. Goldschmid in Marseille. **Gryllus**:
Hahn mit **Eselskopf** und -hals, auf der Brust eine bürtige Maske. Hinten
ragt der Mercurstab hervor. — Hahn mit einem gezäumten Eselskopf: Berliner Karneol Tölken VIII 265, einst Stoschisch. Ein anderer Maultiergryllus
mit bürtiger Maske und Hahnenfüßen (mit Widderkopf statt des Hinterteils)
ist abgebildet bei King, natural history of gems S. 202 nach einem Sard;
King deutet die Gemme astrologisch.

Tafel XXVI.

1 — 33 b. **Sirenen.** Die Unterbringung der Gemme an dieser Stelle hängt
damit zusammen, daß wir anfangs an Harpyien dachten. Harpyien und
Sirenen sind oft nicht bestimmt auseinanderzuhalten. Vgl. King zum Horaz
von Munro 399, betreffend den Sard-Scarabäus in den Impronte Gemmarie
III 40.

2. Grüner Jaspis der Lewisschen Sammlung in Cambridge. **Harpyie**: zwei
Vogelleiber sind in Einen menschlichen Kopf zusammengewachsen. Dieser
ist en face und hat eine Art Krone mit Kreuz auf. In der Heraldik ist
Harpyie ein Adler mit der bekrönten Büste einer Jungfrau. So gibt es
auch Sphinxe mit doppeltem Tierkörper und einfachem Menschenkopfe,
s. einen Sard mit solcher Darstellung bei King, handbook of the engraved
gems Tafel zu S. 361 Fig. 29.

3. Sard des brit. Museums. **Hippokamp.** Fein gemacht.

4. Sard des brit. Museums. **Hippokamp.** Vortrefflich.

5. Sard des brit. Museums. **Hippokamp** mit hocherhobenem Fischschwanze über
ganz ruhige (horizontal gehaltene) Meereswellen schwimmend. Unten eine
Krabbe, oben ein Stern. — Seepferd und Stern auf der Brust des Perseus:
Pariser Karneol 1382.

6. Karneol 'im Schatz der Farnesen' nach Lipperts Daktyliothek I 80. **Hippokamp**.

7. Sardonyx der Münchener Sammlung 86. **Hippokamp**, hinter ihm eine Fischgabel, unter ihm eine Kugel. Aus der Sammlung Steiglehner.

8. Roter Jaspis der Kasseler Sammlung I 82. Amor mit Peitsche auf ge-
zäumtem **Hippokamp** reitend. Vgl. sein Reiten auf dem Delphin: Tafel XX
22—27; übrigens reitet er gar nicht selten auf einem Seepferd: Lipperts
Daktyliothek I 779. 780. 781. Berliner Sammlung Tölken III 547—553.
Pariser Kamee 48.

9. Sard des brit. Museums. Eine Frau, welche in der Rechten einen Panzer oder
Helm zu halten scheint, reitet seitwärts auf einem stattlichen **Hippokamp**: ohne

Zweifel ist es Thetis, welche Achilleus die Rüstung bringt. So reitet Thetis auch auf dem Delphin, vgl. Keller, Tiere des klass. Altertums 222. Thetis auf dem Seepferd mit dem für Achill bestimmten Schilde: Pariser Gemmen 1699. 1700. Berliner Karneole Tölken IV 269. 270.

10. Sard des brit. Museums. Poseidon mit dem Dreizack und einem als Segel aufgeblähten Gewand auf einem Hippokampenssweigespann durch das stürmische Meer fahrend. In den Wogen sieht man die Köpfe zweier Delphine und eine Muschel. Sehr lebendig. Ähnlich die Berliner einst Stoschische Paste Tölken III 173: Poseidon mit aufgebauschtem Gewande auf einem Hippokampenzweigespann fahrend; zwei Delphinköpfe schauen aus den Wogen hervor. Zwei Delphinköpfe zur Bezeichnung und Belebung des Meeres sind nicht selten, so auch auf dem Berliner Sardonyx Tölken II 93 bei einem Triton. Poseidons Wagen von zwei wilden Seerossen gezogen auch auf der Berliner Paste Tölken III 172 und auf dem Sardonyx Tölken III 174. Über den Delphin bei Poseidon s. Keller, Tiere des klass. Altertums 218. 221 f. 417. Vgl. auch den mit einem Delphinzweigespann fahrenden Poseidon Tafel XX 30.

11. Amethyst aus dem Besitze Lorenzo Medicis, nach Lipperts Daktyliothek I 69. Aphrodite Euploia, Amphitrite oder eine andere Seegöttin mit einem als Segel aufgeblähten Schleier auf einem Hippokamp seitwärts reitend. Hinter und neben diesem Reittiere schwimmt noch ein zweiter Hippokamp. Vor den zwei Seepferden flattert Eros, in den Wellen zu Füßen der Göttin zeigt sich ein Delphin. Ganz vorzüglich, doch war der Abguß, welcher zu Grunde gelegt werden mußte, zu stumpf. Über den Delphin bei Amphitrite s. Keller, Tiere des klass. Altertums 221. 422. 426; bei Venus ebenda 222. Aphrodite Euploia ganz ähnlich auf dem Hippokamp nach einem Sard des Herzogs von Luynes s. in Holzschnitt bei Munro, Horaz S. 50. Ferner Amphitrite auf dem Seepferd: Berliner Sammlung Tölken III 176—178.

12. Sard des brit. Museums. Hercules, die siebenköpfige Hydra bekämpfend. Die Hydra umschlingt das linke Bein des Helden und sucht ihn in die linke Seite zu beißen. Er hat aber diesen Kopf der Schlange gepackt und preßt ihm die Kehle zusammen; mit dem rechten Arme holt er zu einem Keulenschlage gegen die rechte Seite aus, wo ihn die sechs übrigen Köpfe der Hydra bedrohen. Vorzügliche Arbeit des besten Stils, wahrscheinlich nach einem berühmten alten statuarischen Kunstwerke.

13. Karneol der Berliner Sammlung (Tölken IV 68). Dasselbe mit sehr unbedeutenden Abweichungen, aber in roherer, an die archaisierende etruskische Kunst erinnernder Ausführung. Aus der ehemaligen Stoschischen Sammlung. Eine andere Variation ist abgebildet in Holzschnitt im Horaz von Munro S. 105. Ferner vgl. Lipperts Daktyliothek I 574 (Chalcedon). Pariser Karneole 1766. 1767. Berliner Karneol Tölken IV 67. Achatonyx ebenda IV 69. Auf dem letztgenannten Steine hat die Hydra nicht sieben, sondern zehn Köpfe.

14. Steatit des brit. Museums. Zwei Pegasusvorderhälften antipodisch zusammengesetzt. Sehr altertümlich. Sogen. Inselsteinstil. Andere Seite der auf

Tafel XXV Nr. 37 phototypierten Gemme. Besprochen und abgebildet bei Milchhöfer, Anfänge der Kunst S. 81.

15. Bandachat aus Lacedaemon nach einem Abdruck aus Athen. Springender Pegasus von gleicher Altertümlichkeit, plump, aber weniger roh. Stricheinfassung. Man kann die gleiche Pferderasse erkennen wie z. B. Tafel XVI 66. Über geflügelte Pferde auf sehr alten Gemmen s. Milchhöfer, Anfänge der Kunst 58 ff. 178. Die Idee stammt aus Assyrien, s. Curtius, Wappengebrauch 117.

16. Achat im Besitze von Arthur Evans in Oxford. Bellerophon den Pegasus trinken lassend, der eben mit dem Fuße die bisher unbekannte Quelle Hippokrene oder Peirene eröffnet. Edler Stil. Bei Tarent gefunden. Eine Variation, vollständig ähnlich, nur mit etlichen Zusätzen, ist abgebildet im Horaz von Munro S. 115 nach einem Sard der Sammlung Marlborough. Die Inschrift dieser Variante ist sicher gefälscht, wahrscheinlich auch die ganze Scene, welche auffallend gemäldeartig behandelt ist.

17. Karneol der Berliner Sammlung (Tölken IV 213). Pegasus, von welchem nur die Vorderhälfte sichtbar ist, will aus einer Quelle trinken, die er soeben mit dem Fuße eröffnet. Mit Vernachlässigung aller Perspektive steht vor seiner Hinterhälfte ein Fels mit einem Hause darauf, vermutlich Akrokorinth; als Quelle ist die Peirene bei Korinth anzunehmen. Akrokorinth war besonders wasserreich: εὔυδρος Simonid. fr. 100, 1. πολυπῖδαξ 84, 1. scatens fontibus Liv. XLV 28. Archaisch, mit Knöpfen an den Knieen u. s. w. Aus der ehemaligen Stoschischen Sammlung. Der den Boden scharrende Pegasus ist auch auf dem Berliner Karneol Tölken II 86.

18. Gebrannter Sard der Lewisschen Sammlung im Cambridge. Bellerophon reitet auf dem Pegasus durch die Luft, mit Speer und auffallend großer Harpe bewaffnet. Unten am Boden liegt, wütend zu ihm emporblickend, die von einem gewöhnlichen Löwen sich nicht unterscheidende Chimära. Der Schweif des Pegasus ist höchst sonderbar geknotet. Überhaupt ist es eine seltsame Variation der sonst üblichen Darstellungen. Der Stil ist nicht altertümlich.

19. Roter Jaspis des brit. Museums. Bellerophon, auf dem Pegasus dahinfliegend, zielt mit der Lanze gegen die nach ihm emporblickende Chimära. Letztere hat einfache Löwengestalt. Stricheinfassung. Bellerophon auf dem Pegasus ist eine sehr beliebte Darstellung auf Gemmen.

20. Jaspis des brit. Museums. Fliegender Pegasus, von dem auf der Erde gehenden Bellerophon am Zügel festgehalten.

21. Achat der Kasseler Sammlung II 7. Phönix in Adlergestalt auf dem brennenden Neste stehend. Beischrift A L. So wurde der Phönix im Mittelalter gezeichnet; es wird sich daher fragen, ob die Gemme wirklich aus dem klassischen Altertum stammt.

22. Roter Jaspis der Berliner Sammlung (Tölken I 140). Phönix in der Weise der römischen Kaiserzeit gezeichnet, ähnlich dem Pfauenkranich, sogen. balearischen Vogel, mit Strahlenkranz. Vor ihm sind viele Feuerfunken(?). Aus der ehemaligen Stoschischen Sammlung. Keller, Tiere des klassischen Altertums 254.

23. Chalcedon nach Lipperts Daktyliothek I 782. Amor reitet, die Peitsche
schwingend, auf einer **Pistrix**, **Meerdrachen**, durch die lebhaft bewegten
Wellen.

24. Sard des brit. Museums. Meergöttin (Leukothea? Nereide? Thetis?) reitet
seitwärts sitzend auf einem **Meerdrachen**, **Pistrix**, durch die Meereswogen.
Sie läfst ihr Gewand als Segel aufblühen. Um ihren Nacken hängt ein
reiches Halsband. Recht schön ausgeführt. Aus der einstigen Sammlung
Blacas.

25. Lapis lazuli der Lewisschen Sammlung in Cambridge. Ein Christ beschwört
mit dem Christusmonogramm, das er wie ein Kreuz in der Hand hält, den
unter seinen Füfsen sich windenden **Satan**, welcher als ungeflügelter **Drache**
mit Menschenkopf und -armen dargestellt ist. Der Stein wurde gewifs in
frühchristlicher Zeit als Abwehrmittel des Teufels verwendet; das Material
deutet auf Ägypten als Ursprungsort. Δράκων — Satan z. B. in den epigramm. Graec. ed. Kaibel 1140, 3.

26. Karneol im Besitze Imhoofs. **Scylla** mit gesträubten Schlangenhaaren, Flossen
und zwei Fischschwänzen, mit beiden Armen ein Ruder schwingend. An
ihrem linken Fischfufse oder -schwanze ist das Vorderteil eines **Hundes**
erkennbar.

27. Gebrannter Karneol im Handel (Neapel). **Gleicher Gegenstand**, nur dafs
Scylla das Profil zeigt, während sie in Nr. 26 en face gezeichnet ist, und
dafs sie das Ruder auf der andern Seite schwingt. Der Stil ist hier etwas
besser, und auf jeder Seite ist in der Schenkelgegend das deutliche Vorderteil
eines **Hundes**.

28. Karneol der Wiener Sammlung 943. **Seebock** und **Seestier** aus Wasserwogen auftauchend. Guter Stil. Seestier auch auf den Gemmen Berlin
Tölken III 179. 180. Paris 86 (Kamee). 279.

29. Karneol der Berliner Sammlung (Tölken III 204). Geflügelter **Seegreif**.
Etwas roh, mit Knöpfen statt der Fufsenden. Einst in der Stoschischen
Sammlung. Gleiche Darstellung auf dem Berliner Karneol Tölken III 205.

30. Karneol der Lewisschen Sammlung in Cambridge. Drei **Sirenen**, Vögel mit
Frauenkopf. Niedlich.

31. Karneol nach Lipperts Daktyliothek I 910. Leierspielende **Sirene**; links ein
Stern, rechts ein **Palmblatt** und im Abschnitt KAΠ. Der Abgufs war, wie alle
Lippertschen, leider stumpf, daher die auf Varianten deutliche Inschrift in der
Phototypie kaum wahrnehmbar, vgl. King, handbook of engraved gems Tafel
zu S. 95 Fig. 1. Die Exemplare mit sicheren Inschriften, King, handbook S. 377,
gehörten Siegern im capitolinischen Wettkampf in der Dichtkunst.

32. Sard des brit. Museums. **Sirene**, in der Rechten eine brennende Fackel wag-
recht haltend, mit der Linken eine auf dem Kopfe getragene Amphora fassend.
Sehr schöne Arbeit im alten feinen Stile. Stricheinfassung.

33. Karneol-Scarabäus der Berliner Sammlung (Tölken II 59). Mercur, der Toten-
führer, mit **Petasus** und Chlamys; vor ihm eine **Sirene**, Dienerin der Pro-
serpina (Eurip. Helen. 166 f.). Aus der Stoschischen Sammlung.

33 b. Hierher gehört auch die als Nr. 1 eingereihte Gemme: Sard des brit. Museums 549. Zwei **Sirenen**, die eine die Doppelflöte, die andere die Lyra spielend. Aus Athen.

34. Karneol-Scarabäus der Sammlung Postolacca zu Athen. Sehr altertümliche liegende **Sphinx** mit Löwenleib, Frauenkopf und Flügeln. Die Frisur ist höchst merkwürdig. Aus Lakonien. Ziemlich ähnlich ist ein Sardoin-Scaraboid abgebildet bei King, natural history of gems 322. King erkennt darin assyrischen Einfluß. Sphinx die Tatzen erhebend: Pariser orientalische Sardonyxkamee 1404.

35. Granit des Schliemann-Museums zu Athen. Sehr alte liegende geflügelte **Löwinnensphinx**. Stricheinfassung.

36. Amethyst der Berliner Sammlung (Tölken IV 13). Sitzende geflügelte **Löwinnensphinx**. Bester Stil.

37. Achat des brit. Museums. **Dasselbe** mit Monogramm Æ = Atε . . .

38. Ultramarinblaue Paste der von Lannaschen Sammlung in Prag. **Dasselbe** ohne Beischrift. Einst im Besitze Bartholdys zu Rom. Schöner als alle übrigen hier abgebildeten Sphinxe, auch als die am meisten ähnliche Nr. 36.

39. Onyx der Wiener Sammlung 1070. Sitzende **Sphinx**, nicht übel, doch gezierter als die vorhergehende.

40. Sard-Scarabäus des brit. Museums 176. Liegende ägyptische **Sphinx** mit Kronen des Südens und Nordens; vor ihr ein Scepter, hinten ein nur zum Teil erhaltener **Affe**. Der Boden ist durch Kreuzstriche ausgefüllt; Stricheinfassung. Aus einem Grabe zu Tharros in Sardinien.

41. Sard des brit. Museums. **Sphinx** mit einem Hinterfuße sich an der Schulter kratzend. Fein.

42. Sard des brit. Museums. **Dasselbe** von der andern Seite. Ebenfalls fein. Beischrift ΘΑΜΥΡΟΥ, vermutlich eine Fiction des Steinschneiders, der die leere Fläche damit ausfüllen wollte. Stricheinfassung. — Zwei Karneole mit dem gleichen sonderbaren Motive bei Lippert, Daktyliothek I 923. 924.

43. Antike Paste der Berliner Sammlung (Tölken II 140). Ödipus löst das Rätsel der **Sphinx**. Hübsche Composition. Aus der ehemaligen Stoschischen Sammlung. — Die Sphinx und Ödipus: Karneol und Achatonyx bei Lippert, Daktyliothek II 77. 78. Pariser Amethyst 1807. Karneole 1808 und 1809. Berliner Pasten Tölken II 141. IV 12.

44. Sardonyx-Scarabäus der Sammlung Postolacca zu Athen. Ein **pavianartiger Satyr** hat eine neben ihm sitzende ungeflügelte **Sphinx** an ihrem sehr eigentümlichen Haarschopfe gepackt. Höchst altertümlich. Perlenrand. Vielleicht eine Scene aus dem Satyrspiel Sphinx des Äschylus, wo Silen die Sphinx durch eine Liebeserklärung für sich zu gewinnen trachtete. Vgl. das andere Bild aus diesem Stücke bei Wieseler, Theatergebäude Tafel 6, 10.

45. Karneol im Besitze Arthur Evans in Oxford. Vorderteil eines **Stiers** mit bärtigem **Menschengesicht**. Auf dem Stierleib ist ein korinthischer Visierhelm angebracht. Schöner Stil. Wahrscheinlich das Siegel eines griechischen

Ritters der besten Zeit. Aus Tarent. Vgl. den Sard der Sammlung Demidoff in den Impronte Gemmarie II 73.

46. Sard des brit. Museums. Schreitender Stier mit bärtigem Menschengesicht; über ihm schwebt Victoria mit einem Kranze. Stricheinfassung. — Gleiche Scene: Berliner Jaspis (Stoschisch) Tölken IV 4.

47. Sard des brit. Museums. Stier mit bärtigem Menschengesicht, den Kopf zur Erde neigend; links Stern, rechts Blume, unten Schlange. Oben ΓΕΛΑΣ.

48. Braune Paste der von Lannaschen Sammlung in Prag. Pferdekopf, Adlerkopf und Eberkopf zu einem Symplegma verbunden. Einst im Besitze Bartholdys zu Rom.

49. Sard des brit. Museums. Symplegma: Schweinskopf, Schafskopf und schlafender Hund, darüber eine Garneele (?). Sehr schön gearbeitet. Der Schafskopf besonders ist vortrefflich; hinsichtlich des Hundes vgl. Tafel XV 48.

50. Karneol aus dem Besitze von Lorenzo Medici, nach Lipperts Daktyliothek I 72. Ein Triton umschlingt eine Nymphe, welche den Kopf zur Seite wendet. Beischrift LAVR. MED. Sehr schönes Stück, ob aber echt antik? Leider stand kein guter Abguß zu Gebote.

Nr. 51—64. Ungeheuer und dergl.

51. Karneol-Scarabäus, nach einem Abdrucke aus Athen. Mischwesen mit Menschenleib, Schwanz, sonderbar verdrehten Armen und Eberkopf mit borstiger Mähne am Scheitel. Altertümlich. Stricheinfassung.

52. Sard des brit. Museums. Ein bärtiges geflügeltes löwenmenschliches Ungeheuer hat einen vor ihm stehenden Steinbock an den Hörnern und an einem Vorderfuße gepackt. Höchst altertümlich und ohne Zweifel orientalisch. Das Löwenungeheuer ist in der Art der uralten Centauren zusammengesetzt wie Tafel XXV 34: an den ganzen Menschen ist noch die hintere Hälfte des Löwen angefügt. Der Boden ist architektonisch verziert, wie dieß gleichfalls öfters im archaischen Stile vorkommt, s. Tafel XVII 44 und 51. Stricheinfassung. Aus der Sammlung Payne-Knights. Keller, Tiere des klass. Altertums 339.

53. Sard des brit. Museums. Ziegenbock mit bärtigem Menschengesicht; davor ein schief gerichteter Stab, welcher im Boden zu stecken scheint. Der Stein ist leider etwas verletzt. Sehr schöner Stil. Die Darstellung gehört zum Dionysoskreise; Dionysos selbst reitet gelegentlich auf einem solchen Bockmenschen, Roscher, mythol. Lexik. 1068.

54. Gebrannter Karneol der Pariser Sammlung 1154. Löwenvorderteil und Stiervorderteil antipodisch zusammengesetzt. Roh orientalisch. — Ein Löwe mit Stiervorderkörper: Pariser Karneol 1154.

55. Achatonyx nach Lipperts Daktyliothek I 889. Gehörnter mähnenloser Löwe sitzend. Ägyptisch.

56. Sard des brit. Museums. Löwen- und Wildschweinvorderteil zu Einer Figur vereinigt.

57. Grüner Porphyr des brit. Museums 76. **Mischwesen**, bestehend aus Menschenfüfsen und zwei angewachsenen Tiervorderteilen, rechts von einem langhornigen **Rind**, links von einem **Steinbock**. Inselsteinstil, höchst altertümlich. Milchhöfer, Anfänge der Kunst Fig. 20. Aus Kreta.

58. Karneol der Berliner Sammlung (Tölken I 149). Nach Tölken eine 'Spitzmaus', mit welcher das **Mischwesen** gar keine Ähnlichkeit hat. Der erste Eindruck ist eher der eines Känguru, das aber bekanntlich blofs in Australien vorkommt. Offenbar besteht das Mischwesen aus einem Menschen mit tierischem Schwanz, Hals, Kopf und mit vierfingerigen Händen. Um die Sonderbarkeit des Ganzen noch zu erhöhen, ist unten am Boden ein Stern. Gewifs ein Amulett.

59. Chalcedon-Scaraboid des brit. Museums 121. **Kranich** mit **Damhirschhals**, -kopf und -geweih, auf einem Bein stehend und den Kopf abwärts senkend. In einem Grabe zu Kameiros auf Rodos gefunden. Archaisch. Torr, Rhodes Tafel 1, c.

60. Sard des brit. Museums. Der hintere Teil eines **Vogels** mit dem Vorderteil eines **Pferdes** zusammengesetzt. Im Feld zwei Knöpfe. — Etwas ähnlich ein Chalcedonkegel in Paris 1075: ein Ungeheuer, bestehend aus Ziegenkopf und Ziegenfüfsen, Hahnenflügeln und Hahnenschwanz.

61. Onyx der Wiener Sammlung 1067. **Eule** mit Menschenkopf, Schild, Speer und Helm auf einer trommelartigen Basis, vielleicht einer Cista, stehend. Fein gemacht.

62. Karneol der Sammlung Postolacca in Athen. **Dasselbe** nach der andern Seite hin und ohne die erwähnte Basis.

63. Goldring der Ermitage in St. Petersburg. **Hahn** mit **Greifskopf** und -kamm. Aus Taman. Stephani C. R. 1870,71 Tafel 6, 18.

64. Paste der Berliner Sammlung 3072. Ungeschickte Darstellung einer zweibeinigen ungeflügelten **Heuschrecke** mit Kranz im Maule.

Register.

I. Völker und Städte.

II. Könige und Dynasten.

III. Römische Republik.

IV. Römische Kaiser und Kaiserinnen.

21*

V. Tiere und Pflanzen.

SÄUGETIERE: AFFE · HUND

SÄUGETIERE: FUCHS - HIRSCH.

SÄUGETIERE : GAZELLE - RIND.

SÄUGETIERE : ELEFANT DELPHIN .

VÖGEL: ADLER – STRAUSS.

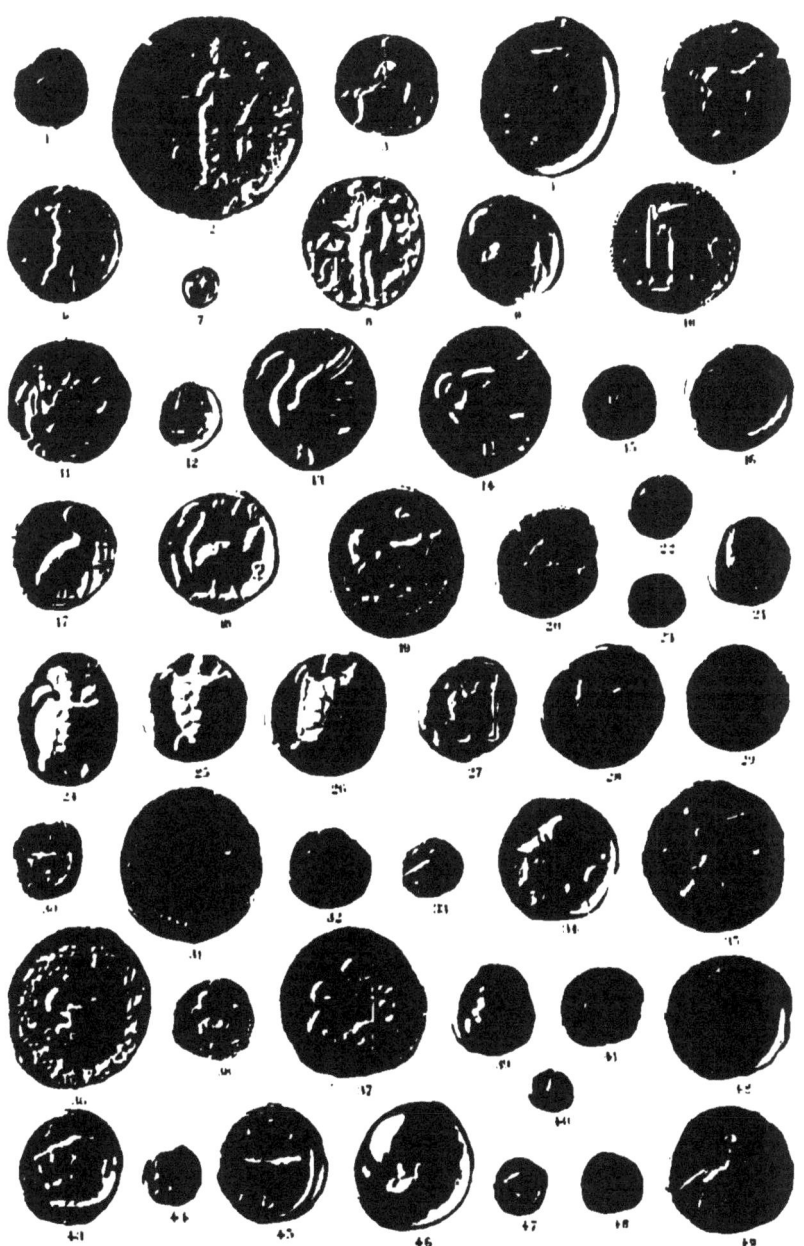

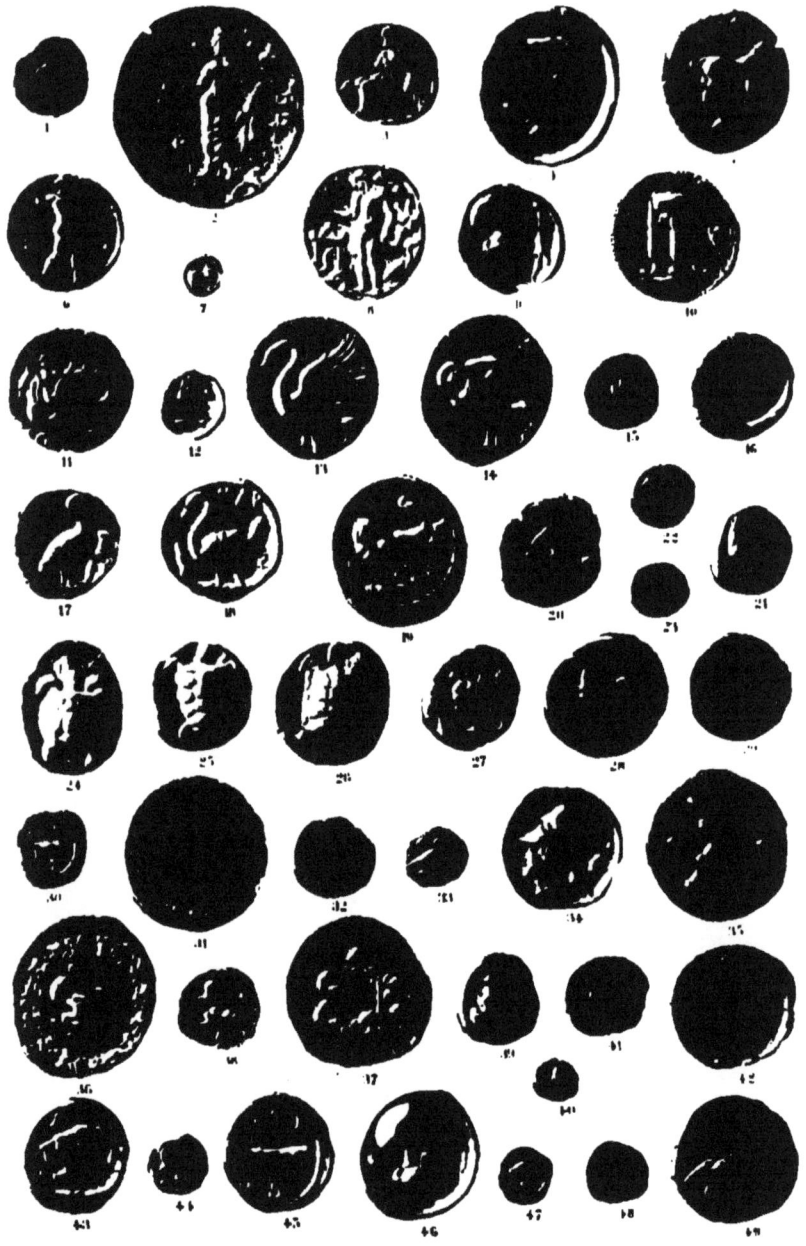

FISCHE (FORTSETZUNG)

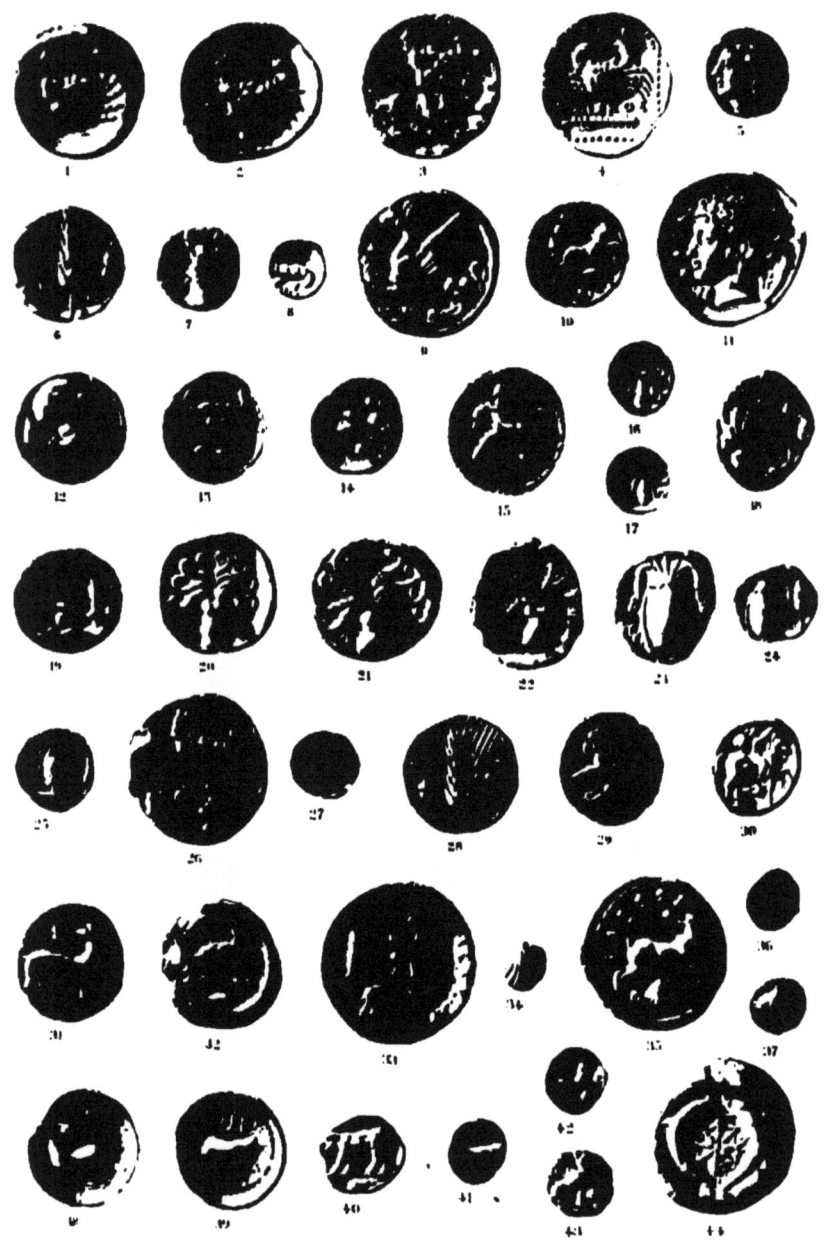

KRUSTENTIERE und CEPHALOPODEN.

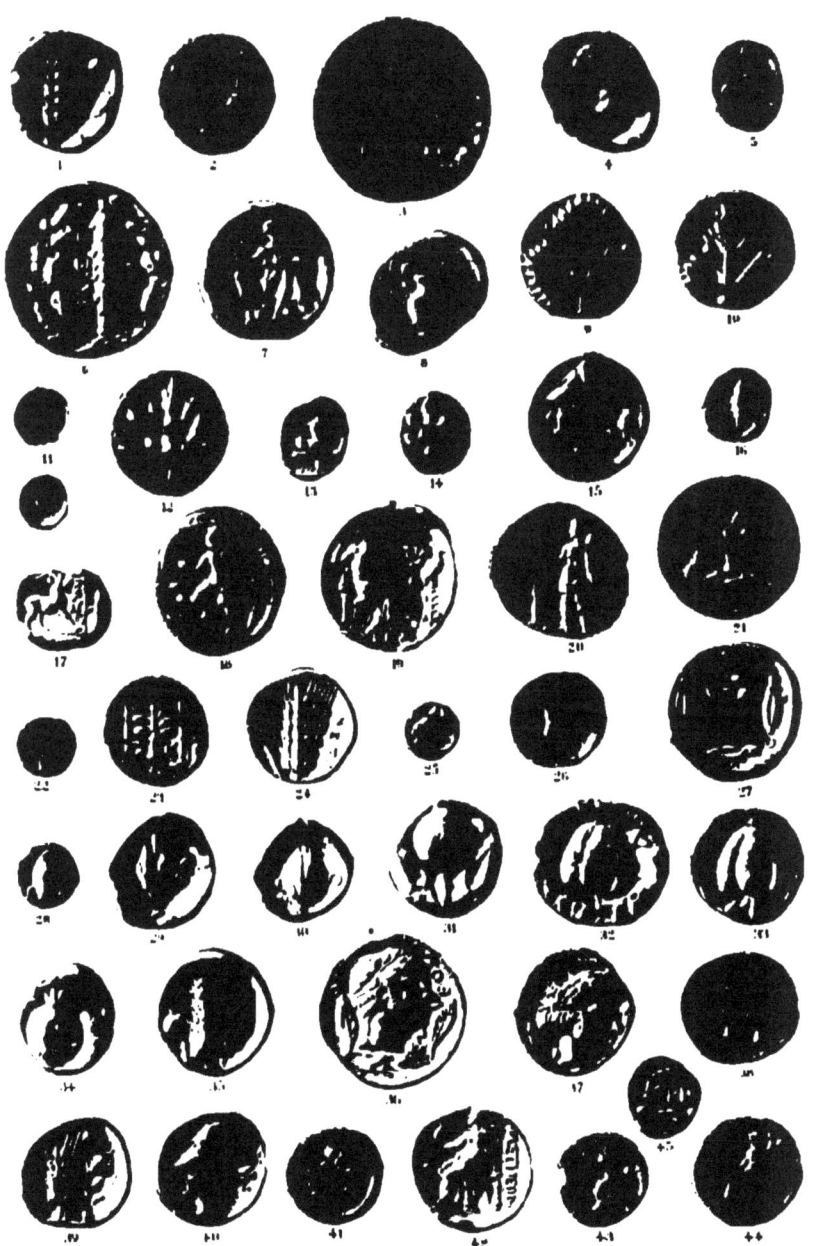

PFLANZEN: BIRNE - ÖLBAUM.

PFLANZEN : (FORTSETZUNG).

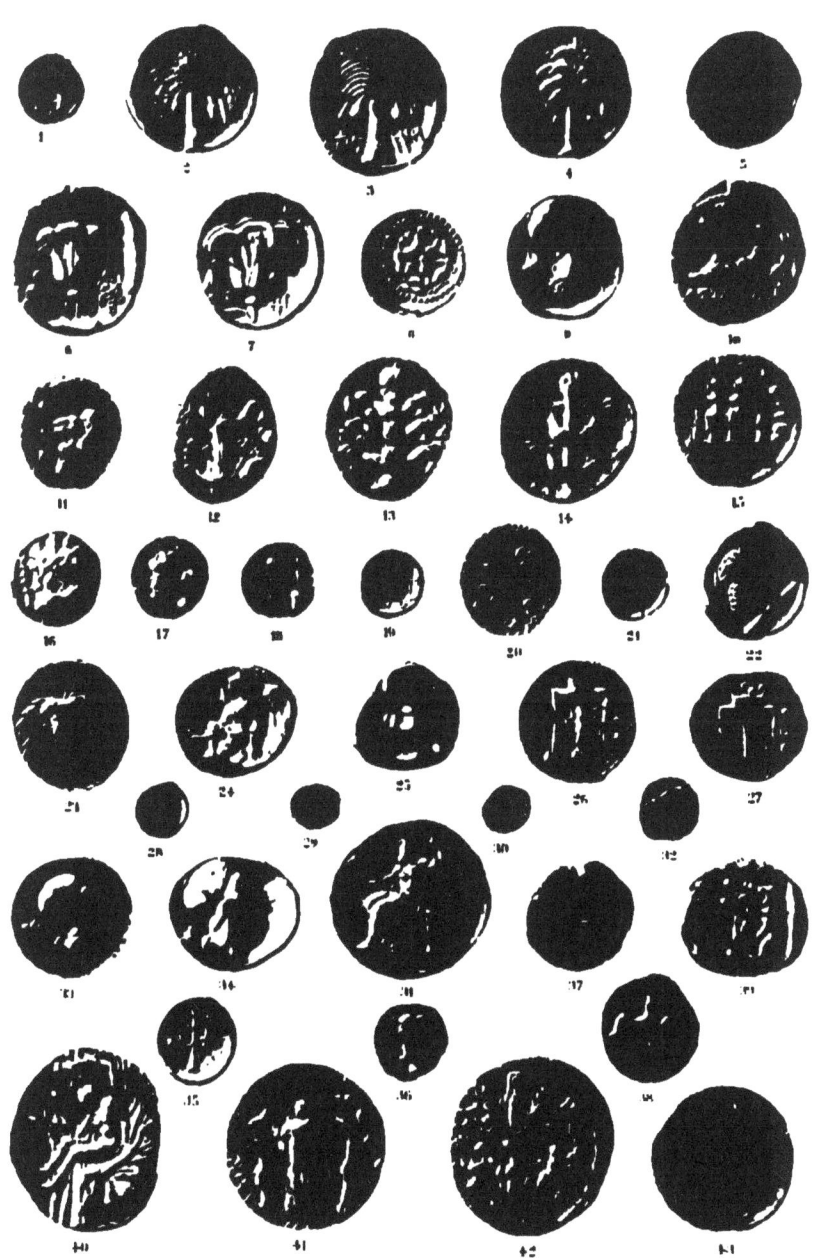

PFLANZEN : (FORTSETZUNG).

FABELHAFTE TIERE und MISCHWESEN:

CAPRICORNUS   KENTAUREN.

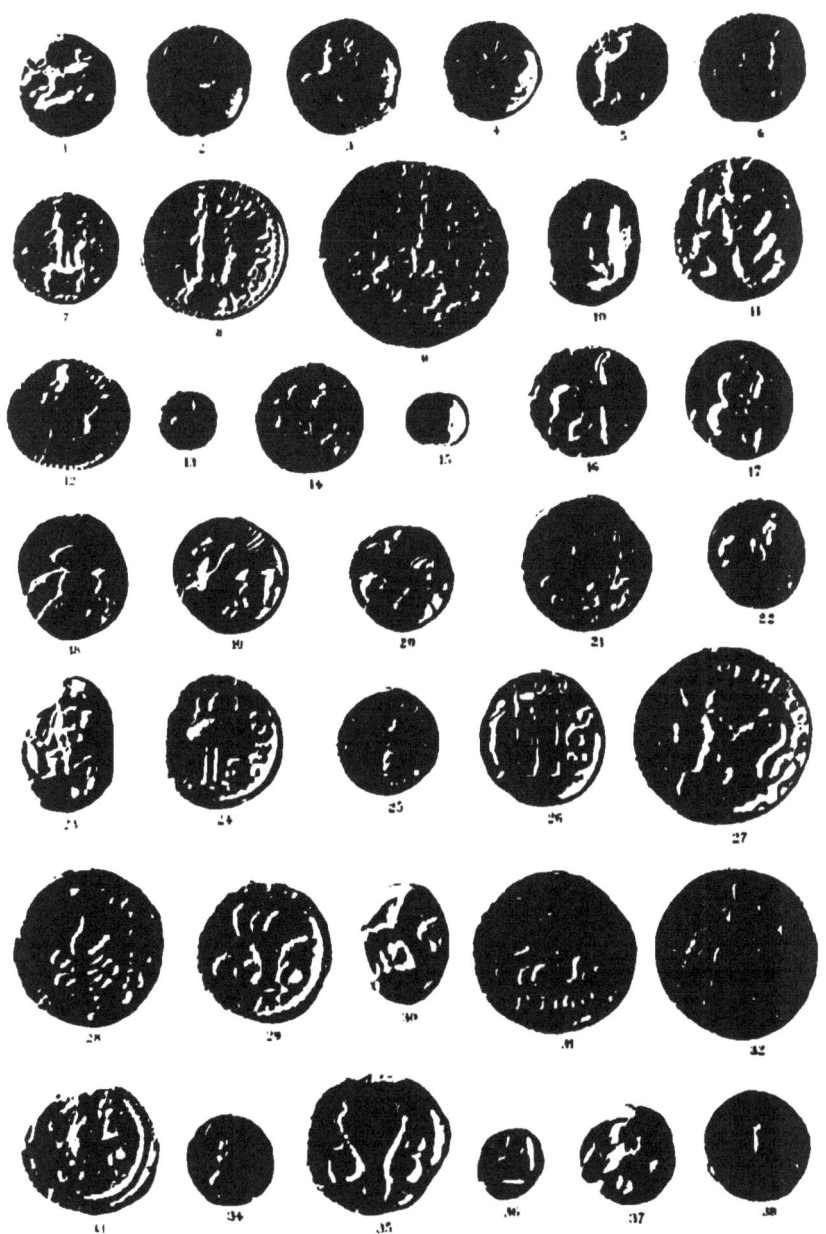

FABELHAFTE TIERE und MISCHWESEN.

FABELHAFTE TIERE und MISCHWESEN:

SAUGETIERE   AFFE   LOWE

SAUGETIERE   AFFE   LOWE

SAUGETIERE : LOWE · WOLF.

SÄUGETIERE: FUCHS - PFERD.

SÄUGETIERE : ESEL · GAZELLE .

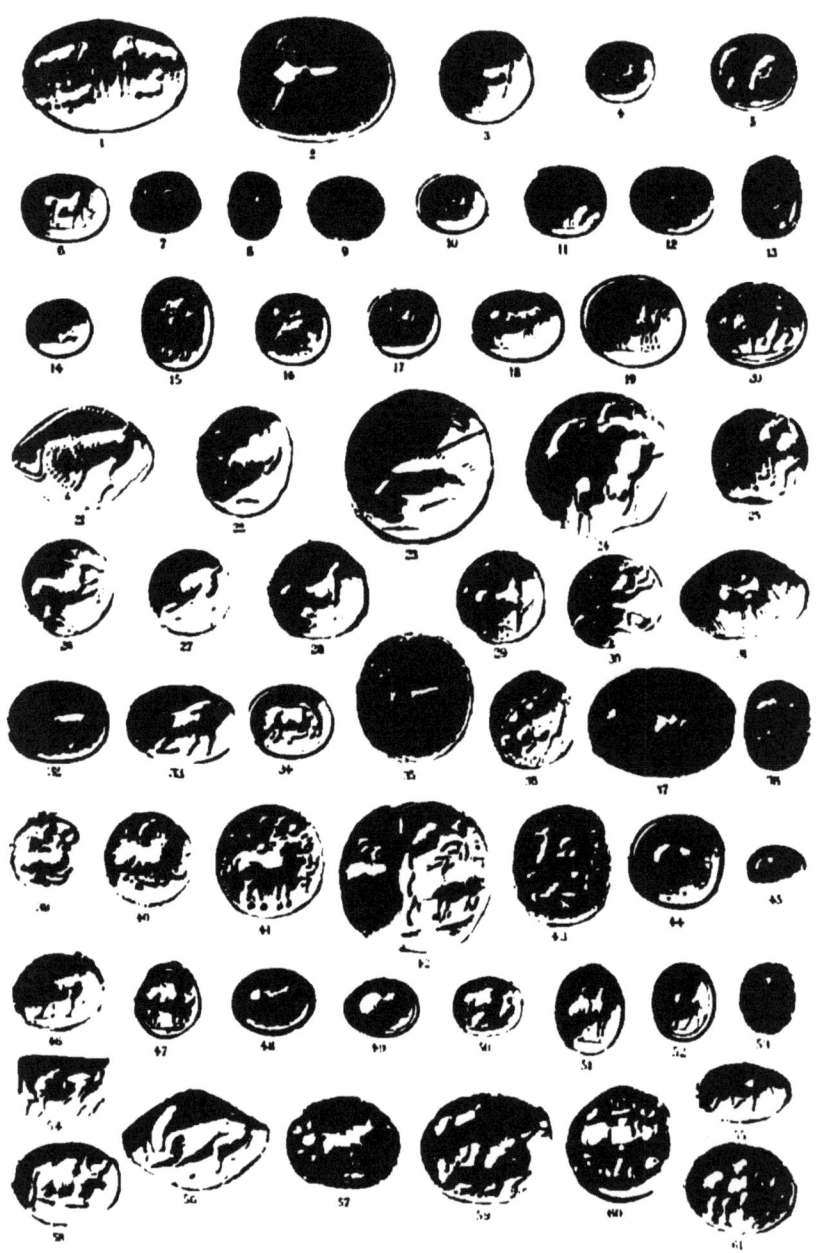

SAUGETIERE: GAZELLE - ZEBU.

SÄUGETIERE: RIND - WILDSCHWEIN

TAFEL XX.

SÄUGETIERE: HAUSSCHWEIN DELPHIN

VÖGEL: ADLER EULE

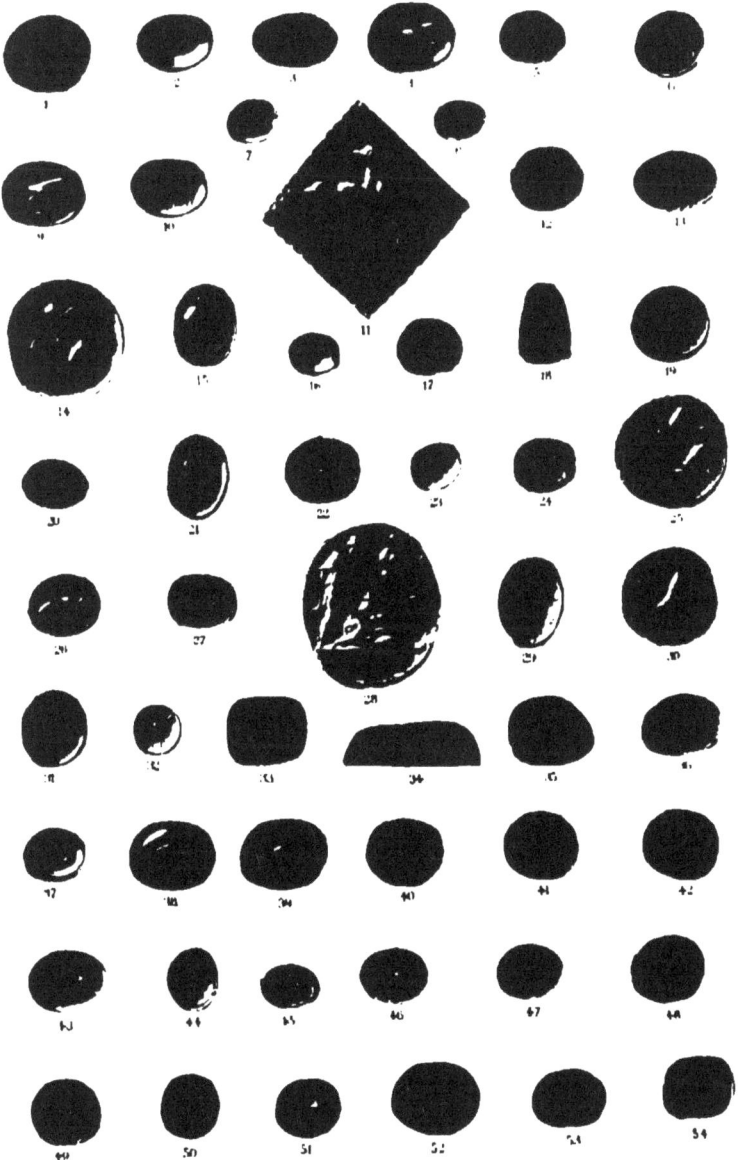

VÖGEL: PAPAGEI HUHN.

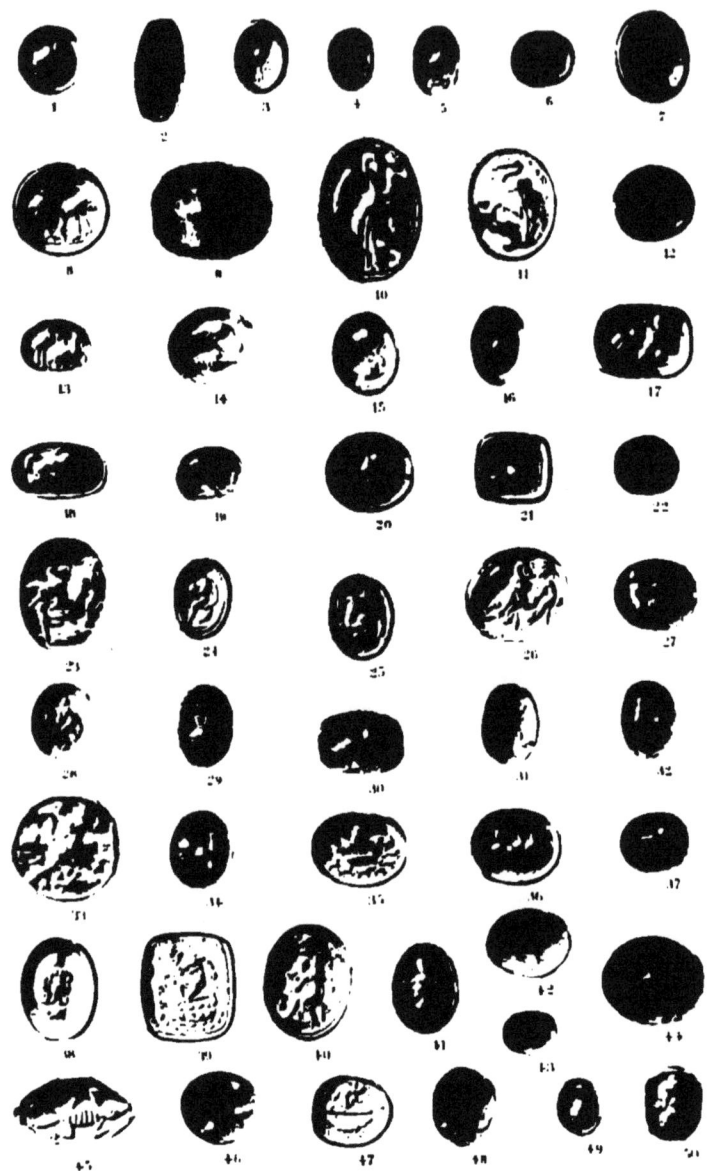

VÖGEL: IBIS – STRAUSS.

AMPHIBIEN

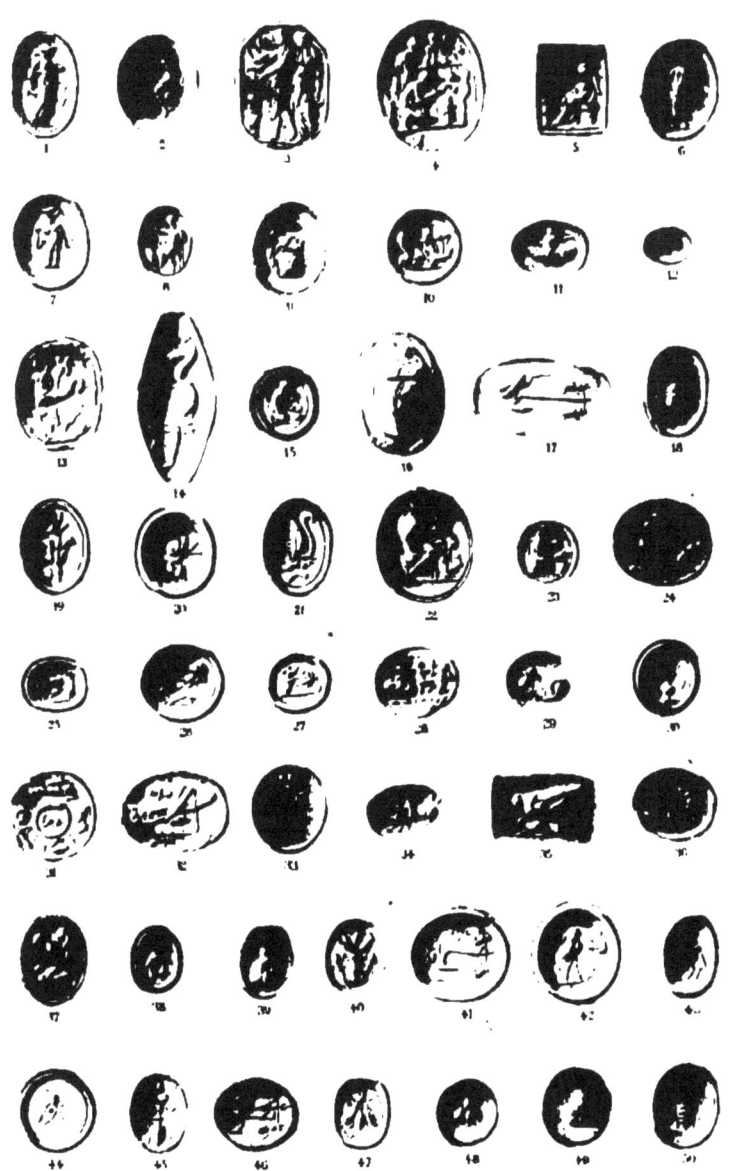

AMPHIBIEN. FISCHE. INSECTEN

PFLANZEN.

FABELHAFTE TIERE und MISCHWESEN   ABRAXAS - CRYLLUS

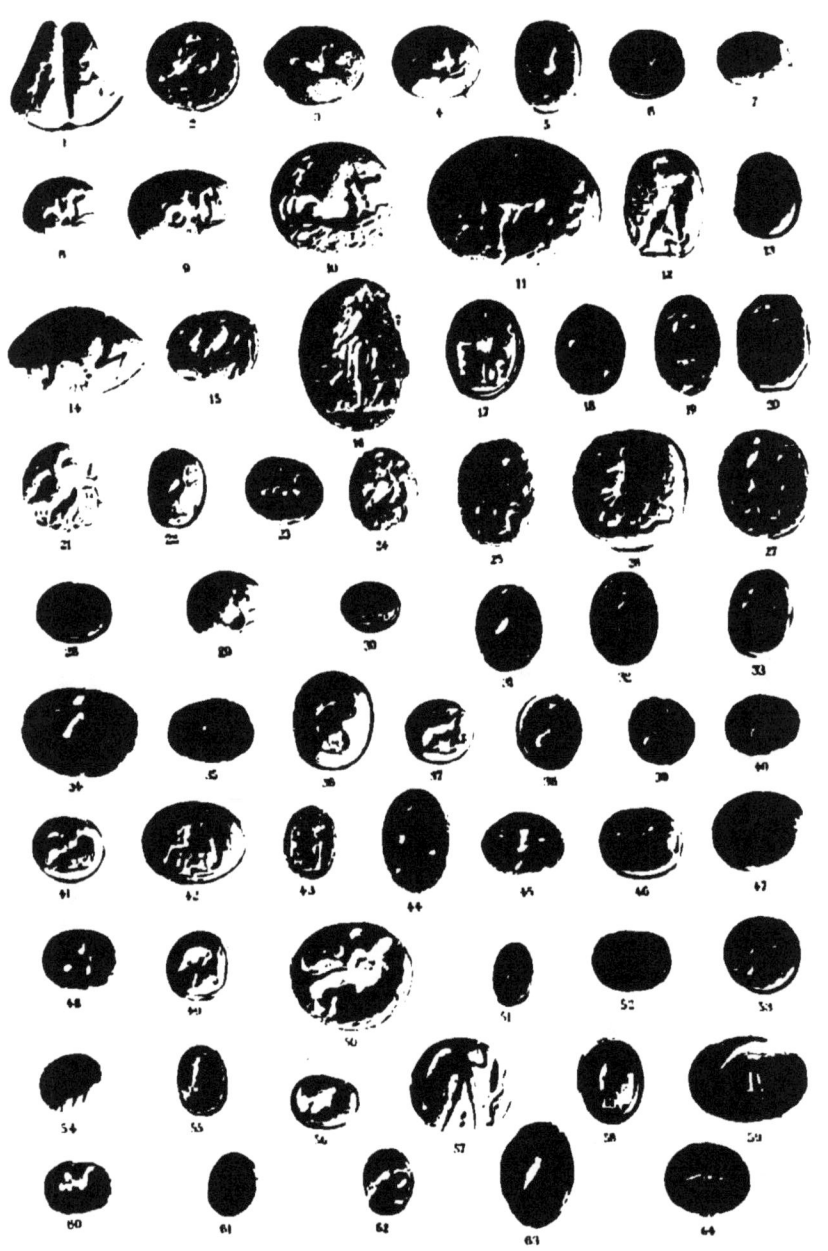

FABELHAFTE TIERE UND MISCHWESEN: HARPYIE-SCHLUSS.